Maya Onken – Heissssss

EDITION ASPASIA

2. Auflage 2009

Lektorat: Katharina Blarer, Zürich
Korrektorat: Thomas Basler, Winterthur
Umschlagfoto: gettyimages
Umschlaggestaltung und Satz:
Buch & Grafik, Zürich
Druck: Druckhaus Nomos, Sinzheim
ISBN 978-3-905795-06-6

Maya Onken

Heisssss

Eine Lustreise zur Sexgöttin

herzlich
Maya Onken

Xanthippe / Edition ASPASIA

Inhalt

Teil 3: Sexgöttin

Teil 1: Christoph

Das beste Genmaterial

Wie so oft entdecke ich die wichtigen Dinge auf dem Klo. Dort stapeln sich bei mir die Fachzeitschriften, Kochbücher, die Modeblätter, Leas Dagobert-Hefte und Philippes Computerzeitschriften. Als ich sein Bild sah, wusste ich sofort, wo ich ihm begegnet war. An Sandrines letztem Geburtstagsfest. Er fiel mir auf wegen dieser komischen Mischung aus intellektueller Schwarzrandbrille, Rapper-Outfit mit breiten Hosen und Soziofreak-Touch durch Bärentatzenschuhe. Mittelgross, blitzende Augen, ein lustiges Bärtchen, der ausdrucksstarke glatt rasierte Kopf und vor allem dieser Brillant im Ohr. Neben ihm seine hochschwangere Frau.

Und dieser Kerl, dieser Christoph, ein Arzt mit Forschungsintentionen, hat nun ein Buch geschrieben. Wie interessant! Und der Inhalt? Passt! Den ziehe ich mir rein: *News zum Spermienheer*, genau das Richtige für meinen ausstehenden Artikel während der Sommerflaute. Es ist immer wieder ein Balanceakt, die Sollstunden als Teilzeitjournalistin hinzukriegen. Vor allem, wenn die Welt während der heissen Monate stillzustehen droht – vakuumverpackt, luftleer. Keine Terroranschläge, keine Königinnenskandale, keine Wahlen, rein gar nichts. Die ansonsten eher auf gutbürgerliche Thematik bedachte Redaktion gibt auf meine Anfrage, diesen Christoph über die Spermienforschung zu befragen, grünes Licht.

Natürlich habe ich mich zuvor selbst hinterfragt und geprüft, ob ich diesem Thema denn auch ohne Schamröte und in aller Offenheit begegnen kann. Sex, Spermien, Ejakulate, Fortpflanzung – das geht klar. Ich finde nämlich, dass ich eine ziemlich tolerante Frau bin – vor allem anderen Menschen gegenüber. Als Journalistin muss mein Horizont weit offen sein, wo käme ich hin, wenn ich mir hier durch verkalkte Wertvorstellungen Barrieren setzen würde. Ausserdem bin ich auch nach dreizehn Jahren Ehe noch sexuell aktiv und mit meinen 38 Jahren noch gut im Saft. Ich spüre aber schon ein kleines Unwohlsein. Schliesslich rede auch ich nicht ganz so offen über Sexualität, und eigentlich nur mit meinen zwei besten Busenfreundinnen: mit Sandrine und José. Mit Philippe sind nicht viele Worte nötig, wir haben uns von Anfang an gut verstanden – auch im Bett. Ohne grosse Erklärungen war alles einfach im Fluss zwischen uns. Wir konnten uns vom ersten Augenblick an «gut riechen», und so ist es all die Jahre geblieben. Natürlich hat sich die Aufregung um das Thema gelegt. Als Lea auf die Welt kam, wurde das Sexgewässer seichter. Dennoch – ich werde dieses Interview ohne viel Aufhebens führen können. Bin ja schliesslich ein Profi!

Es ist nicht schwer, via Sandrine den Kontakt mit diesem Christoph wiederherzustellen: zwei E-Mails, zwei Anrufe, der Termin sitzt. Ich bringe Lea vorher noch zur Schule. Sie geniesst das sehr, von Mama bis zum Schulhof gebracht zu werden. Obwohl sie schon zehn Jahre alt ist, macht es ihr nichts aus, sich von mir in aller Öffentlichkeit umarmen zu lassen.

Die letzten fünf Minuten vor dem Interview sind für mein Ritual reserviert. Handtasche auf, Handy auf stumm schalten, Schminktäschchen aufklappen und dann die richtige Entscheidung treffen: welche Farbe für den Lippenstift? Während andere Frauen Schuhe oder Handtaschen oder Männer oder Backformen sammeln, fröne ich ungehemmt meiner Leidenschaft: Lippenstifte. Heute fällt mir die Wahl nicht schwer: knallrot!

Ja, Christoph Habermaas sieht genau so aus wie auf der Party, aber heute erscheint er mir ein klitzekleines bisschen grösser. Er führt mich in sein elegant mit dunklem Buchenholz ausgekleidetes Büro, offeriert mir ein Mineralwasser, während ich mein Aufnahmegerät bereitstelle und Stift und Papier zücke.

Wir klären zuerst die Anrede, ich darf du zu ihm sagen, das erleichtert die Sache.

Christoph, du hast mit deinem Buch Robin Bakers Forschungsergebnisse in der Schweiz bekannt gemacht. Wie ist es dazu gekommen?

Na ja, wir sind uns auf einem internationalen Forschungskongress begegnet, und als Robin Baker von seiner Entdeckung erzählte, dass Spermien nicht einfach Spermien sind, wurde ich neugierig und vereinbarte mit ihm, seine Forschungsergebnisse im deutschsprachigen Raum bekannt zu machen.

Was heisst das nun genau, Spermien sind nicht gleich Spermien?

Spermien sind nicht gleich Spermien. Es gibt in einem Inseminat, das ist der Fachausdruck für einen Spermienschuss, mindestens 3 Sorten: die Blocker, die Killerspermien und die Ei-Krieger.

Die sogenannten Blocker lassen sich in den Höhlen des Zervixschleims nieder und blockieren so die Durchgänge. Es sind Spermien mit gewundenen Schwänzen, einem geknickten Mittelstück, einem grossen Rucksack, einem grossen Kopf oder sogar mit zwei, drei oder vier Köpfen. Sie können enge Schleimkanäle wirksam blockieren.

Dann gibt es die schlanken, athletischen Killerspermien, die nicht zur Befruchtung da sind, sondern umherschweifen auf der Suche nach Spermien anderer Männer, um sie zu vernichten. Stösst ein Killer auf ein anderes Spermium, prüft es die chemischen Substanzen auf der Oberfläche von dessen Kopf. Sind sie mit denjenigen auf seinem eigenen Kopf identisch, erkennt er einen Verbündeten und schweift ab. Stösst ein Killer auf ein Spermium aus dem Heer der Rivalen, versucht er, mit der tödlichen Spitze seines Kopfes in die verwundbare Seite des gegnerischen Kopfes zu stechen und bei jedem Stich eine kleine Menge ätzenden Gifts zu übertragen. Nach mehreren Stichen wendet er sich ab, und das attackierte Spermium stirbt.

Und schliesslich gibt es die Ei-Krieger, die den Killern ähnlich sehen. Sie sind auch sehr sportlich, haben aber einen kleineren Kopf und sind zur Befruchtung da.

Alles klar. Aber warum sind denn Blocker und Killerspermien überhaupt nötig? Es genügen doch die Ei-Krieger!

Da irrst du dich gewaltig. Oft genug gibt es einen Spermienkrieg zwischen Spermienheeren. Die Frau und ihr Körper sind darauf programmiert, das beste Genmaterial für die Fortpflanzung zu bekommen. Und deshalb kann es gut sein, dass sie in ihrer fertilen Phase, also ihrer fruchtbaren Zeit, mit mehreren Männern schläft.

Moment mal, willst du damit sagen, dass Frauen Seitensprünge machen, um an das beste Genmaterial zu kommen? Auch wenn sie eigentlich treue Gattinnen sind oder sein wollen?

(Christoph schaut mir genau in diesem Moment direkt in die Augen und hebt seine Augenbraue wohl um zwei Millimeter. Sein Blick durchfährt mich, und ich frage mich, ob mein Nachsatz mit der treuen Gattin wohl zu gewagt gewesen ist. Was, wenn er jetzt ja sagt und ich mit meinem unüberhörbaren Trotz nach dem Motto «Ich-bin-eine-loyale-total-treue-Ehefrau-und-glaube-nicht-an-diese-Forschung» schwungvoll ins Fettnäpfchen getreten bin? Aber sein Blick schweift zum Fenster, und die Augenbraue fällt wieder in ihre Ausgangsposition zurück.)

Das habe ich nicht gesagt. Ich möchte mich nicht über Wertvorstellungen äussern, das ist mir ein zu heisses Eisen. Aber in unseren Untersuchungen konnten wir belegen, dass die Zusammensetzung eines Ejakulats so aufgebaut ist. Und das mit gutem Grund, weil es oft zu solchen Spermienkriegen kommt. Etwa 10% aller Menschen sind Produkte eines solchen Krieges. Und Frauen mögen ihre Überzeugungen und Moralvorstellungen haben, aber manchmal machen ihnen die Hormone und die Natur einfach einen Strich durch die Rechnung. Wobei noch zu sagen ist, dass der Liebhaber oft die grössere Chance hat, die Frau zu schwängern.

Warum hat der Liebhaber grössere Chancen?
(Nun ist es an mir, die Augenbraue zu heben.)

Dazu muss ich ein wenig ausholen. Um die Chance einer Schwangerschaft zu erhöhen, sollte der Samentümpel am Ende der Scheide immer mit Samen gefüllt sein. Der Partner einer Frau ist demzufolge darauf programmiert, die Partnerin stets aufzufüllen, wenn nötig durch Routinesex. Ein durchschnittliches Inseminat enthält rund 300 Millionen Spermien, und die Frau stösst 150 Millionen davon mit dem Rückfluss aus. Einige hunderttausend Spermien wandern zu den Eileitern, und etwa 1 Million wandert zu den Zervixhöhlen, um dort Reservoire zu bilden, die sie im Verlauf von fünf Tagen verlassen, um ihre Reise zu den Eileitern zu vollenden. Ein Mann muss die Frau auffüllen, um einen maximalen Fortpflanzungserfolg zu erzielen. Er entscheidet also bei jedem Sexualakt, ob er 300, 400 oder 600 Millionen Spermien einführt. Entscheidend für die Zusammensetzung des Inseminats – wie viele Blocker, wie viele Ei-Krieger, wie viele Killer – und die Anzahl der Spermien sind zwei Kriterien. Erstens: Wann hat er seine Partnerin das letzte Mal aufgefüllt? Wenn er am Vortag Sex mit ihr hatte, dann ist die Ladung kleiner, hat er ein paar Tage Pause gemacht, dann ist die Ladung stärker. Das zweite Kriterium ist: Hatte die Frau eine Chance, in der Zwischenzeit Spermien eines anderen Mannes zu bekommen? Hat der Mann das Wochenende mit seiner Partnerin zusammen verbracht, dann ist die Chance für einen Seitensprung klein, also ist sein Inseminat kleiner und enthält weniger Blocker und Killer. War sie hingegen auf Geschäftsreise und er konnte sie nicht kontrollieren, dann sieht sein Inseminat ganz anders aus.

Okay, aber der Liebhaber …
(Was soll das? Jetzt hebt er wieder die Augenbraue! Denkt er vielleicht, ich hätte Erfahrung in diesen Dingen?)

Warte, dazu komme ich gerade. Also, der Liebhaber schläft nun zum ersten Mal mit dieser Frau. Und beide Kriterien für die Zusammensetzung seines Inseminats stehen auf Alarmstufe Rot: Er hatte noch nie Verkehr mit ihr, also muss er sie ganz auffüllen. Er weiss nicht, ob sie einen anderen Partner hat, ob sie andere Spermien in sich trägt, deshalb also viele Blocker und viele Killer.

Und das reicht schon, damit die Frau schwanger wird vom Liebhaber anstatt von ihrem Partner?
Nein, natürlich nicht, das sind nur die optimalen biologischen Voraussetzungen für eine mögliche Befruchtung. Aber die Frau hat noch mehr Möglichkeiten, sich den Vater ihres Kindes auszuwählen.

Jetzt wird es spannend – und wie macht sie das?
Sie kann durch den Orgasmus steuern, von wem sie schwanger wird.

Das ist eine ungeheure Behauptung! Viele Frauen klagen doch darüber, dass sie Schwierigkeiten mit dem Orgasmus haben.

Da gebe ich dir recht. Klar haben viele Frauen Mühe, während des Geschlechtverkehrs einen Orgasmus zu bekommen. Aber wenn du eine einzelne Frau genau untersuchst, dann wirst du feststellen, dass sie verschiedene Orgasmusmöglichkeiten hat. Ich rede nicht nur vom Orgasmus durch Beischlaf. Es gibt den nächtlichen Orgasmus, die sogenannten feuchten Träume. Die tauchen bei Männern eher in jungen Jahren auf. Bei Frauen vermehrt im Alter von dreissig bis vierzig Jahren. Dann gibt es den Orgasmus durch Selbstbefriedigung. Den Orgasmus während des Vorspiels, den Orgasmus während des Beischlafs und den Orgasmus, nachdem der Mann ejakuliert hat. Und jeder Orgasmus hat in der Schwangerschaftsgeschichte oder – besser gesagt – Verhütungsgeschichte oder Auswahlgeschichte eine wichtige Funktion für die Wahl des besten Genmaterials.

Jetzt machst du mich aber neugierig. Wie soll denn die Frau das alles steuern können?
(Ich muss zugeben, jetzt ist mir warm geworden! Bei der Aufzählung all dieser Orgasmusarten sieht der Typ mich einfach so an und stellt sich dabei wohl vor, wie ich aussehe, wenn ich komme.)

Jetzt wird es ein wenig technisch. Du unterbrichst mich einfach, wenn es zu kompliziert wird.

Okay.
(Ich habe eigentlich nicht vor, ihn zu unterbrechen. Ich brauche Zeit, um die in mir aufkeimende Hitze durch ruhiges Atmen möglichst schnell wieder runterzukühlen, bevor sie sichtbar wird. Ich möchte nicht mit rotem Gesicht oder kreisrunden Blutbacken vor ihm sitzen!)

Ich muss zuerst erklären, wie das Innere einer Scheide gebaut ist und was beim Sexualverkehr in der Frau passiert.

Ist das so kompliziert? Ich habe in einer halben Stunde nämlich meinen nächsten Termin.
Ich finde es wichtig, die Dinge richtig darzustellen. Es kursieren viel zu viele Ammenmärchen über Sex, Orgasmen und innere Abläufe. So ist zum Beispiel eine Scheide, genau betrachtet, keine Röhre, sondern ein Schlitz, dessen Wände aneinander gepresst sind. Es gibt völlig irreführende Vorstellungen von der Beschaffenheit der Scheide. Die Vorstellung, eine Röhre führe direkt vom Gebärmutterhals in die Gebärmutter, ist schlicht und einfach falsch. Auch die Vorstellung, ein Penis könne seine Ladung direkt in die Gebärmutter «schiessen», stimmt nicht. Der Ausgang vom Gebärmutterhals in die Gebärmutter verläuft nicht gerade, sondern in einem Winkel von neunzig Grad.

Gut, du hast mich davon überzeugt, dass du mir das Innere der Frau genau erklären musst. Aber könnten wir das in einem zweiten Interviewtermin machen? Ich bin nicht unter Zeitdruck wegen des Artikels, er ist für die Sommerflaute vorgesehen. Gib mir doch per Mail Bescheid, wann du Zeit hast. Und bis dahin werde ich ein paar Biologiebücher wälzen. Hier hast du meine Karte.

Wir geben uns die Hand, vielleicht eine Sekunde zu lang, lächeln einander an, und ich trete mit weichen Knien auf die Strasse. Das mit dem Termin in einer halben Stunde war natürlich erfunden! Ich habe es schlicht und einfach nicht mehr ausgehalten. Irgendwie haben mich seine Erklärungen erregt. Und beim Wort «Liebhaber» habe ich mir Christoph vorgestellt und mich unweigerlich gefragt, ob ich denn gerade in der fertilen Phase bin. Ausserdem – und ich schäme mich unglaublich dafür – will ich ihn wiedersehen. Ein zweiter Interviewtermin ist da genau das Richtige.

Ich schüttle den Kopf über mich selbst. Wie kann ich nur so dreist sein. Was ist bloss in mich gefahren. Der Mann ist doch Durchschnitt …

Dass mich ein einziges Wort so aus dem Gleis werfen kann, hätte ich nicht gedacht. Mich, die Wortakrobatin, die selbst mit Wörtern wirft und Bilder setzt und immun ist gegen die Kraft und die Wirkung von Sprache. Das dachte ich jedenfalls bis anhin.

Und da kommt noch am selben Tag eine ganz kurze E-Mail auf meinen Rechner. Von Christoph, der mir den nächsten Interviewtermin bestätigt. Und da schreibt der gute Mann doch unten hin:

`PS: Du siehst heisssss aus.`

Das Wort schlägt ein wie ein Blitz. Aber ohne Donner. Wie ein kleines, schlankes Geschoss rast es durch all meine Abwehrmechanismen und Festungsmauern hindurch, umgeht sie geschickt, dort ein Schlenker, da eine elegante Drehung, und trifft ohne Lärm und Aufhebens mitten in mein Selbst und erschüttert mich in meinen Grundfesten. Mein Fundament verschiebt sich um genau einen Millimeter. Von aussen nicht sichtbar. Doch dieser Millimeter reicht aus, dass kein Stein mehr auf dem anderen liegt wie vorher. Es entsteht Druck, so dass es knirscht und sich langsam kleine Emotionswellen bilden. Unter dem Gemäuer liegt offenbar mein innerer Vulkan. Er war wohl schon ewig da, aber zugeschüttet mit kaltem Stein. Die Lava beginnt durch die Sauerstoffzufuhr langsam zu brodeln, ein Funke hier, ein Funke da, sie kommt in Fluss. Es gibt keine Explosion, es ist kein Katastrophenszenario, dieses eine Wort hat lediglich die Feuersglut in mir freigelegt. Und diese bewegt sich und geniesst es, ganz langsam Alterstarrtes zu versengen, Gebundenes mit sich zu reissen, Vertrocknetes zu überziehen mit einer Zuckerschicht aus Hitze und Leidenschaft.

Natürlich merke ich es nicht sofort. Ich spüre nur eine Röte im Gesicht. Scham? Freude? Erregung? Was weiss ich, aber eine sofortige Wirkung auf meinen Körper ist zu verzeichnen. Den Einschlag dieses Wortgeschosses in mein Inneres bemerke ich zwar, achte aber nicht weiter darauf, sondern freue mich über das Kompliment. Wenn er mich schon heissssss fand in dem langweiligen schwarzen Teil, das ich beim Interview anhatte, was würde er dann wohl zu meinem momentanen Outfit sagen, einem halbdurchsichtigen Oberteil? Philippe hat es mir einmal geschenkt, vor Jahren, mit den Worten: Du solltest mit deinen Reizen nicht geizen. Der Reim gefiel mir genauso gut wie dieses weisse Designerteil, das offenbar von einer Frau ohne Busen entworfen wurde, die nicht mit meinen Dimensionen gerechnet hat. Somit ist der undurchsichtige Teil des Oberteils einfach irgendwie zu klein geraten, und meine Üppigkeit quillt aus allen Ecken und Ausschnitten. Und da der einzige einigermassen dazu passende BH ein fleischfarbener ist, noch dazu wohl etwas zu klcin, trägt er keineswegs zu deren Bändigung bei.

Ich finde mich selbst ja total durchschnittlich. Durchschnittlich gross, durchschnittlich intelligent, durchschnittlich schlank, durchschnittlich attraktiv. Das einzige Überdurchschnittliche ist mein Busen, das weiss ich, das schätze ich, und Philippe auch.

Dass das Wort *heissssss* etwas in mir angerichtet hat, finde ich erst in den folgenden Stunden heraus. Etwas ist passiert: Christoph ist nun immer da, hockt in meinem Hirn wie die Blocker im Gebärmutterschleim, hat sich in jedem Gedankengang eine kleine Nische gemacht, ein kleiner Mann in meinem Schädel. Und ich rede mit ihm. Erzähle ihm alles. Kommentiere jeden Gedanken, jede Bewegung, jede Tat. So schildere ich ihm – natürlich nur in stummen Gedanken, in Worten ohne Ton – ganz genau, was in meinem Sexleben abgeht. Wie Philippe mich nach dem Sporttraining samt meinem Schweiss und meiner unsäglichen Lust, ausgelöst durch Christophs Wort *heissssss*, gegen die Wand drückt, mir die nassen Trainingssachen leidenschaftlich vom Leib streift (leider nicht reisst) und wir uns küssen und küssen. Und als er in mich dringt, wünsche ich mir, Christoph könnte es sehen und er wäre ein stummer, betroffener Beobachter meines Vulkans. Philippe hat wohl nicht mit dieser Intensität gerechnet und ergiesst sich inmitten des Geschehens, worauf ich im Bett liegen bleibe, während sich Lea unten eine DVD anschaut.

Nackt im Bett geniesse ich es, mir die nächste Szene auszudenken, mal mit Philippe, mal mit Christoph. Der zweite Versuch ist genauso intensiv und Philippe diesmal besser vorbereitet. Ich komme tief und gut, und genau eine Sekunde nach meinem Orgasmus bin ich schon wieder unbefriedigt, denke an Christoph, wie er heute wohl in seinem Büro sitzt und Protokolle liest, habe Mitleid mit ihm, weil ich vermute, dass er zurzeit keinen Sex hat. Obwohl ich weiss, dass er verheiratet ist und zwei Kinder hat, ist das noch lange keine Garantie für sexuelle Aktivität. Wie oft habe ich von meinen Freundinnen schon Sätze gehört wie: «Na ja, das Körperliche ist mir nach der Geburt der Kinder sehr unwichtig geworden. Ich empfinde es als unangenehm, wenn mein Mann scharf auf mich ist.» – «Der Sex kann mir gestohlen bleiben.» – «Ich hätte eigentlich nichts dagegen, wenn er ab und zu einer anderen Frau beiwohnen würde, dann hätte ich nämlich meinen Frieden.» Wer weiss, vielleicht hat Christoph ja eine Migräne-Frau zu Hause und wandert seit geraumer Zeit durch die Sexwüste?

Ich erfinde meine Geschichte zu Christoph, male mir jedes Erotik-Detail aus. Was in seinem Kopf wohl vor sich ginge, wenn er meine in Gedanken verfassten E-Mails erhielte. Wie etwas in seinem Inneren sich ausklinken würde, wie er in eine unsägliche Unrast hineinschlittern würde. Ja, sogar eifersüchtig wäre er auf meinen Mann. Er würde sich vorstellen, wie ich mich Philippe hingebe, wie meine schwarz gefärbten Haare elegant aufs Bett fallen, wie ich die Augen halb schliesse, während ich inbrünstig stöhne. Wobei ich ja, das muss ich zugeben, im realen Sex nur wenig Laute von mir gebe. Aber in der Fantasie kann ich ja ein wenig schummeln, schliesslich bin ich selbst die Regisseurin von dem Film in meinem Kopf. Also, er wäre unruhig, eifersüchtig und total frustriert und würde sich wünschen, er könnte mit Philippe den Platz tauschen. Und er würde sich wünschen, dass ich mein schwarzes Kleid vom Interview lasziv aufknöpfe. Er würde sich vor mich hinsetzen und dabei zusehen, wie bei jedem Knopf, der aufgehen würde, ein bisschen mehr unbändiger, wollüstiger, liebreizender Busen hervorquillt. Der Anblick meiner steifen Blütenspitzen würde seine Gier nach mir anfachen. Das Blut würde in sein Lustrohr jagen, so dass sich mir seine Hose entgegenwölben würde. Und ich würde mich unerbittlich, feminin und elastisch entblättern, und beim Anblick meines magischen Dreiecks, kokett rasiert, himmlisch duftend nach Erregung, Lüsternheit und Abenteuer, würde er einfach nur noch den Atem anhalten können.

Ich sehe Christoph vor seinem Schreibtisch sitzen. Er ist richtig niedergeschlagen, er möchte wie ich und Philippe in Verlangen zerfliessen, sein Begehren austoben, seine Wünsche ausleben. Aber bei ihm ist der Sex immer so kompliziert. Und es überkommt ihn eine Furcht vor dem Wochenende. Er trödelt extra noch länger herum, checkt nochmals seine E-Mails und macht sich dann unwillig auf den Heimweg. Er fürchtet sich vor dem Anblick seiner Frau und seiner Kinder. Er liebt sie, und sie sind sein Ein und Alles, aber er hat solch eine unsägliche, unstillbare Lust auf Sex. Und alles an seiner Frau riecht nach Babymilch und Familienleben, da ist kein Hauch von Verwegenheit, kein Anzeichen von Verführung, nur ihr liebes Lächeln und sein Bewusstsein, dass sie bestimmt keinen Bock auf Sex hat, nur auf Kuscheln und auf Erzählen, stundenlanges Erzählen, was der Kleine alles gemacht hat und was der Grosse angestellt hat. Ihn aber hungert danach, dass sie ihren schwarzen String von früher anzieht, die elenden Stilleinlagen aus dem BH nimmt, ihm wieder einmal genüsslich und mit Inbrunst einen bläst und er sie dann eine halbe Stunde lang von allen Seiten nehmen kann. So wie früher.

Die unsichtbare kleine Alé in meinem Kopf protokolliert alle diese Gedanken, alles, was mit Sexualität zu tun hat, fängt sie ein und verpackt es in kleine leckere Bissen, die sie als Aperitifgebäck kaschiert per Mail zu Christoph schickt. Send Mail. Ohne zu senden. Gedanklich werde ich immer unverfrorener, beschreibe jedes Detail meines realen Liebesspiels mit meinem Mann, darauf bedacht, ihn aufzuhetzen, ihn anzumachen, ihn in den Wahnsinn zu treiben. Und während die unsichtbare Alé Mails schreibt, die nie abgeschickt werden, steigert sich meine Lust und Leidenschaft fast ins Unerträgliche. Inzwischen macht Philippe schlapp, er kann nicht mehr. Es ist einfach zu viel für ihn. Natürlich hatten wir bisher regelmässig Sex und auch guten Sex. Doch diese geballte Erotikladung entlädt sich an diesem verlängerten Wochenende wie ein schwüles Sommergewitter. Wie eine räudige Hündin streune ich hinter Philippe her, dauernd am Schnüffeln, wann sich die nächste gute Gelegenheit bietet. So bin ich nach drei Tagen wohl nicht mehr zu ertragen. Am Sonntagabend verweigert er den Wochenend-Abschluss-sex und steigert damit meine Ungeduld auf den Montag, an dem ich real mit Christoph in Kontakt treten könnte.

Natürlich passiert nichts, gar nichts. Es ist, als hätte es dieses Interview und das Wort «heissssss» nie gegeben.

Und trotzdem ist meine Welt nicht mehr so wie früher. Vor drei Tagen plätscherte mein Leben gemütlich und geordnet dahin, ich war eine leidenschaftliche Mutter, liebevolle Ehefrau, etwas schlampige Hausfrau, passionierte Journalistin und zwanghafte Sportlerin. Das waren die Hauptfiguren auf meiner Lebensbühne.

Und da taucht dieses verdammte Wort «heissssss» auf, und meine Figuren purzeln wild durcheinander. Plötzlich ist da noch eine andere Figur, mit rotem Mantel und schwarzen Lackstiefeln: Sinnesfrau Alé. Die ist aus dem verschlossenen Keller ausgebrochen, das Wort «heissssss» war offenbar der Schlüssel dazu. Ich kann mich jetzt auch daran erinnern, dass es diese Figur vor Leas Geburt schon gab. Aber mit der Ankunft dieses kleinen Wesens traten dann gleich mehrere Versionen von ein und derselben Hauptfigur auf meine Lebensbühne. Ich dachte immer, da komme einfach eine neue Figur zum Zuge: die Mutter. Aber nein, da kamen gleich vier davon angerannt: die «Immer-in-Sorge-Mutter», die «überforderte Mutter», die «Multitasking-Mutter», die «liebende Mutter». Und es wurde verdammt eng auf meiner Bühne. Sinnesfrau Alé musste das Feld räumen.

Und jetzt ist sie wieder da: gross und stark und frech und vorwitzig und intensiv und humorvoll. Und ich freue mich, dass sie wieder da ist. Welcome back!

Obwohl keine E-Mail von Christoph kommt, lasse ich mich nicht entmutigen. Ich stelle mir vor, wie sich Christoph an seinem Schreibtisch nach mir sehnt. Er hat das Wochenende mit seiner Frau zwar harmonisch, aber unspektakulär und sexlos verbracht. Sein Sohn hat die beiden mit Husten auf Trab gehalten, und jetzt ist er müde und gereizt. Jedes Schrillen des Telefons lässt ihn hoffen, ich wäre es, die ihn anruft, um ihn dann enttäuscht wieder in seine Griesgrämigkeit, Unzufriedenheit und Grimmigkeit verfallen zu lassen. Immer wieder zieht es seinen Blick zu dem Tisch und den beiden Stühlen, wo wir das Interview geführt haben. Zuerst sitze ich in seiner Fantasie noch in dem schwarzen Kleid da, am späteren Vormittag dann schon mit aufgeknöpftem Oberteil, und irgendwann stellt er sich vor, wie ich nackt meine Notizen schreibe, mit überkreuzten Beinen. Nach dem Mittagessen liege ich lasziv auf der Tischplatte und mache eine einladende Bewegung. Und obwohl er sich am Wochenende vorgenommen hat, sich meiner Attraktivität zu entziehen, nicht nach mir süchtig zu werden, sieht er ein: Es ist zwecklos.

Während ich mir diese Szenen ausmale, frage ich mich unweigerlich, wie ich denn eigentlich zum Thema Ethik und Moral stehe. Ich hatte in meinem Leben ja nur wenige Männer, und ich habe Philippe noch nie betrogen, noch nicht einmal besonders oft in meinen Fantasien. Meine Lieblingsschauspieler eignen sich schlecht für Seitensprünge, und in meinem Leben gab es in den letzten 13 Jahren nur wenige reale Männer und noch weniger Gelegenheiten.

Ich bin mir sicher, dass ich meine persönlichen Ideale von Treue, Transparenz und Ehrlichkeit stets hochhalten würde. Da kann Christoph noch so lange von «bestem Genmaterial», Hormonen und dergleichen erzählen, dagegen bin ich immun. Bin doch kein Flittchen, kein Luder, keine, die für 17 cm Fleisch ihre Ideale glatt über Bord wirft. Auch wenn Sinnesfrau Alé jetzt zurück ist und eine überaus überraschende Fantasiewelt entwickelt, Realität würde davon nie etwas werden!

Ich zähle die Tage bis zu unserem nächsten Interviewtermin und halte mich mit langweiliger Routinearbeit über Wasser. Auch mit einem netten Ausflug mit Lea: Es ist so schön, mit ihr in den Zoo zu gehen. Ich schaue mir fast nie die Tiere an, sondern beobachte jeweils nur meine kleine Maus, die ja gar nicht mehr so klein ist, aber im Zoo hält sie immer meine Hand. Doch während sie aufgeregt auf die Tiere zeigt und über sie erzählt, höre ich ihr diesmal nur mit halbem Ohr zu, weil ein Teil von mir im neuen Sinnesland lebt.

Auch ein Abend mit José steht noch an. Mein lieber Freund José, rund acht Jahre jünger als ich, ein Kumpane aus der Tanzszene, liebevoll, stockschwul, galant, gut aussehend und amüsant, hat genau wie ich wieder einmal Lust auf hemmungslose Selbstdarstellung, gespickt mit Flirtexzessen. Wir erzählen einander während des Abendessens eine Reihe amüsanter Liebes- und Sexerlebnisse. Diejenigen von schwulen Freunden sind natürlich unerlässlich für die eigene Fantasierfreude, obwohl ich immer wieder feststelle, dass die Spielregeln in dieser Szene ganz anders lauten. Treue hat dort beispielsweise einen ganz anderen Stellenwert. Schwul und treu ist wohl so unvereinbar wie eifersüchtig und tolerant. Der Kellner, mit dem José schon den ganzen Abend lang flirtet, lässt uns wissen: «In zehn Minuten findet unten in der Bar ein Striptease statt, wir haben einen Polterabend im Haus.» Das wollen wir uns auf keinen Fall entgehen lassen.

Aha, die Matrosenfantasie (Sexfantasie 1): Der schöne Stripteasetänzer ist wirklich genussvoll anzusehen, dunkelhaarig, Sonnenbrille, weisse Weste mit Goldknöpfen und weisse Hose. Er beginnt zu tanzen, die künftige Braut sitzt gebannt und strahlend auf einem Stuhl auf der Bühne. Da fliegt das Matrosenhütchen in die Runde, die Krawatte, dann das Jackett. Das erste Raunen geht durch die Menge, ein wunderschöner, durchtrainierter Oberkörper wird sichtbar, noch im weissen Unterhemd, aber der Hüftschwung des Tänzers lässt keine Zweifel aufkommen darüber, dass die Sache spannend wird. Dann zerreisst der gute Mann sich das Unterhemd (Sexfantasie 2) und reibt sich mit Massageöl ein, so dass er glänzt und glitzert (Sexfantasie 3), mit dem zerrissenen Unterhemd bindet er der Frau die Unterarme zusammen (Masofantasie 4), und so legt er sie samt Stuhl auf den Boden, wo er über ihr mit Liegestützen das Penetrieren andeutet (Vergewaltigungsfantasie 5), dann fliegt die Hose weg, und eine weisse Lackpanty (Lack-und-Leder-Fantasie 6) kommt zum Vorschein. José stöhnt neben mir nur noch: «Oh mein Gott, oh mein Gott!», und ich finde, der schöne Herr ist schlicht eine Augenweide. Er erinnert mich aber sehr an Philippe in jungen Jahren, und somit hatte ich ihn ja bereits. Als dann unter dem Lackding noch ein rotgeblümter String hervorkommt, der von der zukünftigen Braut unter einem Badetuch geöffnet wird, während wir nur seinen baren Hintern bewundern dürfen, ist es um José geschehen: «Oh mein Gott, ich brauche eine kalte Dusche, ich bin völlig auf Entzug», meint er schwer atmend. «Na ja, der Mann ist schön und hat durchaus seinen Reiz, aber eine kalte Dusche brauche ich deswegen nicht gerade», antworte ich lakonisch. «Gut, du bist ja sicher nicht auf Entzug wie ich, wann hattest du denn das letzte Mal …» Ich muss laut lachen, als ich antworte: «Vor vier Stunden.»

Gut aufgeheizt gehen wir nochmals zurück zum Auto, denn ich will die hohen Stiefel anziehen, die mein schwarzes Stretchkleid unterstreichen werden. Obwohl kein Minikleid, wirken der grosse Ausschnitt und die Andeutung des Busengrabens gut. Dann noch der rote Lippenstift. Ich zweifle kein bisschen an der These, dass die Lippen einer Frau die Vagina symbolisieren und die

Frauen diese deshalb rot bemalen. Obwohl die gleiche Untersuchung zum Schluss kommt, dass 37 Prozent der Männer für die Küsserei die naturfarbenen Lippen bevorzugen. Eine dieser typischen Untersuchungen, die mit ihren Fragebogen und deren Evaluation Verwirrung stiften: Logisch, dass rote Lippen an Sinnlichkeit, Verruchtheit und Liebe erinnern – aber für den praktischen Sex sind rote Lippen genauso unpraktisch wie die Unterwäschemontur. Beides ist zum Anmachen und für das Vorspiel gedacht, beides muss weg, wenn es ernst wird.

Mit dem Gefühl, gut auszusehen und heissssss zu sein, peilen wir schliesslich unser Ziel an. Angenehm überrascht stellen wir dort fest, dass wir für unsere Verabredung einen wirklich aussergewöhnlichen Abend gewählt haben: Wir zählen nicht weniger als sechs Polterabend-Gruppen. Es wird gejohlt und gekichert, einige tragen weisse T-Shirts mit der Aufschrift «Habt Mitleid – Oli heiratet», andere sind mit Blumengirlanden geschmückt. Und mitten in der Menge die Heiratsopfer selbst, unübersehbar mit Schwimmflügeln an den Armen, Kleidern voller Präservative, Teufelshörnern auf dem Kopf oder einem Schleier im Haar. Obwohl es noch früh ist, herrscht eine ausgelassene Stimmung, doch niemand tanzt. Wir haben keine Geduld zu warten, denn die Musik ist gut, und so legen José und ich los.

Und schon während meines noch etwas zaghaften Warm-ups ziehen mich die Männer beim Tanzen mit ihren Blicken aus, verweilen auf meinem Ausschnitt, verfolgen die kreisenden Bewegungen meiner Hüften mit den Augen. Ich komme immer mehr in Fahrt, und auch José gibt sein Bestes. Wir tanzen und tanzen, mein Kleid ist bald schweissnass, mein Haar eine feuchte Mähne, und ich bin heissssss und fühle mich gut und tanze weiter und es reizt mich, die Bewegungen des Matrosen nachzuahmen. Oder auf dem Tisch zu tanzen. Die Männer fressen mich mit ihren Blicken förmlich auf, und ich geniesse den unsichtbaren Sex mit ihnen.

Nach drei Stunden kann ich nicht mehr, meine Füsse schmerzen in den Stiefeln, der DJ wechselt, es ist Zeit, nach Hause zu gehen. Ich checke meine SMS: »Ich bin noch wach», heisst es dort von Philippe, und ich brause nach Hause, um meinem in die Jahre gekommenen Matrosen meinen verschwitzten Körper zu präsentieren, und zwar mit all den Striptease-Einlagen, die ich mir beim Tanzen verkneifen musste.

Allmählich komme ich in Teufels Küche. Statt meine Artikel zu schreiben, die ja wahrlich oft nicht viel Leidenschaft zulassen, träume ich und formuliere in Gedanken E-Mails an Christoph. Ich prüfe dauernd meine Mailbox in der Hoffnung, dass er sich meldet. Unser Treffen liegt nun schon eine ganze Woche zurück. Und wenn ich es mir recht überlege – nur habe ich dazu überhaupt keine Lust –, dann war es einfach ein ganz normales Interview, und er hat hinterher einfach noch geschrieben, er finde mich heissssss. Voilà. Das wars. Nichts weiter. Das darf er doch finden, oder? Ohne dabei nach mir zu schmachten!

Die Pendenzen türmen sich auf meinem Schreibtisch. Ich träume vom nächsten Sex mit Philippe, statt bei der Arbeit meinen Einsatzplan zu erstellen, und ich gehe lieber mit Lea in die Badeanstalt, statt zu Hause die Hausarbeiten abzubauen. Ich sehe zu, wie sie sich mit ihren Freundinnen im Wasser tummelt und die hübschen Jungs neckt. Und ich spüre die Sonne auf meinem Körper und frage mich: Was ist stärker, die Sommerhitze oder diese Hitzewallung in mir drin?

Endlich ein SMS von Sandrine: «Bin wieder da, wann hast du Zeit?» Es ist ein Jammer, dass meine beste Freundin ausgerechnet Stewardess sein muss, dass sie dauernd unterwegs und jeweils nur für kurze Zeit da ist! Natürlich packe ich die Gelegenheit beim Schopf und verabrede mich mit ihr zum Nachmittagstee, während Lea beim Reiten ist.

Sandrine verblüfft mich immer wieder von Neuem, schon durch ihre blosse Erscheinung. Alles, was sie hat, habe ich nicht. Sie ist gross, gertenschlank, von einer raubtierhaften Gelenkigkeit, die sich in geschmeidigen Bewegungen ausdrückt. Wenn sie zur Türe hereinkommt, dann ist es, wie wenn ein Model den Catwalk betritt. Sie hat Charme, eine tolle Ausstrahlung – und sie weiss es. Aber Sandrine hat wiederum all das nicht, was ich habe: keinen Mann, keine Familie, keinen grossen Busen. Und so ergänzen wir uns bestens. Hinzu kommt, dass wir uns einfach lieben, wie das beste Freundinnen eben tun, über alles reden und einander alles erzählen können.

Ich komme sofort auf den Punkt – und auch das geht nur bei besten Freundinnen: keine langen Begrüssungsformeln zum Auftakt, sondern gleich auf den Tisch, was wichtig ist. Ich erzähle ihr also brühwarm von dem Interview mit Christoph und vom Wörtchen «heissssss». Und dass ich inzwischen Angst habe *vor mir*. Vor meiner Energie, vor der wilden Tigerin in mir, der Kraft, die aus mir rauswill. Dass meine inneren Kontrolleure dringend Verstärkung brauchen. Es sei wie in den Märchen: Wer Augen hat, die alles verbrennen können, muss dauernd eine dunkle Brille tragen. Ich sei einfach durch und durch heissssss, so voller Energie, Intensität und Leidenschaft. Und wenn mein Blick auf Männer falle, dann fände ich nachher nur noch Schutt und Asche vor. Die hielten meinem Blick nicht stand. Und ich hätte nun auch herausgefunden, warum ich nicht trinke und nicht rauche. Aus dem einfachen Grund, weil meine inneren Schweinehunde dann wohl nicht mehr zu halten wären und ich Dummheiten anstellen würde. Diese

Enthaltsamkeit sei doch bloss ein billiger Selbstschutz. Genauso wie meine ethischen Werte, auf die ich ja so stolz sei. Treue, Moral, Ehrenkodex – reiner Selbstschutz, um möglichst wenig Asche wegräumen zu müssen.

Nach diesen Ausführungen bin ich richtiggehend erschüttert über meine Selbsterkenntnis, und Sandrine hat es nicht leicht, mich zu trösten. Und während wir uns schliesslich voll auf die Sachertorte konzentrieren und Kaffee trinken, versuchen wir zusammen herauszufinden, wohin ich meine Energien umlenken könnte:

- Sport
- mehr Sex mit Philippe
- mehr arbeiten
- Projekte mit Lea
- öfter mit José ausgehen.

Dann fällt uns nichts mehr ein. Und während sich Sandrine eine Zigarette anzündet und den Rauch elegant in die Luft bläst, meint sie: «Was wäre eigentlich, wenn du deine inneren Kontrolleure einfach abziehst? Sie heimschickst? Was würdest du alles tun?»

Die Vorstellung, völlig loslassen zu können, alle Schutzmauern niederzureissen und sämtliche Moral-Gardisten zu entlassen, löst eine Flut von Ideen und Visionen in mir aus, und ich zähle sie genüsslich auf:

- «Ich würde in der Küche all die Zettel von Leas Schule und vom Elternbeirat, von Leas Tenniskurs und Philippes Feuerwehreinsätzen, die ganzen Geburtsanzeigen und alles andere einfach wegwerfen und stattdessen ein Poster mit einem halbnackten Mann aufhängen.
- Ich würde eine Haushälterin einstellen, den ganzen Tag als Diva durchs Haus spazieren und höchstens hin und wieder meine Nägel lackieren.
- Ich würde schönen Bauarbeitern nachpfeifen, die

oben ohne und verschwitzt die Strasse aufgraben. Und wenn sie sich nach mir umschauen würden, dann würde ich meinen Mini langsam nach oben schieben.

- Ich würde meinem Mann eine Glatze rasieren, ihm einen Ohrring ins Ohr stecken, ein schwarzes Lederband mit Anhänger um seinen Hals hängen und ihn dazu verführen, während des Sex Italienisch mit mir zu sprechen.
- Ich würde dem Briefträger die Tür in der Unterwäsche öffnen und mir danach den Film *When the postman rings twice* anschauen.
- Ich würde im weissen Oberteil und ohne BH zu meinem Versicherungsberater gehen und seine Blicke in meinen Ausschnitt wie Streicheleinheiten geniessen. (Und noch während ich das sage, merke ich, dass ich mich selbst zensuriere. Ich müsste eigentlich anfügen: … und es dann hemmungslos auf seinem Schreibtisch mit ihm treiben …)
- Ich würde ein Cabriolet leasen und mit wehendem Haar bei Musik von Michael Jackson durch die Strassen brausen und mir dabei sanft die Oberschenkel streicheln.
- Ich würde jedes Wochenende in meinem schwarzen Kleid ausgehen, mich mit José Schritt an Schritt in Ekstase tanzen und jeden Mann, der sich an mir aufgeilt, als Geschenk auffassen. Auf dem Nachhauseweg würde ich mich in einer dunklen Gasse von einem der Männer im Stehen nehmen lassen, während zwei andere uns dabei zusehen.
- Ich würde, ach, ich würde so vieles …»

Sandrine lacht auf. Ich habe sie in gute Stimmung gebracht mit meiner Aufzählung. Sie ist Single, lebt die meiste Zeit in irgendeinem Hotel irgendwo auf der Welt, hat immer wieder mal einen Mann neben sich im Doppelbett und kennt viele dieser Sorgen schlicht nicht. Kein Kind, kein Mann, keinen grossen Haushalt zu organisieren. Sie ist vogelfrei, kann tun und lassen, was sie will.

«Aber ein paar von diesen Sachen könntest du doch sofort machen?», meint sie analytisch, raunt mir beim Abschied noch «Bei der Cabriolet-Fahrt wäre ich übrigens mit dabei!» ins Ohr und drückt mich fest an sich.

Auf dem Heimweg fühle ich mich nicht ganz wohl in meiner Haut. Wie kommt es, dass ich sogar gegenüber meiner innigsten Freundin nicht ganz ehrlich bin? Wieso übe ich ihr gegenüber Selbstzensur? Wahrscheinlich geht mir das alles selbst zu weit. Welche intellektuelle Journalistin, Mutter eines Kindes, seit dreizehn Jahren verheiratet, will sich schon eingestehen, dass sie ein solches Triebbündel geworden ist? Frauen dürfen ja keine Triebe haben, es sei denn, der Mann hat gerade Verlangen nach einer Schlampe, dann wäre dies durchaus erwünscht. Aber was machen Frauen, wenn sie solche Lüste verspüren, wenn sie den 18-jährigen Lehrling betrachten und sich insgeheim wünschen, ihm mit geübter Hand und grossem Erfahrungsreichtum die Welt der Sexualität zu zeigen? Und überhaupt: Ich habe gelesen, dass Schimpansinnen keine Menopause haben, weil sie offenbar häufigen Sex mit jüngeren Männchen pflegen. Da verheimlichen uns die Naturwissenschaften doch entscheidende Informationen. Erzählen uns vom hierarchischen Verhalten der Affenmänner und leiten davon dann ihre Theorien ab: der Mann als der Starke, der Jäger, der Fremdgänger, die Frau als sexuell nicht Interessierte, als die Willige, die Schwache. So ein Blödsinn!

Das wäre doch eine geniale Sexvision: Ältere, erfahrene Frauen würden junge Männer verführen, ihnen beibringen, wie frau es gerne hätte, sie würden ganze Legionen vollendeter Sexverführer heranbilden, die dann schon jungen Mädchen Freude bereiten könnten. Für diese Vision spricht ja schon allein die Tatsache, dass der Testosterongehalt eines 24-jährigen Mannes demjenigen einer 45-jährigen Frau entspricht. Da hat sich die Natur doch etwas überlegt! Eine traumhafte Vorstellung – die in der patriarchalen Männerwelt allerdings schwere Erschütterungen bewirken würde. Denn in Tat und Wahrheit ist es doch so, dass ältere Männer als durchaus attraktiv, Frauen ab vierzig hingegen als verblasst gelten. Also werden sie aus der Sexwelt verbannt und mit irgendwelchen wohltätigen Beschäftigungen abgespeist. Gut, seit «Sex in the City» und «Desperate Housewives» über die Glotzen flimmern, ist das Verbrauchsdatum von Frauen um ein paar Jahre angehoben worden. Aber spätestens mit fünfzig, wenn auch sämtliche Operationen den Alterungsprozess nicht mehr aufhalten können, ist es vorbei mit der Liebelei.

Es macht mich ziemlich sauer, wenn ich daran denke, dass ich nie richtig gelernt habe zu onanieren. Denn Mädchen tun so etwas nicht. Während bei den Jungs immer etwas heraushängt, was den Geilheitsgrad anzeigt, und sie unter dem Vorwand, so könne man(n) ja nicht herumlaufen, einfach schnell im Klo verschwinden und sich einen runterholen, haben es die Mädchen da viel schwieriger. Ihr Geschlecht ist versteckt und lässt sich nur mühsam via Spiegel richtig betrachten. Es ist nicht angebracht, dass Mädchen sich selbst berühren, und wenn sie es tun, dann vorsichtig, sanft, unwissend. Während die Jungs in ihrer Alltagswelt eine breite Palette männlicher Fantasien vorfinden – hinter fast jedem Plakat, Werbespot, Kino- und Pornofilm steht ein Mann als Macher –, gibt es für die Mädchen nichts. Sie müssen sich bei den Fantasien aus der Männerwelt bedienen. Sie können sich also ein Heft am Kiosk kaufen, in dem notabene vor allem nackte Frauen abgebildet sind, um sich dann an männlichen Fantasien und an ihren Geschlechtsgenossinnen aufzugeilen – was natürlich nicht richtig funktioniert.

Also bleibt den Mädchen nichts anderes übrig, als auf die Erlösung zu warten – in Gestalt eines Jungen, der sich ebendieser männlichen Fantasiewelt bedient. Also fängt er an, an ihr herumzuschrauben, genau nach Anleitung dieser stereotypen Männersexwelt, und das Mädchen lächelt verkrampft und fragt sich, ob etwas mit ihr nicht stimmt. Warum sie keine Wollust empfindet, wenn er ihr die Zunge ins Ohr steckt, die Brustwarzen rubbelt und seinen Penis zwischen die Beine quetscht. Und dann fällt ihr ein, dass Frauen sich ja in solchen Situationen genussvoll räkeln, sich nach hinten beugen und die Beine spreizen und keuchend stöhnen: «Nimm mich!» Wenn er sie dann nimmt, zählt sie die Sekunden, bis alles vorbei ist. Während seine Energien postorgasmisch zusammenbrechen, bleibt sie unbefriedigt liegen. Und nicht nur unbefriedigt, sondern frustriert, sich selbst hinterfragend und mit dem Gefühl, keine richtige Frau zu sein. Dann wechselt sie den Freund. Hoffnung keimt auf: Mit dem wird es besser. Aber auch er hat lauter männliche Fantasien im Kopf, und keine ältere Frau hat ihn in das Geheimnis weiblicher Sexualität eingeführt, und er will zum Beispiel nur von hinten und nur, während sie Strapse trägt. Was für ein Tiefschlag.

Wüsste die junge Frau, was ihr gefällt, wie die Brust gestreichelt werden muss, welche Bewegungen sie aufheizen, ob sie klitoral oder vaginal lustgesteuert ist, dann könnte sie schon dem ersten Jungen sagen: «Hey, Moment mal, schau, ich zeige dir, was mir gefällt.» Mit Sicherheit wäre dieser Sex tausendmal besser, für beide.

Dass ich mit meiner Annahme nicht völlig falsch liege, zeigt mir das Gespräch neulich mit Nicole, die jedes Mal gehetzt aufseufzt, wenn ihr Freund ihr wieder mit einem

«Wellnesswochenende» in den Bergen droht. Denn sie weiss, dass sie da in keiner Art und Weise zur Entspannung kommt, sondern dass ihr Freund nichts anderes damit meint, als 48 Stunden dauerndes Begrabschen und Besteigen. Sie bucht dann jedes Mal gleich zu Beginn die dreistündige Behandlung mit der Fangopackung, um ihr Leid um diese Zeit zu verkürzen und wenigstens ein wenig relaxen zu können. Ansonsten ist das Ganze ein Riesenstress für sie. Wenn er ihr schon beim Candle-Light-Dinner augenzwinkernd erklärt, sie werde dieses Mal sicher fünf Orgasmen haben, weil er sie nach Strich und Faden verwöhnen werde ... Worauf sie unweigerlich denkt, oh nein, fünfmal vortäuschen, was für ein Fiasko. Als ich sie gefragt habe, ob sie eigentlich beim Sex mitbestimme, ob sie diesen aktiv mitgestalte, ob sie wisse, was ihr gefalle und das auch inszeniere und in die Realität umsetze, da war sie ganz erstaunt und schüttelte nur den Kopf. Nein, sie überlasse sich ganz seinen Männerfantasien. («Ich bumse dich gegen die Hotelzimmertüre, und zwar die ganze Nacht», geht es mir durch den Kopf – das kann ziemlich lange sein, wenn frau keinen Spass daran hat ...). Ob sie denn wisse, was ihr gefalle? Wieder ein Kopfschütteln. Und wir reden hier von einer Frau, die schon einige Freunde hatte.

Ein Beispiel also für mangelnde Onanie und für fehlendes Mittun und Mitgestalten? Zu den Hauptfantasien der Männer zählt die willenlose Frau, die alles macht, was man(n) von ihr will. Und dieses unreflektierte Mittun eignen sich die Frauen an in der Meinung, es gehöre einfach mit dazu im Bett.

Dabei würden die Männer schön doof aus der Wäsche schauen, wenn die Frauen endlich Klartext reden würden. Wenn Sinnesfrau Alé plötzlich ihren Vibrator auspacken und dem startklaren Penetrations-Christoph sagen würde: «Den brauche ich, wenn du mich von der

Seite nehmen willst, sonst komme ich nicht. Bin nämlich klitoral lustgetrieben, und da kannst du lange in mir herumstossen, das bringt nicht viel.»

Ein Kuss ohne Lippenstift

Mich trifft fast der Schlag, als tatsächlich diese E-Mail auf meinem Computerbildschirm auftaucht. Wusste ich es doch. Er ist süchtig nach mir:

Betreff: Ein Kuss ohne Lippenstift
Habe heute Zeit zum Mittagessen. Bitte kein Interview! Würde dich gerne einladen. Hatte gestern Geburtstag. Aber bitte komm ohne Lippenstift – wegen des Geburtstagskusses …
Christoph

Wow. Die Mail fährt ein wie eine Bombe. Jetzt will er mich sehen. Jetzt will er mich sogar küssen! Hallo, was ist denn hier los? Der gibt Vollgas. Und ich beginne sofort zu schwitzen, und mein Herz rast, und meine Gedanken und Gefühle purzeln wild durcheinander.

Hey, ohne Lippenstift? Meine letzte Kontrolle aufgeben? Alé ohne Lippenstift, das gibt es nicht! Dennoch sehe ich eine intensive Kussszene vor meinem inneren Auge, und mir wird heissssss. Und sofort melden sich meine inneren Kontrolleure, im Chor mit sämtlichen Moralaposteln: Das kannst du nicht tun, das ist Betrug!!

Moment mal, ruft da eine analytische Stimme in mir, lass uns doch mal genau hinschauen: Was heisst betrügen eigentlich? Und ich versuche die Sache zu begreifen und einzukreisen und merke, dass es da verschiedene Stufen gibt, und die Frage ist vielmehr: Wo beginnt der Betrug, und wo hört er auf? Da ist zuerst die Fantasie, die Vorstellung von Szenarien, Settings, Liebschaften, schönen Männern und guten Gefühlen. Dann gibt es die ersten Flirtereien, die meist über Blicke ablaufen, vielleicht über Worte, hin und wieder sogar über ein paar unproblematische Berührungen: die Hand bei der Begrüssung ein wenig länger halten oder etwas näher hinter die Frau treten, wenn man ihr in den Mantel hilft. Aber dann kommt irgendwann eine Schwelle, und die ist wohl bei jedem Menschen an einem anderen Ort …

Ich merke gerade, wie sinnlos ich um den Brei herumanalysiere. Ich muss auf Christophs Mail antworten. Aber was? Ich schreibe schnell:

AW:
Essen ja, küssen nein.

Ich hocke wie eine hypnotisierte Schlange vor dem Bildschirm. Die Minuten schleichen. Da kommt die Antwort:

RE:
Soso.
Sag doch einfach, ich soll ruhig sein.
Ich bin es dann trotzdem nicht.
1 langer Kuss ohne Lippenstift.
Christoph

PS: Um zwölf im Mamma Mia an der Zentralstrasse, habe reserviert.

Mein Gott, jetzt fängt der an zu verhandeln. Mir wird ganz anders, und ich beschliesse, nicht mehr zu antworten. Wenn ich toll aussehen will, und das will ich, dann muss ich mich sputen. Unüblich schnell entscheide ich mich in der Kleiderfrage für das weisse Designer-Oberteil, offenes Haar, wenig Schmuck, wenig Make-up und … den knallroten Lippenstift.

Natürlich, das habe ich befürchtet, ich finde, Christoph sieht heute noch umwerfender aus als das letzte

Mal. Meine Fantasien haben ihn geradezu auf ein Podest gehoben. Wie oft hatte ich eigentlich schon Sex mit ihm, ohne dass er es weiss? Und wie oft hat er mich schon genommen, ohne dass ich es ahne?

Beim Essen schaut er auf meinen Mund, und ich bin sicher, dass er sich fragt, ob meine anderen Lippen auch so aussehen. Schon während der Vorspeise komme ich auf den Punkt: «Sag mal, du hast sie wohl nicht alle: Küssen ist für mich tabu!» – «Warum denn?», will er lächelnd wissen. «Weil», ich atme tief durch: «Küssen ist für mich wie miteinander schlafen. Küssen ist das Intimste, was ich habe. Ich könnte mich innerlich eher gegen einen Vergewaltiger abgrenzen als gegen einen Küsser. Beim Küssen ist die Zunge wie der Schalter zum Loslassen und Sich-Hingeben, und wenn der einmal gekippt ist ... Beim Küssen liegt mein Herz brach – wehrloser gibt es mich nicht. Beim Küssen kommen die richtigen Gefühle in Wallung: Leidenschaft und Herzblut. Und du willst *nur* einen langen Kuss. Verstehst du jetzt, was du da von mir verlangst?» Er nickt und schmunzelt verschmitzt, quasselt dann ein Weilchen über weibliche Konzepte, die mit der Realität nichts zu tun hätten. Ich hole zum Gegenschlag aus: «Was heisst für dich Treue, Verantwortung, Betrug? Du bist doch auch verheiratet, wie erklärst du dir das alles? Bitte sehr, jetzt will ich ein männliches Konzept hören!» Verdammt, er liefert mir dieses männliche Konzept ziemlich schnell: «Treue ist ein Gut, das wenig Leute besitzen. Wir Menschen haben das Gefühl, dass wir einer Aufgabe nachgehen müssen und dabei geprüft werden, von einer höheren Instanz. Aber vielleicht ist die Instanz ja auch von unten aus tätig.» Er schmunzelt wieder, diesen Typen bringt wohl nichts aus der Ruhe! «Vielleicht ist Treue nur ein Konzept zum Schutz vor uns selbst. Damit nichts Unkontrolliertes passiert, das die Aufgaben, die Ordnung der

Menschheit über den Haufen werfen könnte. Was würde denn geschehen, wenn wir den Dingen einfach ihren Lauf liessen, uns von unseren Lüsten und Trieben leiten liessen und nicht darüber nachdächten: nicht vorher, nicht während, nicht nachher. Ist das denn verantwortungslos? Nur schon dieses Wort: Verantwortung! Immer ist man für alles verantwortlich, muss man alles im Griff haben. Dafür ist das Leben zu kurz und zu lang. Oder?»

Obwohl ich eigentlich nett und adrett und schrecklich verführerisch sein will, macht mich sein Gerede irgendwie sauer. Ich versuche krampfhaft, den Inhalt eines Artikels, den ich einmal über den Psychologen Viktor Chu geschrieben habe, innerlich herunterzuladen. Darin ging es um Gründe dafür, dass die Menschen betrügen, was sie lieben. Chu beschreibt in einer langen Aufzählung, was Treue alles *nicht* ist. Ich kann mich aber beim besten Willen nur noch an Bruchstücke erinnern – dass Treue keine Symbiose bedeute und nichts Erzwungenes oder Erpresstes sei. Treue sei keine Pflichterfüllung und bedeute keine Abhängigkeit, weil sie in keinem geschlossenen System verankert sei. Treue sei auch nicht unkritisch oder alternativlos und würde auch nicht alle anderen wichtigen Beziehungen ausschliessen. Wie gerne hätte ich jetzt mit meinem Wissen um dieses Thema aufgetrumpft, aber auf die Schnelle kriege ich das einfach nicht hin! Vor allem nicht, wenn mein Gegenüber jetzt den Blick von meinen Lippen zu meinem Ausschnitt schweifen lässt. Ich lasse es also es lieber, möchte mich nicht mit Halbfertigem blamieren, sondern warte nun mit Veritablem auf:

«Ich muss dich enttäuschen, lieber Christoph. Meine Erfahrung hat mir gezeigt: Ich bekomme für jeden Fehltritt eine Quittung. Immer. Und nach Quittungen ist mir im Moment nicht!» Und dann dopple ich noch nach:

«Ausserdem: Küssen ist wie Kuchen essen, man kriegt nie genug davon. Also besser gar nie anfangen damit. Du darfst diesen Zusatz gerne auch als weibliches Konzept abbuchen.»

Beim Kaffee versucht er es erneut mit einer reizenden Wortspielerei: «Hey, Alé, jetzt ist dein Lippenstift aber vom Essen weg. Und ein Küsschen läuft doch nicht unter ‹fremdgehen›. Und schliesslich kennen wir uns ja, von fremd also keine Spur.»

Ich bleibe hart und drücke ihm zum Abschied die Hand, die sich zugegebermassen sehr gut anfühlt.

Kaum ist er ausser Sichtweite, fällt das Kartenhaus in sich zusammen. Ich bin total durch den Wind. Schnell nach Hause, raus aus den Kleidern, rein in die Sportklamotten und ab auf die Rennstrecke. Aufgedreht, verängstigt, verunsichert, erotisiert. Aber dann, nach einer Weile, überkommt mich die nackte Wut. Diese verdammten Männer! Halten einfach kein Vorspiel aus. Kaum wird es etwas hitzig, wollen sie zur Tat schreiten. Er meint jetzt, ich sei zu haben. Er meint, er könne Forderungen stellen, und bildet sich wohl auch noch ein, es würde mir gefallen, wenn er mich küssen und an mir knabbern würde. Ich bin kein Apérogebäck, und auch kein Knäckebrot!

So eine Frechheit zu denken, er kriege mich, die tolle Alé, die treue Alé, die Alé mit Prinzipien und ethischen Werten, die sich in 38 Jahren nichts hat zuschulden kommen lassen in dieser Hinsicht und sich wegen ein paar läppischer Fantasien doch nicht gleich in ein fremdes Bett stürzt. Die weise Alé springt doch nicht für einen Kuss ins moralische Elend, um sich dann in Schuld- und Reuegefühlen zu suhlen und am Ende vor Scham in Depressionen zu verfallen. Und das alles für abstehende Ohren und keine Haare? Nein danke, nicht mit mir, verdammt noch mal. Da denkt der doch einfach, ich würde zwischen zwei E-Mails meine 13-jährige gute Beziehung inklusive genialem Sex einfach kurz einmal für unwichtig erklären und ich könne es kaum erwarten, seine Pranken auf meinen Hüften zu spüren. Puh.

Ich laufe immer schneller, und es tut mir gut, der ganze angestaute Stressschweiss bricht aus, rinnt über mein Gesicht, schminkt mich sozusagen ab, und während sich der Himmel mit Gewitterwolken überzieht, wird es plötzlich sonnenklar: Nein, auf keinen Fall irgendeine Berührung!!!!

Nach etwa zwei Stunden habe ich mich beruhigt. Aber wie so oft spinne ich in Gedanken alles weiter. Christoph ist doch frischgebackener Vater, an Sandrines Geburtstagsfest war seine Frau hochschwanger. Und jetzt ist sie im Mutterelend und er in der Sexwüste. Er hat die Nase voll davon, verständnisvoll zu sein, an verschlossenen Türen zu kratzen, stundenlang liebevoll zu massieren und dann leer auszugehen. Er will, dass sie ihn sieht, wie er ist: ein Mann mit Herz und Schwanz. Und da trifft er auf mich, im weissen Oberteil, mit rotem Lippenstift, und im Restaurant überfällt ihn diese unglaubliche Begierde, mich zu packen, zu küssen, zu verführen, mir das Oberteil vom Körper zu reissen, die Busenpracht zu kneten.

Aber eigentlich, und das wird mir jetzt erst klar, ist Christoph ein Stratege. Er spürt genau, dass ich einen hohen moralischen Kodex lebe. Dass ich noch *nie* meinen Mann betrogen habe, aber wirklich noch *nie* auch nur eine einzige unkeusche Berührung meines Körpers von einem anderen unschwulen Mann zugelassen habe. Und weil er genau weiss, dass ich einen Rückzieher mache und mich auf keinerlei Verhandlungen über Kuss und Lippenstift einlasse, gibt er Vollgas und tut so, als hätte er seiner Frau gegenüber null Skrupel und als sei das doch die normalste Sache der Welt.

Es bleibt also nur die Fantasie. Da stehe ich ihm gerne zur Verfügung. Da kann er mich umarmen, küssen, massieren, kneten, streicheln, vernaschen, schlecken, lutschen, saugen, nehmen, rammen, stossen, wie er will.

Aber damit bin ich schon wieder bei der Gretchenfrage angelangt: Ist das schon Betrug? Bedeutet Betrug nicht, hinter dem Rücken eines anderen etwas zu tun, das nicht so vereinbart ist? Und was ist denn in meinem Fall vereinbart? Ich habe mit Philippe nie darüber gesprochen, es war immer klar, dass wir einander treu sein sollten. Aber ist Fantasie schon ein Treuebruch? Wenn ich mir vorstelle, wie ich Christoph küsse, wie er seine Zunge langsam durch meine Lippen ins Innere schiebt, wie ich mich an seinen Körper schmiege und an meinem Venushügel seine Verhärtung spüre, wie er seine Arme um mich schlingt und mich an sich drückt – ist das Betrug? Ist Voyeurismus Betrug? Wenn ich bei der nächsten Sitzung einfach den Eiswürfel aus dem Glas nehmen und mir damit langsam zuerst den Nacken und dann den Ausschnitt kühlen würde? Die Sitzungspartner beobachten gebannt, wie sich aus dem Eiswürfel die geschmolzenen Tropfen lösen, zuerst langsam hinabrinnen, dann an Fahrt gewinnen und alle nur ein Ziel haben: in meinem Ausschnitt zu verschwinden. Und die Männer wünschen sich allesamt, sie könnten sich für ein paar Minuten in Wassertropfen verwandeln. Sind sie dann Betrüger? Betrügen Striptease-Zuschauer ihre Frauen? Betrügt die Striptease-Tänzerin ihren Mann, wenn sie es geniesst, dass sie eigentlich von allen Zuschauern gleichzeitig in deren Fantasie durch alle ihre Öffnungen penetriert wird? Oder wie ist es bei Berührungen in ganz anerkanntem Kontext? Das Potenzial bei einer Massage ist ungeheuerlich: Jede Bewegung drei Mal langsamer und mit weniger Druck wäre die Verführung pur. Ich erinnere mich noch gut an ein Sportcamp an der Uni, da kam es immer wieder zu kleineren Verletzungen. Das Bandagieren und Eincremen übernahm dann die Person, die gerade frei war. Und so kam es, dass ich den muskelgehärteten Oberkörper von Rudolph dem Leichtathleten eincremte, oder dass Philippe – damals waren wir nur gute Freunde – mir half, meine Muskelzerrung am hinteren Oberschenkel, gerade unter dem Po, zu behandeln. Wow, während des Eincremens hatte ich Fantasien ohne Ende!

Ich komme in meinen Überlegungen nicht weiter, Sackgasse, und kehre wieder zurück zu Christoph. Ich stelle mir vor, dass er nach meiner Abfuhr einen Plan ausheckt. Diesmal will er das Wochenende nicht einfach so vorbeigehen lassen, er muss seine Geilheit auch mal wieder mit einer Frau ausleben. Er hat die Onaniererei satt, sie ist nicht nachhaltig. Ausserdem hat Masturbation auch bei Männern einen schlechten Beigeschmack. Schliesslich stammt das Wort «Masturbation» vom lateinischen *manus*, Hand, und *stuprare*, schänden, entehren. Masturbation bedeutet somit Unzucht mit der Hand. Also keine freudige Befriedigung, lebenslustige Entladung, genussvolle Spielerei, sondern einsam, armselig, im Versteckten sich einen runterholen, nach dem Motto: schnell und lautlos.

Deshalb beschliesst Christoph, die grosse Anwerbung vorzunehmen. Er kocht ein leckeres Abendessen, bringt die Kleinen zu Bett und flüstert seiner Frau zu: «Baby, mach dich schön, ich werde dich nachher nach Strich und Faden verwöhnen.» Sie weiss, was das heisst. Erster Erfolg, sie nickt. Während sie duscht, klappt er das Sofa auf, stellt überall Kerzen auf, legt schöne Musik auf. Als sie, nur in ein Badetuch eingewickelt, aus dem Bad kommt, sagt er: «Du bist einfach wunderschön.» Sie sieht immer noch gut aus, sie gefällt ihm, der Duft ihres neuen Duschgels zieht in seine Nase: Ja, er kann sie gut riechen.

Er massiert sie ausgiebig, wechselt irgendwann in ein anderes Tempo, wagt kleine Ausläufer in erogene Zonen, ganz kurz. Er muss ja schliesslich harte Lavakrusten durchdringen, muss viel Schutt und Asche der letzten Geburt auf die Seite schieben. Er ist geduldig, liebevoll. Er merkt, sie taut auf, noch liegt kein Vulkan vor ihm, aber sie wird offen, sie wird willig, sie möchte auch mit ihm schlafen. Erst als er spürt, dass sie feucht ist, dringt er in sie ein. Es ist kein wilder Sex, nicht die Rede von Stellungen, brav, Missionar, aber zärtlich, innig. Er ist einfach glücklich, dass wieder einmal etwas läuft. Als er sich neben sie ins Bett legt und seine Augen schliesst, stehe ich an der Wand, nicke freundlich und mache ein Zeichen mit der Hand: super.

Ich erinnere mich noch genau an meine eigenen lustlosen Zeiten. Der Weg zurück zur Sexualität war mühsam. Und ich habe eigentlich gedacht, ich hätte ihn ganz zurückgelegt und das Terrain mit Philippe gut zurückerobert – und plötzlich taucht dieses verdammte Wort auf, tritt dieser Christoph auf die Bildfläche, und alles steht kopf, und ich spüre jede Zelle meines Körpers überstark! Es ist, als hätten meine gesamten Sinne eine Neuauflage bekommen, ich stehe wie unter Drogen, meine Dimensionen und Wahrnehmungen haben sich verschoben. Meine innere Lava kocht! Und ich gehe durch die Welt und habe das Gefühl, die ganze Welt ist von Sex besessen, von Sex getrieben, von Sex durchdrungen, von Sex dominiert.

Von aussen gesehen bin ich immer noch Alé. Bereite brav den Kindergeburtstag für Lea vor. Male mit ihr die Einladungskarten, backe Kuchen, empfange Gäste. Doch alle meine Tätigkeiten sind mit einer neuen Sensualität unterlegt. Während ich rasch noch ein paar Zitronenschnitze für die Getränke zubereite, geniesse ich die volle Schwere der kühlschrankkalten Zitrone in der ganzen Hand, berühre per Zufall beim Zuschieben der

Schublade mit einem Hüftschwung den Messingknopf und spüre die Härte und Kühle auf der Vulva. Während ich die fünfzig Wasserballone mit dem Gartenschlauch vorbereite, versüsse ich mir die mühselige Arbeit damit, mir vorzustellen, dass ich fünfzig Schwänze in Pariser einpacke. Und den Schokoladekuchen lasse ich mir im Mund zergehen, nehme die Süsse und Schwere wahr, und die feuchte Truffes-Verdickung in der Mitte, die mir schwülstig entgegenlächelt, sträubt meine Nackenhaare. Mein Körper ist wie aus dem Tiefschlaf erwacht und hat seine Sensoren nun auf jeder Hautstelle, in jeder Haarspitze, in jeder Pore angebracht. Ich nehme die leichte Abkühlung an meinen Beinen wahr, als ich gegen Abend in kurzem Rock den Abfallsack zur Garage trage. Als ich Lea ins Bett bringe, trage ich nur mein Nachthemd und lese ihr bei offenem Fenster eine Gutenachtgeschichte vor. Ein Gewitter zieht auf und schickt seine Vorboten. Ein erster forscher Wind pustet kühle Luft ins Zimmer, die zuerst meinen Kopf küsst, dann in Wellen meinen Körper entlangfährt und ihn dabei erschaudern lässt. Die feinen Haare auf meiner Haut stellen sich auf, und meine Brüste ziehen sich sanft zusammen. Zuletzt streicht der kühle Atem unter mein Nachthemd und weht sich aus auf meinen Schamhaaren.

Oje, Alé, was ist nur los mit dir? Brave Mama und unersättliche Lustfrau? Ich tröste mich: Nein, nein, Alé, du bist einfach nur sinnlich. Aber das ist zu einfach, denn auch Sinnlichkeit hat zwei Seiten: eine aktive und eine passive. Bei einer aktiven Sinnlichkeit sorge ich dafür, dass ich eine sinnliche Erfahrung mache, bei einer passiven horche ich in mich hinein, und es geschieht einfach. Ich kann sozusagen nichts dafür. Meine fünf Sinne sind einfach da und auf Empfang. So wie bei einem kleinen Kind, bei einem Baby, das noch über alle fünf Sinne in ihrer ursprünglichen Empfänglichkeit verfügt.

Wie gut kann ich mich an Leas Sinnlichkeit erinnern: wie sie weich und und beinahe postorgastisch entspannt in meinen Armen lag, nachdem sie hingebungsvoll an meiner Brust die Milch in sich hineingezogen hatte – und zwar nicht nur mit dem Mund, sondern auch mit ihrer Nase, denn sie erschnupperte jeweils schon von weitem den Ort ihrer Genussträume und öffnete mit halbgeschlossenen Augen ihren winzigen Mund zum finalen Anzapfen. Aber auch ihr Tastsinn war beim Trinken immer aktiv, sie umfasste meine prallen Brüste, und ihre Fingernägel gruben sich fröhlich in meine Haut. Ich weiss nicht, ob die warme Milch oder das regelmässige Schmatzen sie dann in einen süssen Schlaf lullten. Ach, wenn wir diese Sinnesglücklichkeit doch bis ins Erwachsenenalter retten könnten.

Aber was passiert stattdessen? Die ganze Freude am Anfassen, Nuckeln, Hinhören, Erschnuppern und Erriechen wird hygienisch und sozialgeschichtlich eingeengt: «Nimm das nicht in den Mund, bitte nicht mit den Händen essen, dafür hast du Gabel und Messer. Igitt, das riecht scheusslich, findest du nicht auch?» Und so geht das weiter, bis wir den ganz natürlichen, unproblematischen Umgang mit unseren Sinnen verloren haben. Ich glaube, der einzige Sinn, der keine Zensur erhält, ist der visuelle. Deshalb ist dieser bei vielen Menschen wohl auch am ausgeprägtesten.

Je länger ich darüber nachdenke, desto wütender werde ich. Das geht nämlich noch viel weiter! Gehen wir vom weiten Meer der Baby- und Kleinkindsinne aus, dann verengt sich das Ganze während der ersten paar Jahre auf einen grossen See. Denn nicht nur aus hygienischen Gründen wird die Daumenschraube angesetzt, sondern auf das Kind prasseln all die Konzepte ein, die Erwachsene von Sexualität haben. Ich kann mich noch gut daran erinnern, als Lea fünf Jahre alt war und wir bei einer Arbeitskollegin von Philippe zum Mittagessen eingeladen waren. Da entdeckte Lea diesen Stuhl. Ein Louis-Quinze-Modell, golden mit rotem Samtkissen. Lea war fasziniert davon, immer wieder streichelte sie über den roten Samt, und dann setzte sie sich darauf, ganz vorsichtig. Und dann begann sie, ganz fein auf dem Stuhl hin und her zu rutschen. Offenbar vermittelte ihr das ein gutes Gefühl. Sie jauchzte dabei und lachte fröhlich. Ich bin sicher, Lea ist ein völlig unschuldiges Kind, das einfach diese Sinneserfahrung genoss – doch wir Erwachsenen haben ein Problem damit, denn wir haben den Kopf voll mit Erwachsenenwissen, den Horizont verdeckt mit Sexualitätskonzepten. So sprang die Gastgeberin auf und sagte ganz aufgebracht: «Lea, setz dich anständig auf diesen Stuhl, so etwas tut ein Mädchen nicht.» Ich hätte diese Frau ohrfeigen können, was mir mein Anstand verbat. Genau so prasseln die Konzepte von Sexualität auf diese unschuldigen Kinder ein und verderben ihnen den sorglosen Umgang mit ihrem Körper und ihren Sinnen.

Und was sind das denn für Konzepte, die unsere Gesellschaft für Weiblichkeit bereithält? Haben die etwas mit Lustfreudigkeit und erfüllter Sexualität zu tun? Nein, wahrlich nicht. Wenn ich in die Ahnengalerie von Frauen blicke, dann sehe ich für Erotik-Frauen zwei mögliche Schicksale: Sie wurden verbrannt oder verdammt. Ins Verlies oder ins Verderben. Ins städtische Gefängnis oder auf den städtischen Strich. Hexe oder Hure.

Ich denke spontan an Christoph und seine Samenstory. Die Männer haben wirklich allen Grund, die Begierde der Frau zu fürchten. Ihre ganze kämpferische Biologie mit Killern, Blockern, Kriegern und Spermienheeren kommt nicht gegen die Macht der Frau an: Sie wählt ihr bestes Genmaterial aus. Und wenn sie dabei auch noch Wollust empfindet, dann entgleitet sie den

Kontrollmechanismen des Mannes, der seinen Stammhalter, sein Erbe sichern will.

Nach dem Sinnes-Meer des Babys, dem Sinnes-See des Kindes kommt dann wohl der Sinnes-Fluss der Pubertät: Ein enger Kanal der Sexualität soll nun die ganzen Sinne lenken und auf die Fortpflanzung hintreiben. Ich sehe die Frauen darin ohne körperliches Verlangen herumpaddeln. Immer wieder starten sie einen Versuch, ihre eigene Sexualität zu erkunden und zu verbessern, mit wenig Hilfsmitteln und ungeübten Sexpartnern. Ich erinnere mich an meine eigenen krampfhaften Versuche, dem anderen Geschlecht mit den damals üblichen Accessoires zu gefallen: Minirock, Ausschnitt, lange rote Nägel. Eigentlich wollte ich die Prinzessin sein für einen Jungen, der mich wegen meiner Einzigartigkeit und meiner Besonderheit auswählt. Mit der erotischen Betonung meiner Geschlechtsmerkmale wollte ich wie eine Ampel auf mich aufmerksam machen: Bitte hierher! Ich war zwar aufgeklärt und frühreif, aber mein Gehirn war verbrämt mit romantischen Ideen und Erwartungen. Verzweifelt versuchte ich dem Gegrapsche der Jungs einen positiven Aspekt abzugewinnen. Mit Begierde und Leidenschaft, mit Freude an der Sexualität hatte das, weiss Gott, nichts zu tun. Auch mein erster Beischlaf – ich wurde beschlafen – war passiv, katastrophal und schmerzhaft. Entjungfert rannte ich heulend aufs Klo, betrachtete die Blutflecken auf dem weissen Schüsselporzellan und fühlte mich als Versagerin, als Hure, als an den Falschen verschwendete Prinzessin.

Wenn ich meine Freundinnen danach frage, dann höre ich meist die gleiche Geschichte: Alle haben mit verschiedenen Sexualpartnern versucht, dem Geheimnis der Erotik auf die Schliche zu kommen. Mit wenig oder durchschnittlichem Erfolg. Ekstatische, sexuelle Höhenflüge gab es dabei selten und eher per Zufall, meistens mit irgendwelchen Ferienliebschaften. Die langjährigen Partner erwiesen sich nicht als Sexhirsche. Die Frauen waren alle davon überzeugt, dass mit ihnen einfach etwas nicht stimmte. Und so drehen sie mehr oder weniger lustlos und bemüht ihre Erosschlaufen durch den Alltag und schwimmen in diesem verengten Sinnes-Fluss weiter.

Einen Ausweg aus dem Sexdilemma gibt es für die Frau allerdings: Sie wird schwanger. Während der Schwangerschaft hat sie wieder ein Recht auf ihren eigenen Körper. Und dann hält sie in der Sexualität dem Partner das Stoppschild hin – oder aber genau umgekehrt, endlich durchflutet mehr Blut ihren Unterleib und lässt sie ihre Weiblichkeit und ihre Gier nach Körperlichkeit spüren. Doch dann, nach neun Monaten, hält sie dieses unendliche Glück in Form ihres Kindes in den Armen, da eröffnet sich ihr eine neue Plattform der Liebe. Es ist nicht mehr Eros, es ist Philia, die mitfühlende Liebe für andere. Und so liebt die Mutter ihr Kind, innigst, herzlich, sinnlich, und durch dieses Kind gleichzeitig alle Kinder dieser Welt. Und ohne es zu merken, steigt sie aus dem Sex-Fluss, geht an Land und stellt ihr Camp auf für die nächste Zeit. Während ihr Mann im Sex-Fluss weiterschwimmt und vierstündlich einen Testosteronschub hat.

Ich weiss noch, wie sich das anfühlt. Meine Erotikbegierde habe ich mit der Nachgeburt ausgestossen. Und ich war mit Lea so glücklich in diesem symbiotischen, liebesdurchfluteten, aber geschlechtslosen Camp. Doch Philippe blieb im Fluss, er schaffte es nicht, mit mir dieses neue erfüllende Glücksgefühl zu entdecken, er schwamm weiter, er war ständig scharf, er wollte Sex, er wollte meine Brüste lecken, die doch nach der Geburt von Lea gar keine richtigen Brüste mehr waren, sich vom Sexobjekt zur Milchstation für meine kleine Maus verwandelt hatten. Hätte ich früher nie öffentlich meine Brust gezeigt, machte es mir nun überhaupt nichts aus, mitten in der Stadt das T-Shirt zu heben und Lea anzusetzen, wenn sie einen Hungertobsuchtsanfall hatte. Kein Problem!

Doch Philippe wollte mich berühren und mich penetrieren, und meine Narbe vom Dammschnitt schmerzte dann irgendwie absichtlich etwas mehr als nötig. Ach war das ein Ringeltanz um diesen Sex, und manchmal wünschte ich mir einfach, ihn von der Menükarte des Alltagsleben streichen zu können: «Wegen kalter Küche geschlossen!»

Und Philippe zog sich verständnisvoll zurück, wie auch Christoph sich jetzt wohl von seiner Frau zurückzieht. Und so wie Christoph jetzt wohl gerne meine Brüste schlecken und in mich eindringen würde, so hatte wohl auch Philippe in jener Zeit eine Alé? Das frage ich mich heute.

Wann habe ich eigentlich wieder die Kurve gekriegt und meiner Lustlosigkeit ein Ende gesetzt? Ich glaube, es war der Abend, als ich mit Lea einschlief und später nochmals aufwachte, weil ich Hunger hatte. Und während ich mich schlaftrunken in die Küche schlich, sah ich Licht in Philippes Büro. Und er keuchte. Und ich schlich mich zur angelehnten Tür und sah, wie er vor seinem Computer sass und onanierte. Ich zuckte zurück. Und ich liess Philippe mit keinem Wort wissen, dass ich beobachtet hatte, wie er sich zu einem Porno einen runterholte. Und ich begriff in dieser Nacht, dass es so nicht weitergehen konnte.

Ich denke, dass auch José mir half, indem er mir ein Tübchen Gleitmittel schenkte. «Einfach drauf und rein damit», meinte er schmunzelnd. Dieses kleine Tübchen rettete vielleicht sogar damals meine Ehe. Denn die Vorstellung, den Kopf voll mit Leas neuesten Entwicklungsschritten und lauter Haushaltsangelegenheiten, ein mühseliges Vorspiel zum Feuchtwerden anleiern zu müssen, hätte mich entmutigt. So aber konnte ich wieder Zugang zu ganz pragmatischem, mechanischem Sex finden und mit der Zeit auch wieder Spass daran haben. Ich flutschte sozusagen wieder zurück in den Fluss der Sexualität.

Das war wohl purer Zufall, und wenn ich mich ein wenig umschaue, dann sehe ich all die Mütter, die mit ihren Kindern das Philia-Liebes-Camp errichtet haben und dort vergnügt und ganz ihren Kindern zu Dienste hausen. Während ihre Männer onanierend oder mit Seitensprüngen ihre Testosteronschübe abbauen und sich wohl fragen, was mit ihren Frauen los ist. Denn die Medien vermitteln ein ganz anderes Bild der Frauen: ALLE sind geil, ALLE sind sexy, und ALLE haben dauernd Sex.

Meine Freundin Loulou macht die Migränenstory. Am Anfang, nach Lukas' Geburt, war ihre Migräne wohl vorgetäuscht, um sich ein wenig Schonraum zu erschwindeln. Aber dann konnte ich beobachten, dass die immer echter werdende Migräne ein seismographisch genaues Messinstrument dafür war, wie sehr sich Georg um sie, den Kleinen und den Haushalt kümmerte. Hatte er das Wochenende mit seinen Kollegen auf dem Fussballfeld und Zeitung lesend verbracht, dann war ihm der leidende Handgriff an den schmerzenden Kopf gewiss. Wenn er den Grosseinkauf machte und zweimal den Küchendienst übernahm, dann lächelte sie ihn an, verführerisch, so wie früher.

Eigentlich treibt Loulou ein Machtspiel mit Georg, und er hat keine Chance. Obwohl sie sich wie ein Opfer benimmt – das vernachlässigte, unbegehrte Mädchen, die überlastete Ehefrau etc. –, ist sie eigentlich die wahre Drahtzieherin im Schlafzimmer.

Aber eben, Loulou hat die Rechnung ohne den Wirt gemacht. Georg ist nun mal ein Mann, und er hat seine Lüste und seine Geilheitsschübe, und auf die Länge mag niemand so unbefriedigt und frustriert herumlaufen. Wer mag es schon, dauernd zurückgewiesen zu werden? Und wer mag es schon, sich ständig mit diesem verdeckten Machtthema herumärgern zu müssen? Es ist jetzt Loulous Lieblingsthema, wie Georg diese Elisabeth fickt, wie er sie vergöttert, wie er ihr teure Geschenke macht, wie er mit ihr einen langen USA-Trip plant.

Und Loulou? Sie ist inzwischen ganz allein in ihrem Camp. Lukas ist schon ein grosser Junge, der ist nicht mehr scharf darauf, ständig liebkost und beschmust und geliebt zu werden. Georg hat seine Elisabeth. Und Loulou ist meilenweit vom Sexfluss entfernt, hat den Zugang zu ihren individuellen Sinnlichkeiten verloren, durch ihre totale Selbstaufgabe für andere. Ziemlich verhärmt steht sie da und weiss nicht ein noch aus, und ich kann ihr auch nicht helfen. Vielleicht wirbeln die Wechseljahre ihre Hormone nochmals so tüchtig durcheinander, und sie bekommt auch Testosteronschübe, manchmal hilft das – aber eben manchmal auch nicht.

Was heisst hier normal?

Ich finde, ich bin nicht mehr normal. Was ist bloss los mit mir? Eine gestandene Frau, Mutter, Ehefrau, Journalistin, in vielem erfolgreich und mit einer netten Palette charmanter Schwächen. So habe ich mich selbst bisher beschrieben. Und jetzt? Ich bin durcheinander, verstört, aufgewühlt vom Wörtchen «heissssss», schweife ständig in Fantasien ab, beobachte pausenlos mit Argusaugen meine eigenen Empfindungen auf körperlicher und seelischer Ebene. Das kann es nicht sein! Ich bin nicht mehr normal.

Jetzt ist es zehn Tage her, seit das Wort «heissssss» mein Innerstes getroffen hat. Seither steht meine Welt auf dem Kopf. Hatte ich vorher einfach ein-, zweimal pro Woche Sex mit Philippe, in schwierigen Beziehungszeiten nur alle zwei Wochen und nach Leas Geburt sogar monatelang gar keinen, ist es nun, als müsste ich jeden verpassten Gedanken zu Sexualität, alle ungeträumten Fantasien und Träume, alle Überlegungen zu Wollust, Sinnlichkeit und Leidenschaft nachholen. Und so habe ich mich in dieser Woche in diesem Thema verfangen, mich eingewickelt in dicke Reflexionsfäden wie die Spinne ihr Opfer. Und nun liege ich im Netz gefangen und kann nicht anders, als immer nur an das Eine zu denken: Was fühle ich und warum? Was fühle ich nicht und warum nicht? Was gibt es alles noch zu entdecken? Was habe ich alles verpasst? Was weiss ich noch nicht? Es ist, als hätte ich meine lebenslange Erfahrung im Bereich Sexualität in diesen paar Tagen kondensiert aufbereitet und würde nach den Lücken und Löchern darin suchen. Und diese Löcher gibt es: ganze Erlebnisgräben, Höhlen von Ungelebtem, Tunnels von Unbewusstem.

Mein typisches Reaktionsmuster in solchen Hinterfragungsmomenten: aktiver Pragmatismus. Zuerst rase ich in die Buchhandlung und schaue mir die Titel an zu den Themen Sexualität, Beziehung, Selbstfindung, Frauen in der Lebensmitte usw. Ich nehme mir Zeit, stehe vor den Regalen, zücke hier ein Buch, zupfe da eines hervor, lege eines sofort wieder zurück, lese im anderen ein paar Seiten und lasse mich einfach inspirieren. Ich kaufe zwei Bücher: Es geht um Frauen und Sexualität. Das scheint mir das Richtige zu sein. Vielleicht bin ich ja einem Irrtum aufgesessen. Vielleicht habe ich fälschlicherweise gedacht, ich wüsste über dieses Thema gut Bescheid. Dann verabrede ich mich mit José und Sandrine für die nächsten Tage. Mit ihnen über mein Gefühls- und Fantasiedilemma zu sprechen, würde mir guttun.

Schon im Zug beginne ich zu lesen. Und nach dreissig Seiten habe ich etwas Schönes begriffen. Ich bin normal! Aber ich komme mit einer Seite von mir in Kontakt, die ich jahrelang nicht gelebt habe: Ich komme mit jener sinnlichen, erotischen Frau in Berührung, die ich zwecks Familiengründung und Überlebensmodus von der Bühne in den Keller gesperrt hatte. Und durch das Wort «heissssss» ist diese Seite von mir erwacht, klopft nun an die Türe und will wieder auf die Bühne zurück.

Nach sechzig Seiten muss ich nochmals mit mir ins Gericht. Wie war das nochmals mit meinen Sexfantasien? Anne Hooper beschreibt in dem Buch ein Lehrprogramm für Sexualkundelehrer (SAR) mit dem Ziel, unbefangen mit Sexualität umzugehen. In einer Trainingssession werden zwei Tage lang x verschiedene kleine Filme gezeigt, die Liebende beim Liebesspiel zeigen. Es sind keine Schauspieler, sondern meist Studenten, die sich dazu bereit erklärt haben, beim Sex gefilmt werden. Auf diese Weise werden die TrainingsteilnehmerInnen mit allen möglichen Sexualformen vertraut gemacht, diese werden diskutiert, und viele Vorurteile werden abgebaut. Anne Hooper will das auch mit mir als Leserin machen, sie erzählt unterschiedliche Geschichten, von Masturbation, Gruppensex, lesbischem Sex, homosexuellem Sex, leisem und lautem Sex, Sex im Alter usw. Und ich lese und lese, und auf einmal wird mir klar, wie eng ich meine eigenen Grenzen gesetzt habe. Und zwar unter dem Label *normal.* Gruppensex ist nicht normal, Sex mit Frauen ist nicht normal, und deshalb habe ich keine solchen Fantasien. Ich lasse sie gar nicht in mein Hirn, da gibt es keinen Platz dafür. Ich finde es schon schlimm, mir Sex mit Christoph vorzustellen, obwohl das ja noch einigermassen *normal* ist. Aha, ich bin also eine Sklavin gesellschaftlicher Normvorstellungen geworden. Sie prägen meine Gedanken, Fantasien und Gefühle.

Und langsam beschleicht mich der Gedanke, dass eine sexuelle Begegnung mit einer Frau doch auch etwas Schönes hätte. Und warum sich nicht von zwei Männern gleichzeitig verwöhnen lassen? Ich arbeite daran, eingezäuntes Gehege im Hirn freizulegen. Aber so einfach ist das gar nicht! Nun gut, ich muss mich ja auch auf mein zweites Interview mit Christoph vorbereiten. Das Innere der Frau – das weckt den Nachgeschmack unendlich langweiliger Biologiestunden. Das weiss ich doch: Gebärmutter, Eierstöcke … Was will er mir da erzählen? Ich nehme nochmals die beiden Bücher zur Hand und finde darin etliche Bilder und Beschreibungen.

Gut, ich gebe mich geschlagen. Es ist nicht langweilig, es ist ein Krimi. Ich wusste gar nicht, dass so viele interessante Dinge in mir und an mir sind. So lese ich zum Beispiel:

Klitoris

Das ist ein Organ, das allein der sexuellen Lust dient. Manchmal wird die Klitoris auch als Krone, Perle, Kitzler bezeich-

net, aber die Klitoris umfasst viel mehr, denn sie ist wie ein Eisberg, der grösste Teil der Klitoirs liegt im Körperinneren und ist von aussen nicht zu sehen. So besteht die Klitoris aus einem Schaft, einer Haube und zwei gegabelten Schenkeln, diese Schenkel verlaufen auf den Seiten der äusseren Venuslippen (Schamlippen) nach unten und innen unter die Klitoriswurzel.
Wenn die Frau erregt ist, dann verstärkt sich der Blutandrang im Schaft der Klitoris, und dadurch vergrössert sie sich samt der Perle.
Die Perle ist relativ klein und enthält eine hohe Anzahl von Nervenenden, somit ist sie sehr empfindlich. Bei sexueller Erregung vergrössert sie sich stark und kann auch die Farbe wechseln. Aber meist kurz vor dem Orgasmus zieht sie sich zurück und wird wieder kleiner. Oft ist die Perle von einer Haube umhüllt. Diese kann unterschiedlich gross sein. Es gibt auch Frauen, bei denen die Perle frei liegt, oder Frauen, die keine Perle haben oder eine ganz kleine.

Natürlich wird mir auf einmal klar, warum die Beschneidung der Frau die Klitoris betrifft. Das einzige Organ der Frau, das ausschliesslich für ihre eigenen erotischen Begierden bestimmt ist, wird einfach abgeschnitten. Damit hat der Mann die absolute Macht über die Sexualität der Frau. Sprich über ihre Lust. Sie hat keine mehr. Und wenn er diese unterbindet, dann ist die Chance, dass sie fremdgeht, garantiert kleiner, und somit sichert er sich auch sein Erbe. Seine Errungenschaften gehen an sein eigenes Fleisch und Blut über und nicht an irgendein Kuckucksei. Alles klar.

Dann lese ich auch, der Beckenbodenmuskel sei ein zentraler Muskel für eine gute Sexualität. Und weil er so wichtig für die Frau und ihre Sexualität ist, wird er auch der Feuermuskel genannt. Natürlich habe ich schon tausendmal vom Beckenbodenmuskel gehört, vor allem nach Leas Geburt sind mir alle damit gekommen. Aber jetzt lese ich, dass das nicht einfach nur ein Muskel ist, sondern eine ganze Muskelschicht mit vier Fixpunkten: vorn das Schambein, hinten das Steissbein, dazu kommen linker und rechter Sitzbeinhöcker. Wie eine Hängematte legt sich diese Muskelschicht über den Beckenraum.

Ich schaue erschrocken auf die Uhr. Vor lauter Entdeckungen hätte ich fast Sandrine vergessen. Nur noch schnell ein wenig blassrosa Lippenstift und braunrosa Konturen, und los geht es.

Sandrine sieht zauberhaft aus. Ganz in Offwhite gekleidet, eine lange goldene Kette dreifach um den Hals geschlungen, die ihre Bräune noch mehr zur Geltung bringt. Mit einer eleganten Bewegung zündet sie sich eine Zigarette an und bläst den Rauch zur Seite. Sie weiss, dass ich Rauch nicht ausstehen kann. Natürlich will sie alles haargenau wissen, jeden Gedanken von mir, und ich erzähle und erzähle, und es tut einfach gut, unsortiert, unstrukturiert und unzensuriert erzählen zu können.

«Sag mal, du machst es dir doch sicher öfter selbst?», frage ich sie dann schüchtern. Es beschäftigt mich, das Thema Masturbation, Onanie, Selbstberührung. Anne Hooper schreibt darüber in ihrem Buch, und ich habe realisiert, dass ich es mir selbst sehr selten mache. Weil ich den Sex ja immer mit Philippe ausleben kann. Und wenn er einmal auf Geschäftsreise ist, dann kann ich es gut ein paar Tage lang ohne aushalten. Es käme mir nicht in den Sinn, mich selbst zu berühren. Und die wenigen Male, als die Körpergier auf einmal aus meinen Körperritzen strömte und ich masturbierte, war das eine rein technische Angelegenheit. Schnelle, zielgerichtete Energieentladung. Philippe hat mir einmal einen Vibrator geschenkt, ein Glied mit einem Klitorisaufsatz. Es war ein ziemlicher Brocken, ich probierte es schüchtern zwei-, dreimal aus, fand vor allem Gefallen an diesem Klitorisaufsatz, den ich nur auf der niedrigsten Stufe laufen liess. Als die Elektronik dann kaputtging, habe ich ihn nicht ersetzt und bisher auch nicht vermisst. So gesehen bin ich eine absolute Masturbationsanfängerin und merke nun, seit meine innere Lava in mir brodelt, dass ich das Thema angehen sollte, denn Philippe kann meiner unersättlichen Lust nicht mehr gerecht werden.

Zudem beunruhigt mich ein weiterer Gedanke: Wir bringen offenbar im Sex nur mit ein, was wir selbst gelernt und erlebt haben. Der Mechanismus für einen Orgasmus wird also via Selbstbefriedigung in frühen Jahren gesetzt. Viele Frauen seien darum linksklitorial gesteuert, weil sie sich mit der rechten Hand berühren, habe ich einmal in einem Heft (natürlich auf dem Klo) gelesen. Also, es ist wie Kuchen backen. Wenn ich viele Kuchen, Torten, Rouladen, Cakes und Schnitten gebacken habe, weiss ich einfach mehr über Kuchen, als wenn ich immer nur Schokoladentorte mache. Genauso sei es mit dem Sex und der Selbstbefriedigung: kleines Repertoire – kleines Sexgelände, grosses Repertoire – grosse Sexlandschaften. So gesehen bin ich eine Sexanfängerin: wenig Selbstbefriedigung, wenig Männer.

Sandrine setzt sich kerzengerade auf, strahlt mich an und bekommt einen ganz verklärten Ausdruck im Gesicht. «Oh, Liebe machen mit mir ist wunderbar. Manchmal denke ich, dass kein Mann so gut umgehen kann mit mir wie ich selbst.» Wow. Das sitzt! Ich will mehr wissen, und Sandrine holt aus. Ganz am Anfang habe sie versucht, ihre sexuellen Lüste mit Männern zu befriedigen. Aber ihre Beziehungen hätten einfach nie lange gehalten, warum auch immer. Bei One-Night-Stands habe sie leidenschaftlichen Sex erlebt, aber oft auch schlechten Sex, denn wenn sich ein Paar nicht kenne, dann könne soooo vieles danebengehen. Und als sie dann einmal so richtig frustriert gewesen sei, habe sie das Buch *Auf den Schwingen der weiblichen Sexualität* von Doris Christinger gelesen. Und da sei der Groschen gefallen. Nicht, dass sie nun zu einer Tantra-Frau geworden wäre, dazu fehlten ihr Einmittung und Musse, aber das Kapitel über das Selbstliebe-Ritual habe sie sich zu Herzen genommen. Und so verwöhne sie sich nun selbst, etwa ein- bis viermal die Woche. Sie richte sich den Raum schön her, lege manchmal auch Musik auf und zünde Kerzen an, manchmal gönne sie sich vorher eine Dusche oder ein Bad, manchmal creme sie sich zuerst genüsslich ein oder massiere sich ein Körperteil. Sozusagen ein Vorspiel mit sich selbst.

Und dann gehe sie auf Erkundungsreise: Sie bewege dazu den ganzen Körper, mache Laute, die eben so kommen, atme gezielt in verschiedenen Formen, die als Spielanleitung in dem Buch beschrieben werden, und komme so mit sich und ihrer Lust in Berührung. Manchmal bringe sie sich so zum Orgasmus, manchmal halte sie aber auch kurz vorher an und leite diese ungeheuer positive sexuelle Energie an bestimmte Punkte und Orte. Und manchmal breche sie dann auch ganz ab, um den ganzen Tag ekstatisch mit dieser Energie aufgeladen zu sein. Auf diese Weise habe sie auch den G-Punkt entdeckt.

«Was ist das?», wage ich zu fragen und schäme mich dafür, dass ich nichts darüber weiss.

«Den G-Punkt», erklärt mir Sandrine geduldig, »nenne ich am liebsten den Göttinnen-Punkt. Er liegt nahe am Scheideneingang. Bei einigen Frauen befindet er sich bis zu etwa fünf Zentimeter tief in der Scheide. Und er liegt nahe bei der Harnröhre und somit in der Nähe der Blase. Deshalb haben viele Frauen das Gefühl, sie müssen aufs Klo, wenn er stimuliert wird. Du kannst ihn auch selbst ertasten, vor allem, wenn du erregt bist, dann schwillt er an, und du kannst ein geriffeltes Gewebe an der inneren Vorderwand der Scheide fühlen.»

«Okay, aber was bringt der Göttinnenpunkt eigentlich?», will ich wissen.

«Es ist einfach ein anderes Wonnegefühl, und du kannst sogar ejakulieren, wenn dieser Punkt stimuliert wird. Aber keine Angst, dieses Ejakulat ist kein Urin, wie viele Frauen und Männer denken, sondern ein Sekret, das ich Liebessaft oder Liebesnektar nenne.»

Ich bin perplex und erschüttert und beeindruckt und beschämt. So habe ich das Ganze noch nie gesehen. Liebe mit sich selbst machen. Sich selbst verwöhnen. Es scheint mir der einzig richtige Ansatz zu sein. Nur so kann eine Frau mehr über sich wissen, sie ist lieb zu sich selbst, verwöhnt sich selbst, wird unabhängig vom Verwöhnprogramm des Mannes und lernt ihren Körper und ihre Bedürfnisse selbst kennen.

Auf dem Heimweg gehe ich gleich nochmals in die Buchhandlung. Das will ich jetzt genau wissen.

Seeanemone und Samentümpel

Ich stehe auf und habe einen Knopf im Bauch. Nicht nur, weil mein zweiter Interviewtermin mit Christoph heute ansteht, sondern auch, weil ich meine Hausaufgaben nur halb gemacht habe. Ausserdem muss ich Lea ausgerechnet heute zu verschiedenen Terminen begleiten und sie wieder abholen. Nach dem Frühstück schicke ich die Kleine los, Philippe ist schon früher aufgebrochen, und eigentlich möchte ich das Frühstück abräumen, wie ich es immer mache. Aber meine Knie werden ganz weich, und mir ist plötzlich speiübel, so dass ich mich kurz hinlegen muss. Mein Herz rast, und ich verwünsche Christoph und diesen elenden Termin am Nachmittag. Doch während ich im Bett liege, stelle ich mir vor, wie ich aus der Badewanne steige, wie er auf einmal vor mir steht, wir uns in die Augen schauen und ich langsam mein Bein auf den Badewannenrand hebe, so dass er meinen Lustmund aus der Nähe sieht. Er umkreist meine Erregung mit seiner flinken, neugierigen Zunge, spaltet mich mit ihr, schenkt mir einen frechen Kuss, lutscht mich nass, züngelt in meine feuchte Lusthöhle und bringt mich schleckweise um den Verstand. Und ich laufe über vor Begierde, stöhne immer lauter, öffne mich weit und lustzucke unter seinem Mund, ich zünde meine Lustrakete und fliege zu den Sternen, explodiere, erschauere, zucke, stöhne tief und selig und komme und komme und komme …

Genug!

Ich fasse einen Entschluss und schlüpfe, obwohl die Vorbereitung für das Interview drängt, in meine Fitnessklamotten, trinke ein Glas Cola und begebe mich auf meine Rennstrecke durch die Natur. Und während ich zwischen Bäumen und Büschen renne, an sattgelben Maisfeldern vorbei, in regelmässigem, eintönigem Rhythmus, beruhige ich mich. So sehr, dass ich gar nicht bemerke, wie sich am sommerlichen Himmel bald Wolken türmen, wie die grauen und schwarzen Schatten länger werden. Und auf einmal beginnt es zu rieseln, zuerst ganz sanft, und es ist, als zischten die einzelnen Tropfen auf meiner schweissnassen Haut. Dann regnet es stärker, aber ich empfinde es als angenehme Abkühlung von der Sommerhitze. Auch meine innere Vulkanlandschaft scheint allmählich zu Lava zu erstarren. Was soll der Blödsinn? Der Mann interessiert mich doch gar nicht. Nur weil einer daherkommt und mich umwirbt, muss ich mich doch nicht gleich vor seine Klinge (oder besser auf sie) stürzen. Ich kann das doch einfach entgegennehmen, mich im Begehrtwerden suhlen, in meiner eigenen Leidenschaft baden. Ich muss doch keine Angst haben, ich weiss schliesslich ganz genau, was ich *nicht* will. Wieder zu Hause kann ich mich endlich auf das Interview vorbereiten.

Natürlich richte ich mich für den Termin ganz speziell her, ein rotes Kleid, das meinen grossen Busen gut zur Geltung bringt, ein weisses Tuch neckisch um den Hals, heute etwas mehr Make-up und ein durchsichtiges Lipgloss. Und ich frage mich erstaunt, ob ich mich damit jetzt selbst überliste. Ein Kuss ohne Lippenstift?

Christoph ist sichtlich gut gelaunt, als er mir die Tür aufmacht. Er führt mich in sein Büro, das Mineralwasser steht schon bereit, und alles läuft sehr professionell und sachlich kühl ab.

Wir waren bei der These stehen geblieben, dass eine Frau steuern kann, von wem sie schwanger wird. Um das zu erklären, wolltest du mir das Innere einer Scheide beschreiben.

Genau. Ich glaube, ich habe dir schon erklärt, dass die Scheide keine Röhre ist, sondern ein Schlitz und dass der Ausgang vom Gebärmutterhals in die Gebärmutter nicht geradeaus liegt, sondern in einem Winkel von neunzig Grad.

Ja, das hast du schon erwähnt.
(Ich nicke bestätigend. Und schüttle meine Haare ein wenig mehr als nötig, aber er scheint darauf nicht zu reagieren.)

Gut, dann geht die Geschichte nun weiter. Am Ende des Scheidengangs ist der Gebärmutterhals, der im Ruhezustand aussieht wie eine rosa Seeanemone, der die Fangarme abgeschnitten wurden. Unter der Anemone ist eine kleine Vertiefung. Da kommt auf einmal ein Penis, stösst in die Scheide hinein und zieht sich wieder zurück, und am Anfang schliessen sich die Scheidenwände immer wieder hinter dem Penis. Aber nach ein paar Stössen verändert sich die Scheide: Ihr Ende verwandelt sich in eine Kammer, die sich langsam mit Luft füllt und durch Schleim glatt wird. Der Gebärmutterhals beginnt sich zu strecken und mehr und mehr abzusenken. Er gleicht immer weniger einer Seeanemone und ähnelt immer mehr einem ziemlich breiten rosa Elefantenrüssel. Wenn der Penis ejakuliert, treffen die Samenstrahlen auf die Vorderwand des Gebärmutterhalses und laufen an ihm herunter zum Scheidenboden, wo sie auf dem Grund der Kammer einen Tümpel bilden. In diesen Samentümpel eingetaucht, gleicht der Gebärmutterhals fast einem Elefantenrüssel am Wasserloch.

Ein tolles Bild: Rosa Seeanemone wird zum Elefantenrüssel! Und dieser Samentümpel muss also immer aufgefüllt sein für ein optimales Fortpflanzungsresultat.
Genau. (Er freut sich offensichtlich über meine Kombinationsfähigkeit.) Wenn der Penis nun zurückschrumpft, beginnt der Samentümpel zu gerinnen: Er wird etwas

weniger wässrig und etwas stärker gallertartig. Als Nächstes beginnen die Spermien aus dem Samentümpel auszuwandern. Ihr Ziel ist der Gebärmutterhalskanal, auch Zervix genannt. Nachdem der Zervixrüssel einige Minuten in den Samentümpel getunkt war, beginnt er sich zum Scheidendach zurückzuziehen und verwandelt sich wieder in eine Seeanemone. Er verliert den Kontakt mit dem Samentümpel, so dass für die verbleibenden Spermien der Weg nach oben abgeschnitten ist, was ihren frühen Tod bedeutet.

Okay, aber wo liegt nun die Verbindung zum Orgasmusauswahlverfahren der Frau?
(Er sieht mich etwas irritiert an, meine Ungeduld ist ihm offenbar unangenehm. Er macht eine beschwichtigende Bewegung.)

Langsam, langsam, du hetzt mich. Ich bin ein Wissenschaftler, und die nehmen es genau. Ich muss dir noch etwas über den Schleim der Frau erzählen, damit meine Behauptung nachvollziehbar wird.

Schleim der Frau – wie das nur schon klingt …
(Ich selbst würde mich ja manchmal am liebsten von all diesen Körpersekreten befreien. Schläuche an die Schleimstellen anschliessen und abpumpen und dann nie mehr Taschentücher oder Slipeinlagen benötigen!)

Oh, ganz und gar nicht, dieser Schleim, der Zervixschleim, ist ein wunderbarer Stoff mit einer makellosen Struktur. Und er ist notwenig für die Gesundheit, die Sicherheit und die sexuelle Potenz einer Frau. Er enthält Fasern und ist von Kanälen durchzogen. Diese Kanäle sind so schmal, dass zwei Spermien nebeneinander hineinpassen. Und natürlich gibt es darin auch eine Hauptstrasse, auf der die Spermien auf ihrem Weg aus der Scheide in die inneren Gefilde des Gebärmutterhalses schwimmen. Zervixschleim wird ständig abgesondert, vornehmlich von Drüsen im oberen, von der Scheide abgewandten Teil des Gebärmutterhalses. Nach dem Austritt aus der Drüse fliesst er langsam wie ein Gletscher durch den Gebärmutterhals und tröpfelt schliesslich in die Scheide. Die Fliessgeschwindigkeit dieses zervikalen Gletschers ist gering, gemessen an der Schnelligkeit eines Spermiums. Aber gemessen an Bakterien und anderen Eindringlingen, ist sie hoch, so dass diese in die Scheide zurückbefördert werden, wo die sauren Scheidensäfte sie abtöten.

Dieser Gletscher in mir ist also wie ein Bodyguard, der entscheidet, wie viele Spermien hineindürfen, und der die Bakterien stoppt? Habe ich das richtig verstanden?
Nicht ganz, dieser Schleim muss einerseits Spermien auf dem Weg nach innen durchlassen und andererseits die Monatsblutung auf dem Weg nach aussen durchlassen. Er ist also ein zweiseitiger Filter. Und die Frau bestimmt jeweils, unter anderem durch ihren Orgasmus, wie stark der Filter sein soll!

Jetzt wird es spannend, erklär mir das genauer.
(Ich rücke ein wenig nach vorne und drapiere meinen Ausschnitt gekonnt in seine Blickrichtung. Doch er ist ganz auf seine Ausführungen konzentriert.)

Also grundsätzlich gilt, dass in der infertilen, also der unfruchtbaren Phase der Zervixschleim so beschaffen ist, dass er schwer zu durchdringen ist. In der fertilen Phase ändert sich der Schleim: Er wird flüssiger und dehnbarer, die Kanäle für die Spermien werden grösser.

Ja, und weiter?
Also, durch einen Orgasmus während des Verkehrs klafft der Gebärmutterhals auf, senkt sich ab und saugt ein

Maximum an Spermien ein. Die Frau kann somit 50–90% der Spermien aufnehmen, wenn sie während des Verkehrs einen Orgasmus hat. Wenn sie keinen hat, dann nimmt sie 0–50% der Spermien auf. Der Rückfluss stösst den Rest aus, manchmal fliessen bis zu 100% der Spermien wieder ab.

Du meinst also, wenn eine Frau während des Beischlafs kommt, kann sie fast die ganze Spermienmenge aufnehmen und somit die Chance der Befruchtung steigern?
Ganz genau. Zusätzlich schaltet ein Orgasmus während des Verkehrs den Abwehrfilter im Schleim gegen die Spermien und Bakterien fast gänzlich aus. Für diesen Vorgang braucht es aber einen Samentümpel des Mannes, sprich, er sollte vor der Frau ejakulieren. Wenn die Frau noch innerhalb einer Minute nach dem Orgasmus des Mannes einen Orgasmus bekommt, ist die maximale Aufnahmefähigkeit für sein Inseminat immer noch wirksam.

Aha, jetzt kommt also der Schleim zum Zug. Der Orgasmus verändert den Filter und die Stärke des Bodyguards.
Exakt. Es passiert aber noch mehr. Durch den Orgasmus während des Verkehrs klafft der Gebärmutterhals auseinander, dadurch wird auch der Zervixschleim auseinandergezogen: Durch das Aufreissen des Schleims werden für die Spermien viel mehr Durchgänge geöffnet. Durch den Orgasmus senkt sich der Gebärmutterhals mehrmals in die Samenflüssigkeit, in den Tümpel. Dadurch wird der Tümpel durchmischt, und viel mehr Spermien, auch ältere, können mit dem Zervixschleim in Kontakt kommen. Der Orgasmus erzeugt wellenartige Muskelkontraktionen in Gebärmutter und Scheide. Durch diese Druckänderungen in Gebärmutter und Gebärmutterhals werden die üblichen Samenfinger sehr viel weiter in die Kanäle des Zervixschleims «hineinge-

saugt». Dieses verstärkte Aufsaugen bewirkt, dass sich die Säure im unteren Teil des Schleimgletschers neutralisiert. So entkommen die Spermien leichter dem Samentümpel und gelangen einfacher in den Gebärmutterhals. Und natürlich können auf diese Weise viel mehr Samen entkommen.

Der Orgasmus der Frau macht offenbar alles einfacher für die Spermien: mehr Durchgänge, höhere Saugkraft, bessere Durchmischung des Samentümpels.
Genau, und noch ein Vorteil entsteht: Durch den Orgasmus der Frau während des Verkehrs entleeren sich viele ihrer Zervixhöhlen von alten Spermien. Obwohl sie wohl auch noch einige Kanäle blockieren, finden die frischen Spermien viel mehr Höhlen vor, die sie dann ganz für sich haben. Also erhöht sich durch den Orgasmus während des Verkehrs der Speicherraum.

Wow. So ist das also. Die Frau kann durch ihren Orgasmus eigentlich klar Schiff machen oder eben nicht. Aber nun geht diese Theorie ja davon aus, dass die Frau bestimmen kann, wann sie ihren Orgasmus hat. Ich kenne aber so viele Frauen, die wirklich Schwierigkeiten haben, zum Orgasmus zu kommen.
Ja, damit sind wir wieder bei einem anderen Thema. Noch im Jahr 1975 bestritten einige Ärzte aus England die Existenz des weiblichen Orgasmus, mit der Begründung, dass die Frau ja nicht ejakuliere. Und heutzutage ist guter Sex nur gut, wenn beide einen Orgasmus haben. Wenn du einmal einen Blick in östliche Kulturen wirfst, die haben eine ganz andere Einstellung zum Orgasmus. Im Tantra, im Taoismus und im Kamasutra ist der Orgasmus kein sexuelles Ziel, sondern ein heiliger, spiritueller und integraler Bestandteil einer viel grösseren sexuellen Erfahrung. Wir im Westen setzen uns mit dieser Orgasmushetze extrem unter Leistungsdruck.

Na ja, deine Theorie erhöht diesen Leistungsdruck doch noch zusätzlich. Ich stelle mir gerade vor, wie der Mann dann zur Frau sagt: «Siehst du, jetzt bist wieder nicht schwanger geworden, nur weil du keinen Orgasmus gehabt hast.»
(Ich muss an Coco denken, die seit fünf Jahren verzweifelt versucht, schwanger zu werden, und inzwischen geradezu besessen ist von diesem Wunsch.)

Jetzt siehst du aber sehr schwarz. In meine Praxis kommen wirklich viele Männer, die Schwierigkeiten haben. Da gibt es die erektile Dysfunktion, das ist die Unfähigkeit, eine Erektion zu bekommen und sie beizubehalten. Die ist ziemlich häufig und scheint mit dem Alter zuzunehmen. Oder die vorzeitige Ejakulation, das ist eine Ejakulation sofort nach dem Eindringen, ebenfalls ein sehr verbreitetes Problem. Dann gibt es noch die sexuelle Anhedonie. Da hat der Mann Erektion und Ejakulation, aber keinen Orgasmus. Rund 30–50% aller Männer leiden phasenweise unter einer dieser Störungen, somit fallen die dann schon weg, was solche Vorwürfe betrifft!

Das beruhigt mich ungemein, dass Männer auch solche Probleme haben und nicht nur die Frauen. Ich habe gelesen, dass etwa 30% der Frauen nur selten oder nie einen Orgasmus beim Geschlechtsverkehr haben. Die haben dann also wenig Chancen auf eine Schwangerschaft?
Nein, nein, auch die können schwanger werden, wenn sie genügend aufgefüllt werden. Denk an den Samentümpel. Bei einem Orgasmus während des Geschlechtsverkehrs erhöht sich die Chance einfach um ein Vielfaches. Es stimmt, der Anteil des Orgasmus bei Frauen, der von einem Penis in der Scheide ausgelöst wird, beträgt rund 10–20%. Es gibt viele Ursachen für Orgasmusstörungen, die können körperlicher oder seelischer Natur sein. Bei den seelischen kenne ich mich zu wenig

aus, aber bei den körperlichen kann ich dir schon einige nennen: Da sind einmal die Unterschiede in der Libido. Er will zum Beispiel am Morgen, sie am Nachmittag, sie will mehr, er fast nie. Ein unzureichendes Vorspiel ist ebenfalls eine Krux, Frauen brauchen einfach länger, um feucht und erregt zu werden. Und jetzt stell dir einmal alle Kombinationen vor, wo der Mann noch dazu vorzeitig kommt ... Das klappt dann fast nie! Eine falsche Stimulation kann sich ebenfalls verheerend auswirken. Nicht zu unterschätzen sind zu viel Alkohol und Drogen, auch Rauchen ist schädlich. Andere Krankheiten wie Diabetes, schwache Beckenbodenmuskulatur oder schlechte Durchblutung können ebenfalls Orgasmusstörungen erzeugen.

Mir wird ganz anders, wenn ich das alles höre. So viele Probleme für fünf Sekunden Vergnügen.
(Wenn ich an alle diese Problemkombinationen im Bett denke, bin ich ja direkt dankbar für den unkomplizierten Sex mit Philippe.)

Auch falsch, bei der Frau dauert der Orgasmus im Schnitt 15, beim Mann 5 Sekunden. Der Orgasmus kann sich verlängern, je mehr sich ein Paar mit östlichen Praktiken beschäftigt. Ausserdem ist die Frau fähig, multiple Orgasmen zu haben, also mehrere hintereinander. Und, als Arzt darf ich das sagen, es gibt noch weitere Vorteile: Der Orgasmus erhöht nämlich den Serotoninspiegel. Das fördert die Gesundheit, das Wohlbefinden und die Zufriedenheit. Der Orgasmus steigert die Durchblutung und macht Gewebe und Organe gesünder. Weitere Stoffe, die beim Orgasmus entstehen, sind Phenethylamin und Testosteron. Phenethylamin ist eine natürliche Substanz, die den Appetit steuert. Die Muskeln spannen sich beim Orgasmus, und somit trainiert der Körper ohne Sport. Die Vagina absorbiert Hormone aus dem Sperma, die angeblich Depressionen lindern. Ausserdem werden beim Orgasmus wie bei der Einnahme von Heroin verschiedene Gehirnregionen stimuliert, deshalb die häufige Umschreibung «ich bin so high».

Na, jetzt bin ich aber wirklich platt. So viele Vorteile hat ein Orgasmus. Dann sollte das Motto der nächsten Vorsorgekampagne der Krankenkassen doch eigentlich lauten: Hab Orgasmen und bleib gesund!
Genau, das wäre auch was für die Kosmetikbranche und den Anti-Aging-Trip, denn Orgasmen verjüngen. Aber nicht nur beim Orgasmus selbst werden tolle Hormone ausgeschüttet. Bei allen sexuellen Kontakten wird das Kuschel- und Liebeshormon Oxytocin ausgeschüttet, das beruhigend wirkt und Angstgefühle mindert, weniger schmerzempfindlich macht und das Immunsystem aktiviert. Ebenso das Lusthormon Dopamin, das einen Zustand von Glück und Ausgeglichenheit erzeugt, die allgemeine Aktivität erhöht und depressiven Verstimmungen vorbeugt. Und beim Sex wird sowohl das Glückshormon Endorphin ausgeschüttet wie auch Adrenalin.

Also: Hab Sex und bleib fit, hab Orgasmen und lebe länger?
Genau, sexuell aktive Menschen leben länger und werden seltener krank. Wer dreimal in der Woche Sex hat, kann zehn Jahre jünger aussehen, und je mehr Orgasmen der Mann hat, desto geringer ist das Risiko für Prostatakrebs.

Übrigens – du siehst verdammt jung aus.

Jetzt hat er es doch geschafft! Die ganze Zeit reden wir über intimste Vorgänge und sind total professionell dabei, und nun will er doch tatsächlich wissen, ob ich dreimal in der Woche Sex habe. Ich erröte sofort. Er benetzt mit der Zunge seine Lippen. Ich muss diesen

Vorgang mit roten Backen und erweiterten Pupillen verfolgt haben, denn er beugt sich zu mir vor und meint: «Sehe ich richtig, dass du mir auf den Mund starrst? So wie ich auf deine Glosslippen starre und mich frage, ob du den roten Lippenstift extra weggelassen hast, damit ich dich küssen kann?»

Diese Direktheit überfordert mich masslos, ich stammle nur: «Nein, äh, nein, keine Zeit für mehr Make-up.»

Mein Kugelschreiber rollt vom Tisch herunter, ich bücke mich, und er betrachtet mich gelassen dabei: «Ich nehme nicht an, dass du das jetzt gerade inszeniert hast, damit ich dir in den Ausschnitt sehen kann, wenn du dich bückst. Und damit ich mich fragen muss, wie gross deine Brüste wohl sind und wie sie sich verhalten würden, wenn ich sie berührte.»

Das ist nun wirklich zu viel, ich fühle mich wie ein in die Ecke getriebenes Huhn, fahre auf, werfe alles in meine Handtasche, strecke ihm hastig die Hand entgegen, murmle etwas wie: «Danke fürs Interview, ich schicke dir den Text noch zum Gegenlesen zu.»

Doch er zieht mich an der Hand zu sich hin und raunt mir ins Ohr: «Oh, ich würde dich verwöhnen, wie es wohl kein Mann je gemacht hat, multiple Orgasmen garantiert …» Und mit einer gönnerhaften Geste packt er kurz meinen Po, bevor ich mich von ihm wegstossen kann.

Fluchtartig verlasse ich sein Büro, seine Praxis, sein Haus, renne förmlich davon und werfe mich schwer atmend ins Auto. Zitternde Knie, hoher Puls, Achselschweiss … und ein feuchter Slip. Das ist doch eine ungeheure Frechheit! Was erlaubt der sich eigentlich? Und ich benehme mich wie ein pubertierendes blödes Huhn, flatternd, gackernd – was für ein Desaster! Ich beruhige mich nur langsam. Versuche mein Gehirn einzuschalten. Ich weiss nicht, was ich in dem Moment gedacht habe, als er meinen Po berührt hat. Aber auf alle Fälle war es eine Umarmung ohne Blitz. Es ist nicht in mich gefahren, hat mich nicht erzittern, mich nicht heissssss werden lassen, so dass ich das Verlangen gehabt hätte, ihn ebenfalls zu umarmen, ihn zu drücken, seinen Hals zu küssen und mir die Kleider vom Leib zu reissen. Ein totaler Widerspruch zu seinen Worten, diese Berührung. Er würde mich verwöhnen… Oje, wenn das Verwöhnen ist, dieser Poklatsch, na dann bravo!

Wenn ich es genau betrachte, dann hat sich Christoph mit dieser einen Berührung disqualifiziert. Das kapieren die Männer einfach nicht: Frauen wollen nicht so direkt angefasst werden. Sie wollen den Hauch einer Andeutung, sie wollen zarte Berührungen *neben* den hocherogenen Zonen. Wenn die Männer nur wüssten, dass sie eine Frau zum Wahnsinn treiben könnten, indem sie beim Oralsex die Klitoris ganz bewusst aussparen, mit der Zunge immer wieder in ihre Nähe kommen, aber sie dann doch nicht berühren. Wenn der Mann ihren Busen streichelt und wie zufällig über die Brustspitzen fährt, ganz sanft, nur angedeutet, dann zerfliesst die Frau, dann wird sie zu der wilden Bestie, die er sich wünscht. Aber was machen die Männer? Christoph hat es soeben vorgezeigt: Dürfen sie einmal ran, dann direkt aufs Ziel los, nichts mit Umweg und Andeutung und Platz für Fantasie und Raum für Lüste. Wenn Frauen Männer verführen, tun sie hingegen genau das, was sie selbst am liebsten hätten: Sie streicheln, sind fein und zart, und den Männern macht dies überhaupt keine Freude. Sie wollen hart angefasst werden, und zwar direkt auf dem Punkt, kein Drumherumberühren, und schon gar nicht sanft und zart. Und somit ist der erste Grundstein für ein massives Missverständniss gelegt: Die Männer stürzen sich auf die Frauen, stecken ihnen den Finger in die Vagina, schlecken ihre Klitoris und saugen an ihren Brustwarzen, was mässigen Erfolg bringt. Und die Frauen machen ein Riesenbrimborium mit Kerzenlicht, gutem Essen, romantischer Musik und kurven um seine Männlichkeit herum, anstatt ziemlich rasch und eindeutig aufs Ziel loszugehen.

Aber dass auch Christoph in die Kategorie «nicht kapiert» gehört, erschüttert mich dennoch. Gut, Philippe hat den feinen Unterschied begriffen, aber wenn er in Fahrt kommt, vergisst er es wieder, und seine Zunge ist dann so hart und fordernd, dass er sogar meine feinen, sensiblen Häutchen verletzt. Da geht der Schuss dann wirklich nach hinten los.

Natürlich muss ich jetzt mit jemanden reden, das ganze Analysieren bringt mir keine Erleichterung. Endlich erreiche ich José und erzähle ihm alles haargenau. Trocken meint er: «Du kannst wählen: Entweder ist oben angeschaltet, und unten ist aus, oder umgekehrt. Der Verführer, der Verwöhner, der Masseur, der geniale Liebhaber muss die eigene Gier also ziemlich unterdrücken und möglichst abschalten, um eine Frau gut zu bedienen. Und wenn es von oben nach unten umschlägt, wenn die Lust in den Rüssel dringt, dann handeln sie alle nach dem alten Muster: hart und zielgesteuert. Und ausserdem: So ein Griff an den Po hat was mit männlichem Besitzdenken zu tun. Für drei Sekunden hast du ihm gehört. Der Arme, jetzt hockt er allein zu Hause, holt sich einen runter und träumt vom Rest deiner weiblichen Schönheit!» Wie recht der liebe José doch hat.

Aber auch nach diesem Telefongespräch geht es mir nicht besser. Ich bin feucht, ich bin aufgehetzt, fühle mich einerseits als Versagerin, andererseits als Opfer, bin einerseits enttäuscht über seine Plumpheit, und andererseits verfolgt mich sein Blick, sitzen mir seine lasziven Worte im Ohr.

Okay, ich gestehe es mir nun ein: Ich brauche *jetzt* Sex. Und die Tatsache, dass Philippe heute auswärts übernachtet, macht meinen Entschluss, diesen unsäglichen Druck abzubauen, unumstösslich.

Eine kleine Stimme meldet sich: Du könntest doch dieses Selbstlieberitual machen, so wie es dir Sandrine beschrieben hat. Die Gegenstimme ertönt sofort: Nein, das geht nicht. Ich bin viel zu geladen, ich brauche jetzt keine *Liebe*, ich brauche *Sex*. Mechanischen Sex mit mindestens einem Orgasmus, der mich dann jünger macht, denke ich wütend. Ich rase nach Hause, wühle im Unterwäscheschrank und finde ihn. Den neuen Vibrator, den Sandrine mir letzte Weihnacht geschenkt hat. Er ist noch originalverpackt. Ein Riesenteil mit einem Vibratoraufsatz. Durchsichtig, mit Kugeln drin, und am Schaft verschiedene Knöpfe. Ich reisse die Verpackung auf, lege Batterien ein und brauche nicht einmal eine Gleitcreme. Ich merke, dass Vibratoren offenbar von Männern produziert werden, die von der weiblichen Sexualität keine Ahnung haben: Die Klitorisvibration ist nur im untersten Level erträglich, und der rotierende Schwanz auf Stufe 2, alles andere ist zu stark, zu ausgeprägt und völlig unnötig. Ich stelle mir vor, dass Christoph hinter mir steht und mir die Brüste zur Spitze hin massiert, dann dreht er mich um und küsst meine Blüten hart und leuchtend und sein Zauberstab presst sich an mich, so dass ich ganz warm und weich werde, ganz benommen und unbändig. Und wir sinken nieder, und er hebt mich auf seine Lustgabel und zieht mich rhythmisch über seinen Taktstock …

Ich komme schon nach wenigen Minuten. Kurz, trocken, heftig. Danach geht es mir besser.

Tiefgang

Ein neuer Tag, ein schrecklicher Tag. Eigentlich sollte ich seit gestern meine Tage haben. Jedes Mal wenn ich zur Toilette gehe, halte ich kurz den Atem an und hoffe, bevor ich auf das Toilettenpapier schaue. Nichts. Und wieder nichts. Nicht einmal andeutungsweise. Das macht mich ziemlich nervös. Ich spüre ein leichtes Ziehen im Bauch, aber auch meine Brüste sind empfindlich. Was, wenn? Ich versuche zu verdrängen. Gut möglich, bei all dem fantastischen Sex mit Philippe in der letzten Zeit, ausgelöst durch das Wörtchen »heissssss». Bei uns ist wirklich ungewöhnlich gut und häufig die Post abgegangen, und hie und da hatte ich ein paar Sekunden lang Zweifel, ob Philippe die Sache auch wie gewöhnlich im Griff hat. Ich kann mich einfach nicht dazu durchringen, mir die Spirale einsetzen zu lassen. Die Pille kommt auch nicht in Frage, dafür bin ich langsam zu alt, ausserdem vertrage ich sie nicht. Ich finde es süss, wenn Philippe bei dieser Diskussion jeweils mit theatralischer Stimme verkündet, er wolle, was die Verhütungsgeschichte betrifft, auch seine Verantwortung übernehmen. Und so bleibt es eben beim *Coitus interruptus*, also beim Herausziehen kurz vor dem Orgasmus.

Der Gedanke verfolgt mich. Könnte ich schwanger sein? Ich habe mich selten so weiblich und attraktiv und irgendwie auch fruchtbar gefühlt. Ich beginne, die Kleider in Leas Schrank zu sortieren, das Einzige, was mich genügend ablenkt. Dabei entdecke ich hinten in der Ecke noch ein winziges Söckchen, und schon bin ich wieder beim Thema. Was mache ich bloss, wenn ich schwanger bin? Gut, mit 38 Jahren ist Kinderkriegen kein Untergang, aber es steckt so viel mehr dahinter.

Bilder von früher tauchen auf, und ich tauche ab in altes Leid: Ich liege bei der Gynäkologin und blicke gespannt auf das Ultraschallbild. Lea wuselt währenddessen in einer Ecke herum, sie kann schon fast gehen. Ich bin fasziniert von dem Eidechschen, das ich da auf dem Bildschirm sehe, erkenne deutlich die Arme und Füsse, bin hin und weg. So sehr, dass ich die Beunruhigung der Ärztin gar nicht bemerke. Erst als sie murmelt: «Das Kind bewegt sich nicht mehr, da stimmt etwas nicht», wird mir klar, dass normalerweise ein Herzchen schlägt und sich etwas bewegt. Ich begreife es aber noch nicht, auch nicht, als die Ärztin im Spital anruft und mich in der Notfallstation anmeldet. Wie in Trance bringe ich Lea zu meiner Mutter und fahre die wenigen Kilometer ins Spital. Philippe, der sonst immer mit von der Partie ist und den Ärztinnen Löcher in den Bauch fragt, ist heute zum ersten Mal nicht dabei. Beim Notfall angekommen, schicken sie mich zuerst zum Empfang, wo sie meine Personalien aufnehmen. «Krankheit oder Unfall?», fragt die Dame in Weiss. Ich zögere und frage: «Ist ein totes Kind im Bauch Krankheit oder Unfall?» Erst da wird mir bewusst, warum ich eigentlich hier bin. Von nun an rinnen die Tränen, langsam. Zuerst kommt ein Assistenzarzt und macht die Ultraschalluntersuchung. Er ist sehr nett zu mir, sagt etwas von Natur, die es gut meint, wenn ein Kind abgeht. Der nächste Arzt ist wohl schon eine Stufe höher, er reagiert merklich zackiger und sagt, das kommt eben vor. Der dritte ist dann wohl der leitende Arzt der Abteilung: «Das Kind ist tot, und zwar seit einigen Tagen. Wollen Sie es auskratzen lassen?» Je besser die Ausbildung, desto weniger Feingefühl. «Ich weiss nicht, ich muss meine Ärztin fragen», meine ich verwirrt, verdattert und völlig überfordert. Irgendeine Schwester fragt mich, ob ich Auto fahren könne? Ja, ja, sage ich und weiss bis heute nicht, wie ich danach den

Weg zurück zu meiner Mutter gefunden habe. Das Kind war dreizehn Wochen alt, und ich hatte mich so sehr gefreut. Ich stellte mir vor, wie es mit Lea spielen würde, wie sie sich um den gelben Hasen streiten und wie sie im Sandkasten Burgen bauen würden. Zum Glück bekomme ich für den nächsten Tag den Curettage-Termin. Curettage tönt doch viel schöner als «auskratzen». Es ist aber das Gleiche, die französische Bezeichnung beschönigt nur, worum es geht: Mit einem spitzen Gerät wird das Kind zerschnitten und dann herausgekratzt, bei dieser Grösse mussten wohl kleinere Teile gemacht werden. Mit einem Schaber wird die Gebärmutterwand dann nochmals nachgereinigt, mit einem kleinen Sauger werden alle Fleischfetzchen herausgesaugt. So irgendwie haben sie es mir erklärt, natürlich mit lauter Fachbegriffen und Beschönigungen. Das nützt bei einer Journalistin aber reichlich wenig, ich weiss, was hinter einem Wort steht. Als nach zwei weiteren Ultraschalluntersuchungen endlich *allen* klar ist, dass das Kind nicht mehr lebt, werde ich umgekleidet und in den Operationssaal gefahren. Es ist schrecklich kalt, und ich habe auf einmal eine Höllenangst. Ich hatte noch nie eine Operation, und jetzt liege ich auf einem rollenden Bett, und alle, die sich über mich beugen, tragen grüne Masken. Ich weine und zittere vor Kälte. Eine nette Frau gibt mir eine zusätzliche Decke und meint: «Ist schon nicht so schlimm.» Dann spüre ich die Spritze und schlafe ein.

Als ich aufwache, steht Philippe an meinem Bett. Er sagt nichts, kann nichts sagen, denn Männer wissen in solchen Momenten nichts zu sagen. Ich fühle mich merkwürdig leicht, fast beschwingt. Ich darf noch am selben Tag nach Hause. Und am nächsten Tag liege ich in einem tiefen Loch. Gegen die Schmerzen und für die Rückbildung schlucke ich Tabletten, die mich total verblöden und schwächen. Während die Schwiegermama mit Lea im Wohnzimmer spielt, liege ich im Bett, starre an die Wand und weine. Ich trauere um das Kind und weine um das verlorene Glück, und ich heule über die Ungerechtigkeit und denke über die Gründe nach, warum mir das passiert. Ich weine, weil alles so traurig ist, und ich schluchze, weil Lea niemanden zum Spielen haben wird, und ich mache mir Vorwürfe, dass ich zu viel gearbeitet habe, und dann schlafe ich ein. Zwischen Heulanfällen und Tiefschlafstunden telefoniere ich: Ich mache bei der Redaktion den Mutterschaftsurlaub rückgängig, pfeife meine schon bestellte Vertreterin zurück und sage die Hochzeitsfeier einer Freundin am darauffolgenden Samstag ab.

Ich schüttle den Kopf. Weg mit dieser schrecklichen Erinnerung! Und in hohem Bogen schmeisse ich das Söckchen in den Kübel. Aus und vorbei. Diese Phase habe ich abgeschlossen. Drei Fehlgeburten sind doch wohl Beweis genug dafür, dass es einfach nicht sein durfte, das Spielkamerädchen für Lea. Wie habe ich in diesen letzten fünf Jahren gelitten. Dauernd habe ich gehofft, wieder schwanger zu werden. Dann war ich schwanger und gleichzeitig voller Angst und dunkler Befürchtungen, das Kind nicht behalten zu können. Schlaflose Nächte vor den Ultraschallkontrollen, ein pochendes Herz zuerst und ein paar Wochen später ein sich zersetzender Strich. Der Gang ins Spital, die Kälte des Operationssaales, die Leichtigkeit drei Stunden danach, die tiefe Trauer und die abgrundtiefen Selbstzweifel, es nicht mehr zu Stande zu bringen. Nach dem dritten Abort bin ich nach Hause gegangen und habe alle Babysachen von Lea, die ja inzwischen schon Grösse 116 trug, zusammengepackt und sie meinen beiden Schwestern gebracht. «Hier, die brauche ich nicht mehr», habe ich gesagt und damit das Kapitel «Wir sind eine glückliche dreiköpfige Familie» abgeschlossen. Wohl als Kompensation für das verlorene Babyglück fing ich an zu trainieren. Lea kam gerade in den Kindergarten, und somit hatte ich die Vormittage für mich. Nach einem halben Jahr harten Trainings hatte ich fast meinen alten Körper zurück. Nur ein paar verblasste Schwangerschaftsstreifen und ein Besenreiser am Oberschenkel verraten noch, dass ich eine Mutter bin.

Die Vorstellung, nochmals in das Kapitel Hoffnung und Leid einzutauchen, lässt mich zittern. Ich muss mich setzen. Lea kommt zu mir und streichelt mir über den Kopf. «Was ist denn los, Mami, du siehst so traurig aus», meint sie sanft. «Nichts, nichts, komm wir gehen ein Eis essen.»

Hätte ich bloss nicht den Computer gestartet. Christophs Mail macht meine Situation nämlich nur noch schlimmer. Er schreibt:

Betreff: Überfall
Hätte ich nicht gesehen, dass du Unterwäsche trägst, dann wäre ich natürlich über dich hergefallen. Hätte langsam dein Kleid nach oben geschoben und hätte dich auf eine Art und Weise verwöhnt, die du mit grosser Wahrscheinlichkeit noch nicht erlebt hast.
Gruss Christoph

Ich bin richtig baff. Was soll das denn nun wieder? Was soll das mit der Unterwäsche? Ich habe BH und Slip getragen. Ganz normal. Beides mit Spitze versehen. Natürlich steige ich auf sein Spielchen ein und frage ganz unschuldig nach:

AW:
Wie konntest du überhaupt in der kurzen Zeit wahrnehmen, was ich unter meinem Kleid anhabe?

Eine Minute später.

Re:
Ich schaue mir bei einer Frau alles an. Was nützen ein grosser Busen und geile Unterwäsche, wenn das Gesicht keine Ausstrahlung hat?
Eine schöne Frau mit kleinem Busen? Warum nicht?
Eine schöne Frau mit einem Superkörper, aber wenn sie den Mund aufmacht, kommt nur Mist heraus.
Was passiert? Sie wird im gleichen Moment hässlich.
Eine schöne Frau mit schönem Busen, es kommt kein Mist heraus, aber sie trägt keine erotische Unterwäsche. Was kann MANN da machen? Entweder er schweigt, oder er sagt es ihr.

Alles klar. Aber was ist eine erotische Unterwäsche? Muss es Tanga, String *und* Spitze sein? Habe ich natürlich alles, ich war ja einmal eine regelrechte Unterwäsche-Fetischistin. Die Herausforderung bei dem Zeug ist nur: Es ist saumässig unbequem. Strings schneiden ein, Spitze schürft und reibt … Solche Unterwäsche kann man schlicht nur kurz vor dem Wiederausziehen anziehen. Einen ganzen Tag lang damit herumlaufen zu müssen, das wäre schon fast Folter.

Ich merke, dass mir dieser Dialog zu blöd wird. Muss ich jetzt wirklich über Unterwäsche diskutieren? Eine deutliche Gereiztheit macht sich spürbar. Eine langsam wirksame innere Abkühlung stellt sich ein – sprich, mein prämenstruelles Syndrom lässt grüssen. Meine innere Spannung wächst. Ich werde fahriger, nervöser und anfällig für Fehler. Meine Gehirnfestplatte verliert an Speicherkapazität. Ich muss mein Leben nun sofort für ein paar Tage ruhiger nehmen, die Listen schlanker halten, weil ich die Hälfte vergessen werde oder mich nicht dazu aufraffen kann, alles zu erledigen. Meine drei

Sporteinheiten pro Woche werden ausfallen, weil ich mich nicht mehr dafür begeistern kann. Die abendlichen Schreibstunden müssen drastisch gekürzt werden. Eine DVD muss her zur Entspannung.

Und in dieser langsamen Abkühlung fehlt mir jetzt jeder Sinn für diese Flirterei. Ich finde sie absurd und kindisch, ich verstehe nicht mehr, wie mich das anfachen konnte. Ich finde mich und ihn und seine Unterwäsche-E-Mail widerlich und banal, geistlos und witzlos, egozentrisch und unreflektiert.

Dieser Zustand ist, bedingt durch meinen Biorhythmus, typisch für mich. Er dauert zirka drei bis vier Tage, dann folgt der Energiezusammenbruch während etwa zwei Tagen, an denen ich hoffe, endlich einmal tief schlafen zu können. Und dann sammelt sich meine Energie wieder, mein Feuer, meine Leidenschaft. Zuerst langsam, dann immer stärker, und dann heisst es für zweieinhalb Wochen nur noch heissssss.

Aber eben, noch bin ich am Warten auf Godot. Auf meine Tage. Auf eine Befreiung von meinen Ängsten.

Ich schreibe meinen Artikel fertig. Ich komme nur langsam voran, weil ich mental einfach nicht fit bin. Natürlich frage ich ihn an, ob ich ihm den Text per Mail oder als Ausdruck zuschicken soll. Worauf er zurückschreibt:

AW:

Liebe Alé, lieber alles live, Terminbestätigung, nächsten Mittwoch 15 Uhr, ohne Unterwäsche.

Mein Hirn hat wirklich Löcher. Ich bin zum Umfallen müde und erschöpft, es ist, als wäre meine ganze Energie in die Sommerferien ans Meer verreist. Und jedes bisschen nervt mich. Ich bin nicht mehr innerlich am Herumflattern wegen Christophs E-Mail, sondern wenn ich es mir genau überlege, dann macht es mich sauer. Da kommt der einfach so daher und will mich auf dem silbernen Serviertablett, mit dem Apfel im Mund oder, besser gesagt, mit sexy Unterwäsche bestückt, weil ein normaler Slip abschreckend, altmodisch und unerotisch ist. So weit haben uns die Medien also schon gebracht. Und ich selbst mische darin mit und befolge ihre Spielregeln, um überleben zu können. Denn die Medienwelt ist eine Männerwelt, geführt von Männern, finanziert von Männern. Natürlich meine ich damit die Medien schlechthin: TV, Radio, Printmedien inklusive Werbung. Und wenn es um Sex geht, dann heisst es da: jung, dünn, viel Haut und einen String. Voilà. Und das wird zur Norm. Und deshalb laufen die Teenager nur noch in diesen Dingern herum, die aus den Hüfthosen hervorquellen und der ganzen Welt kommunizieren: Ich trage einen String – also bin ich sexy. Obwohl gynäkologische Untersuchungen längst bewiesen haben, dass Tangas und Strings das Pilzwachstum fördern. Aber wozu rege ich mich eigentlich auf, das hat doch alles keinen Sinn.

Eigentlich ärgere ich mich darüber, dass Christoph mich nicht angefallen und verführt hat, nur weil ich einen normalen Slip trage. Gut, ich habe es langsam begriffen, er hätte mich sowieso nicht angefallen, mit oder ohne Slip, mit oder ohne String. Das ist klar. Aber es ist, als hätte ich einen Fehler gemacht, und das macht mich wütend. Ich erinnere mich widerwillig an Sigmund, einen verklemmten Physiker, der sexuell nur in Fahrt kam, wenn ich in BH, String und Strapsen daherkam. Ausziehen kam nicht in Frage. Sonst hielt seine Erregung nicht an. Also schob er einfach mein Höschen beiseite und nahm mich nur in Stellungen, in denen er mich gut betrachten konnte. Natürlich bei vollem Licht, am liebsten mit Scheinwerfern. In der Bemühung, bei diesem Akt gut auszusehen, streckte und rankte ich meinen Körper, erstarrte in erotischen, aber sehr ungemütlichen Positionen und kam dabei nicht im Geringsten auf meine Kosten. Ein weiser Entscheid, diese Beziehung nach drei Wochen zu beenden.

Wie aus heiterem Himmel überfällt mich beim Spaghettikochen – Lea würde ja bald aus der Schule heimkommen – die nächste Fantasie. Ich schreibe Christoph ein virtuelles E-Mail: «Hi Christoph, hier kommt eine Idee, ein Striptease in deinem Büro – natürlich mit Musik, im Dunkeln, dein Hellraumprojektor wirft meinen Schatten an die Wand, schwarzes eng anliegendes Kleid, High Heels, ein heisser Strip mit langsamen Bewegungen …» – jetzt stockt die Fantasie. Vor meinem inneren Auge sehe ich meinen Körper! Ist er auch wirklich sehenswert? Die Beine schon, Rücken und Po ebenfalls, Arme und Brust, ja, ja, aber mein Bauch? Immer noch nicht so flach wie gewünscht und ein kleines Zebramuster von Schwangerschaftsstreifen … Jetzt ist die Fantasie kopfvoran zu Boden gestürzt.

Das Spaghettiwasser läuft über, und ich schimpfe – über das Wasser und meine Hirngespinste. Ich bin stinkwütend! Auf mich. Auf die Männer. Auf alles. Was fällt mir ein, mich nur schon in Gedanken so auf dem Silbertablett zu servieren?

Bei den Frauen zählt einfach nur die Verpackung. Ab fünfzig ist frau eigentlich keine Frau mehr, sondern eine alte Schachtel, eine Oma. Am Fernsehen sieht die Welt keine Frau in diesem Alter als Nachrichtensprecherin oder Talkmoderatorin, während die Männer im gleichen Alter fröhlich weiterexistieren, und zwar mit Bierbauch, Glatze und Doppelkinn. Egal wie sie aussehen und wie grau oder spärlich ihr Haar wird, sie sind auf dem Markt immer noch gefragt und tragen den Stempel: attraktiver älterer Herr. Die Frauen hingegen werden gnadenlos aus dem Erotikregal geräumt. Kein Wunder, dass Frauen viel Zeit für ihr Äusseres aufwenden, schliesslich ist es ausschlaggebend für ihren Werdegang. Früher war es das einzige Kapital einer Frau, um sich wirtschaftlich über die Runden zu bringen: sich an einen Mann zu hängen, der sie beschützt und ernährt. Wenn keine ordentliche Hochzeit zu Stande kam, dann gab es immer noch den Beruf der Mätresse – bis die Frau dreissig Jahre alt war, denn spätestens dann war sie verbraucht und meist auch erkrankt. Jede andere Frau war zudem eine existenzielle Bedrohung, denn lief der Mann zu einer neuen Frau über, war die ausrangierte Frau machtlos und verarmte. Und wenn jetzt jemand sagt: Heute ist das doch ganz anders, dann kann ich darüber nur lachen. Klar können die Frauen auch ihr eigenes Geld verdienen, aber sobald sie schwanger werden, müssen sie sich entscheiden, ob sie ganz in die Mutterrolle schlüpfen – und dann sind sie so abhängig wie die Frauen im Mittelalter – oder ob sie weiterhin meist in Teilzeit berufstätig bleiben, was aber mindestens einen Karriereknick zur Folge hat und somit den Rubel auch nicht rollen lässt. Von wegen heute sind die Frauen nicht mehr abhängig …

Es dreht sich alles um Macht. Männer sagen Frauen, wie sie auszusehen haben, und zwar in Extremwerten: Es gibt 5 Milliarden Frauen, und gerade mal acht davon sind Supermodels. So sehen die Zahlen aus. Die Frau soll gross, hyperschlank, vollbusig, langhaarig und hübsch sein. Vor 100 Jahren hiess es noch: klein, gut gefüllt und normalbusig, hübsch frisiert und adrett angezogen. So ändern sich die Ansprüche und Traditionen. Die Männer propagieren diese Frauentypen in allen Medien, lassen diese Idealfrau auf mannigfaltigste Art zum Star werden, und jede Frau versucht am Ende, sie zu kopieren. Natürlich gelingt das den wenigsten, und es tauchen immer wieder neue Krankheiten und Missstände auf:

Heute sind Bulimie und Magersucht weit verbreitet, früher litten die Frauen an Atemnot wegen des Korsetts oder an verkrüppelten Füssen, wie in China. Doch es gibt noch viel schlimmere Auswüchse dieser männlichen Macht, die den Frauen diktiert, wie sie sein sollen. Es gibt Frauen, denen die Klitoris abgeschnitten oder die Vagina zugenäht wird. Ich muss jedes Mal wegsehen oder weghören, wenn es um diese Beschneidungen geht, es ist so schrecklich, sich vorzustellen, was kleinen Mädchen da angetan wird. Immer noch sind 150 Millionen Mädchen auf der Welt beschnitten, entweder wird nur die Vorhaut der Klitoris geritzt, oder die ganze Klitorisspitze wird weggeschnitten. Am schlimmsten ist die Inphibulation, wo am Schluss die Vagina ganz zugenäht wird und nur noch eine kleine Öffnung für Menstruationsblut und Harn bleibt. Dabei sind nicht nur die Schmerzen und die Traumatisierung bei diesem Eingriff zu bedenken, sondern die ganzen Neben- und Nachwirkungen, die diese Eingriffe nach sich ziehen. Blutungen, Infektionen, Blutvergiftungen, Zysten etc. Eine unglaubliche Leidensgeschichte. Und das alles aufgrund der Angst der Männer vor der weiblichen Sexualmacht. Der neuste Hit ist jetzt sogar, dass auch die Form der Vagina einem Standard entsprechen soll. Passen meine Schamlippen ins Schema? Das ist neuerdings die Frage, die Gynäkologen gestellt wird, und immer mehr junge Mädchen legen sich unters Messer. Nicht mehr der Silikonbusen, sondern das Vulva-Styling ist jetzt dran. Der Trend zur Intimoperation steigt zusammen mit dem Trend zur Körpernormierung. Und da der Intimbereich nach der neuesten Mode haarlos ist, werden jetzt wohl auch die verschiedenen Grössen, Formen, Farben und Faltengebungen von Klitoris, inneren und äusseren Schamlippen kritisch begutachtet und gemäss männlichen Fantasien genormt.

Schön philosophiert, Alé, aber sieh dich selbst an, wie du dich wegen der Bauchzebrastreifen fertig machst: jämmerlich! Da siehst du blendend aus, hast einen schönen Körper, das Hirn voller Wissen und Sozialverständnis, eine gute Ausstrahlung, eine gesunde Familie, viele Freunde, und was machst du? Du inszenierst, typisch Frau, im Kopf einen Strip, um Christoph zu gefallen. Um die Sache mit der unpassenden Unterwäsche mit völlig überdimensionalem Aufwand wettzumachen. Und das für einen Mann, der auf einer Schönheitsskala von Männern ab 35 im Durchschnitt liegen würde und unter seinem gestreiften Hemd wahrscheinlich ein grösseres Bäuchlein hat als du! Und ihm willst du die perfekte Frau vorspielen, um Lob und Anerkennung zu bekommen, gerade so wie im Mittelalter, wenn die Mätressen sich in Szene setzten. Pfui, Alé, schäm dich! Du hast es nicht nötig, dich wie ein neues Haarshampoo anzupreisen, du brauchst keine Müsterchen von deinem Wert zu verteilen, um auf dem Frauenmarkt zu bestehen. Du weisst so viel über Machtverhältnisse und die Macht der Medien – und gehst diesem Christoph dennoch voll auf den Leim. Also nein!

We are oversexed and underfucked

Lea ist schon auf dem Weg zur Schule, Philippe hat auswärts übernachtet, und auf mich warten Tonnen von Arbeit. Aber ich kann mich nicht dazu aufraffen. Ich brauche dringend Ferien. In drei Wochen ist es so weit, das Meer winkt mir schon freudig entgegen! Ich ahne, wie sich in mir etwas zusammenbraut. Ich bin kurz davor, in Hysterie auszubrechen. Ein einziger Gedanke an die ausgebliebene Periode, und ich weiss, gleich werden mich die verschiedensten Szenarien überfallen: Alé geht freiwillig ins Spital für eine Curettage. Alé total überfordert mit einem Neugeborenen – fertig lustig Tanzabende, fertig lustig Grösse 40, fertig lustig Badeferien am Meer. Unten fliesst Blut, oben fliesst Milch – ein erneutes Eintauchen in männerfremde Welten mit rosa Maschen und hellblauen Plüschtieren. Bevor sich die grimmigen Gedankenmonster von Angst bis Wut auf mich stürzen können, lege ich mich ins Bett.

In solchen Momenten stürzt die Decke über mir ein, und ich frage mich, ob ich denn eigentlich noch ganz bei Trost bin. Was ist nur los mit mir? All diese Sexfantasien, diese Sehnsucht nach dem verbotenen Apfel im Paradies. Hat sich unser Eheglück etwa zur Hintertüre hinausgeschlichen, ohne dass ich es bemerkt habe? Ich war so sehr mit Lea beschäftigt, damit, ihr die ersten Worte beizubringen, dann wie man Zähne putzt und Schuhe bindet, wie der Kindergartenweg verläuft und wie man Fahrrad fährt, wie man schreibt und Geschichten erzählt. Sie ist und bleibt mein Ein und Alles! Habe ich dabei meinen Mann vergessen?

Bin ich zu einer blossen Zutat des Familienlebens geworden? Er war noch nie ein Romantiker, das stimmt.

Worte und Gesten sind nicht seine Stärke, aber wir haben einander früher oft stundenlang in die Augen geschaut und dabei gespürt, wie sehr wir verbunden sind. Solche Momente gibt es nicht mehr. Er ist viel unterwegs und hat seine Hobbys, ich habe in Teilzeit wieder zu arbeiten angefangen, als Lea in die Schule gekommen ist. Und ich bin ziemlich gefordert, meine Rollen als Mutter, Hausfrau und Journalistin unter einen Hut zu bringen. Sind wir einfach überfordert?

Warum mein Hunger nach diesem Christoph? Nach Beachtung und Begehrtwerden? Es ist wohl eine Flucht vor dem öden Ehealltag, vor der Abnutzungsgefahr, vor Grau in Grau. Ich möchte einfach wieder einmal Leben und Abenteuerlust in meinen Adern spüren, so wie früher, als ich mit Philippe Bergtouren unternommen und im Zelt übernachtet habe oder als wir mit der Vespa Ferien in Italien verbracht haben und bis nach Rom gekommen sind. Damals lächelte er noch, wenn ich alle zwei Stunden Hunger hatte und etwas essen wollte. Heute nervt ihn das nur noch. Früher nannte er mich deswegen liebevoll Hunger-Mäuschen, heute verdreht er nur noch die Augen. Früher hatte er viele Namen für mich: Schatzi, Baby, Silbermond, er nannte mich «meine Traumfrau» und «mein Supermodel», er bewunderte jeden Quadratzentimeter meines Körpers und erfand spezielle Namen dafür: Seerosenreich für den hübschen Platz zwischen den Brüsten, Diamanthöhle für den Nabel, Wunderpracht für meine Brüste und so weiter. Und heute? Heute heisse ich Alé, und die schönen Namen für meine Körperteile sind in Alibabas Höhle eingeschlossen. Ich weiss, dass nichts von alledem mit Bösartigkeit zu tun hat, es ist einfach vergessen gegangen neben all den schlaflosen Kindernächten, den Kinderarztbesuchen und Elternabenden. Ich weiss schon, dass ich ihm nach wie vor wichtig bin. Aber gerade jetzt, wo meine neue Sinnlichkeit erwacht, wo ich wie eine junge Rose zu wachsen und zu blühen beginne, möchte ich von ihm gesehen und gerochen, beachtet und bewundert werden. Aber er übersieht mein Blühen und geniesst den starken Rosen-Sex-Duft zu Hause einfach, ohne nachzufragen, woher er plötzlich kommt und was das für ihn bedeutet. Mitten in diesen Gedanken schlafe ich nochmals ein.

Nach einer halben Stunde wache ich frisch und gut gelaunt auf, braue mir einen zweiten Kaffee (was ich sonst tunlichst vermeide), und siehe da: Auf dem Toilettenpapier zeichnet sich sanft, aber eindeutig ein roter Streifen ab. Ich bin gerettet! Keine Operation. Kein Verzicht. Kein Rückfall ins sexlose Leben als Neutrum.

Ich weiss, was jetzt kommt: satte Müdigkeit und Erschöpfung, jeder Blutschwall schwemmt die Energie aus meinem Körper, heute noch zaghaft, morgen in grossen Kübeln. Jetzt heisst es: Pendenzen umbauen und vor allem abbauen. Auch die Mittagsmenüs werden abgespeckt und durch Fertigprodukte ersetzt. Ich kenne mich gut genug, ich finde kein Gefallen am Kochen und schlittere mehr schlecht als recht durch diesen zwei bis drei Tage dauernden «reduzierten Winterdienst».

Keine Mail von Christoph. Macht nichts.

SMS an Philippe: `Du brauchst dir keine Namen auszusuchen, die Periode ist da.`

Ich verbringe den Tag im Trancezustand. Bin müde bis in die Knochen. Schlapp, fantasielos, kopflos. Ich offeriere Lea zum Mittagessen eine Fertigpizza. Sie liebt Fertigpizza und ist dankbar und zum Glück gut gelaunt. Ich könnte es heute schlecht ertragen, wenn wir einen unserer Streittage hätten: Lea, du solltest die Haare zusammenbinden. Lea, iss jetzt etwas zum Frühstück, mit leerem Magen lasse ich dich nicht zur Schule gehen. Wo ist deine Regenjacke? Was, du hast sie liegen lassen?

Mist. Denk daran, heute zuerst die Hausaufgaben, bevor du Dora zu dir einlädst. Und so weiter. Und obwohl ich mich ja nur um das Wohl dieses Kindes kümmern will, wird jeder Satz von mir mit launischen und spitzen Antworten quittiert. Ich braue mir einen Tee nach dem anderen, die Arbeit geht nur ruckweise und unkreativ vorwärts. Flache Texte entstehen. Ich weiss, da muss ich nochmals drüber. So kann ich das nicht losschicken. Ich muss mich hinlegen und schlafe auch gleich nochmals ein.

In drei Tagen reise ich zu einem Journalistenkongress. Ich bin Podiumsmitglied in einem der Workshops, und meine einzige Sorge dreht sich darum, was ich dafür anziehen soll. Ich drehe mich im Hamsterrad, probiere vor dem Spiegel wohl die zwanzigste Variante an, tripple immer wieder zu Philippe und drehe mich vor ihm im Kreis. «Und?», will ich wissen, und er schaut völlig unkonzentriert kurz von seiner Lektüre auf, sagt: «Schön», und liest weiter – also keine Hilfe von ihm. Ich telefoniere mit meiner jüngsten Schwester, die in der Modebranche tätig ist. Klar, sie hat recht, zuerst muss ich definieren, wie ich an dem Anlass denn wirken will: Professionell und distanziert? Dann Hosenanzug. Aufgeschlossen, jugendlich und fortschrittlich? Dann Jeans mit Blazer. Will ich die männlichen Hirne ein wenig aufmischen? Dann enges T-Shirt unter Blazer mit Ausschnitt. Die Farbwahl ist auch ganz wichtig: Weiss ist zu sanft, Rot sehr aggressiv, Schwarz ausgelutscht und langweilig, Grau zu fade. Nach langem Hin und Her entscheide ich mich für Jeans mit engem T-Shirt und rotem Blazer, natürlich mit rotem Lippenstift und dezentem Schmuck. Zur Sicherheit lege ich aber noch eine schwarze Hose in den Koffer. Wenn alle overdressed daherkommen, kann ich damit immer noch einen Hauch von Eleganz erzeugen.

Und während ich fein säuberlich all meine Make-up-Utensilien zusammensuche, ärgere ich mich. Über mich selbst und diese männerdominierte Welt. Die Männer, die an diesen Kongress fahren, müssen nur halb so viele Vorbereitungen treffen. Für sie gibt es nur die Wahl zwischen Anzug und der legeren Variante. Sie brauchen kein Make-up, keine Accessoires, keinen Schmuck, denn *sie sind gut so, wie sie sind.* Aber die Frauen müssen ein Affentheater veranstalten. Sie müssen etwas im Kopf mitbringen, und zwar mehr als ihre männlichen Kollegen, denn sonst haben sie keine Chance. Und dann müssen sie sich auch noch um ihre Verpackung kümmern. Wer das gleichgültig übergeht, wird drangsaliert und heruntergeputzt. Und zwar nicht einmal unbedingt von den Männern, sondern die Kritik kommt aus den eigenen Reihen: «Schau mal, die hat es nicht einmal nötig gehabt, zum Friseur zu gehen.» – «Die Farbe steht ihr überhaupt nicht, die sollte besser Schwarz tragen, statt wie ein Papagei durch die Gegend zu stolzieren.» Solche Voten kommen von Frauen, die Frauen auf ihr Äusseres reduzieren, nur ihre Verpackung begutachten und somit ihren Werten und ihrem Wissen die Wichtigkeit einer Erbse zubilligen. Die Männer brauchen gar nicht frauenfeindlich zu sein. Sie müssen den Frauen gar nicht die schlechten Plätze in den hinteren Reihen zuweisen, diesen Drecksjob übernehmen die Frauen selbst. Und ich blöde Kuh mache bei diesem Spiel mit. Putze mich heraus, überlege mir strategisch jedes Detail: Haare offen oder zusammengebunden, stark oder dezent geschminkt, Schuhe mit oder ohne Absätze, braune Handtasche oder Aktenkoffer? Und während die Frauen das Kleingedruckte auf ihren Kosmetikprodukten zu entziffern versuchen und ihre Zeit mit Nägellackieren verbringen, handeln die Männer mit Börsenkursen, entscheiden über Weiterbildungsgelder, verhandeln in Gremien und

Verwaltungsräten über die Zulassungsbedingungen für Frauen.

Immer heisst es: Diese Frauen! Die führen richtige Zickenkriege! Es gibt immer Gründe dafür, warum Frauen sich nicht mit Frauen solidarisieren. Es wäre ein Bekenntnis, selbst zu den Unterlegenen, den Schwachen dazuzugehören. Denn die Frauen sind auch nach der Emanzipation immer noch nicht gleichgestellt. Wie könnte es sonst sein, dass Frauen mit gleicher Qualifikation für den gleichen Job immer noch im Schnitt 20 Prozent weniger Lohn erhalten? Wenn sie Kinder kriegen, sind sie weiterhin in der problematischen Situation, keine richtige Karriere machen zu können. Als Mutter sind sie abhängig vom Mann und von den gängigen Gesellschaftsstrukturen. Ihre Zukunftsvisionen schwinden dahin. Da ist es doch klar, dass Frauen sich lieber mit Stärke und Erfolg identifizieren. Wer will schon mit Verliererinnen solidarisch sein?

Meine Gegenstrategie:

1. Ich werde mich mit Frauen solidarisieren, mich unter die unscheinbaren Mauerblümchen mischen, bei Schnödereien nicht mitmachen oder diese gar kritisch ansprechen. Ich werde die bunten, aufgemotzten Papageien-Frauen mit den Mauerblümchen zusammenbringen, und zusammen sind wir stark.
2. Wenn ich schon auf mein Frau-Sein reduziert werde, dann wenigstens mit persönlichem Erfolg. So werde ich meine Weiblichkeit und meine Erotik gezielt einsetzen, um wichtige Vernetzungen und Verbindungen aufzubauen. Denn Vitamin B vergeben die Männer. Sollen sie mir also ruhig in den Ausschnitt schauen. Beim Abendessen lasse ich ihr Gehirn zwischen meine Brüste plumpsen, so haben sie ein gutes Andenken an mich, und wenn ich weiterkommen will, dann

werden sie sich an mich erinnern (an die attraktive Schwarzhaarige im roten Blazer mit diesen sensationellen Brüsten) und sagen: «Ja, Alé, ich kenne da einen Chefredakteur, der sucht eine Kolumnistin.»

So läuft das. Also packe ich für den Abend das kleine Schwarze mit dem beeindruckenden Ausschnitt ein. Dazu eine enorme silberne Kette, die den Männeraugen ganz klar die Blickrichtung vorgibt. So ist mein Erfolg in Sachen *connections* sichergestellt.

Der Kongress ist ganz okay. Nach dem Podiumsgespräch habe ich das Gefühl, nicht klar und präzis genug gewesen zu sein. Ausserdem konnte ich nicht einmal die Hälfte meiner Standpunkte vorbringen, weil der Moderator mich dauernd unterbrochen hat! Aber ich bekomme von allen Anwesenden genügend Bestätigung, so dass ich wohl gut ausgesehen haben muss. Ich sitze neben dem Moderator (Ehrenplatz), und auch beim Essen will er mich neben sich haben. Einer, gut zehn Jahre jünger als ich, flirtet mit mir auf Teufel komm raus und bestätigt mir immer wieder, dass «ältere» Frauen sehr attraktiv seien ... Der Inhaber der grossen Frauenzeitschrift ELLA findet, mein Dialekt sei sehr verführerisch, und hält mir beim Ein- und Aussteigen vom Taxi galant die Hand hin.

Eines der aktuellen Themen beim Abendessen ist wieder einmal die Sexualität, über die wir fachmännisch und fachfrauisch fachsimpeln, wir finden einen Grund, die knisternde Atmosphäre über den Intellekt in Worte zu fassen und den erotischen Überdruck in der Runde, nicht schlecht aufgeheizt durch mein Kleid, abzulassen – verbal.

Eine Pressesprecherin meint: «We are oversexed and underfucked.» Ich finde den Spruch wirklich gut, und sie hat ihn sicher nicht selbst erfunden. Durch das permanente Ausstellen und Darstellen von Sexualität werde die Sexualität allgegenwärtig, und wir wüssten vor lauter Sinneseindrücken gar nicht mehr, wohin damit, auf alle Fälle könnten wir all das Vorgelebte gar nicht im eigenen Leben umsetzen, würden vielleicht von so viel Sexualität gehemmt, negativ beeinflusst im Sinne von: So wie die anderen kann ich das nicht. Daraus entstünden Minderwertigkeitsgefühle. Gut gesprochen.

Der flirtende Chefredakteur wirft einen anderen guten Spruch in die Runde: «Trop de sexualité tue la sensualité.» Zu viel Sexualität tötet die Sinnlichkeit. Wahrscheinlich werden die eigenen erotischen Fantasien durch zu viel Visualisierung von Sexualität gehemmt und flach gehalten oder zu stark beeinflusst. Wir sind via Bild und Ton einer Invasion von plakativen erotischen Vorstellungen ausgeliefert, die jede Individualität unterdrückt und untergräbt.

Ein anderer Herr, Chef von irgendwas in der Medienwelt, mit roter Krawatte, meint dann ziemlich begeistert: «Es geht immer ums Gleiche, um Romantik.» Dieses Votum hätte ich nicht erwartet. Denn ich finde, Romantik hat nicht unbedingt etwas mit Sexualität zu tun. Romantik gehört zu der Beziehung, in der Sexualität ausgelebt wird. Aber wie oft wird Sex ohne Beziehung und ganz ohne Romantik praktiziert!

Der Organisator der Veranstaltung ist sehr enttäuscht, als ich um zwei Uhr morgens in der Bar nur ein Mineralwasser bestelle, so dass ich ihm versichern muss, dass sich «böse Mädchen» nicht durch die Wahl des Getränks auszeichnen.

Noch sehr erotisiert von der Flirterei und aufgekratzt durch das Gerede über Sex, lege ich mich um halb drei ins Bett. Dennoch bin ich müde, die Anspannung wegen meines Talks ist vorbei, und ich schlafe erstaunlich gut ein. Da öffnet sich die Hoteltür, und ein Mann kommt herein. Ich kann nicht erkennen, ob es der junge Chefredakteur oder der andere Medienwelttyp ist, der Moderator oder irgendein anderer Mann mit roter Krawatte. Er ist nackt und schlüpft unter meine Decke. «Als ich dich heute gesehen habe, hat mein Atem gestockt. Du bist die bezauberndste Frau aller Zeiten, und ich habe mich so geärgert, als ich erfahren habe, dass du verheiratet bist. Ich würde dir sonst gleich jetzt einen Heiratsantrag machen. Mit dir möchte ich bis ans Lebensende zusammenbleiben, möchte dir am Morgen den Kaffee kochen und dir am Abend die Füsse massieren.» Er beginnt dabei, meine nackten Beine zu streicheln. «Deine Ausstrahlung ist umwerfend, du strahlst vor Energie und Lebensfreude, und ich weiss, du bist ein Vulkan, und du weisst, wer du bist und was du willst.» Die Hand fährt unter mein T-Shirt. Er stöhnt auf, als er meine Brüste berührt. «Ja, genau so habe ich sie mir vorgestellt, so üppig, fleischig, willig.» Meine Blütenspitzen verhärten sich. Er beisst mir sanft ins Ohr: «Ja, deine Brüste wollen mich, und ich will dich auch.» Er schiebt sich auf mich und redet dabei unablässig von meiner Schönheit, Weichheit, Einzigartigkeit, und ich weiss nicht, ob seine Worte oder seine Berührungen mich aufheizen, dann schmelzen, dann zum Sieden bringen. Und inmitten der Geschlechtsverschmelzung erwache ich, schweissgebadet, feucht überall. Ich schaue zur Tür und sehe, dass der Schlüssel steckt. Nur ein Traum. Oje, nur ein Traum. Wenn Männer doch nur so reden würden. Sie hätten den besten Sex aller Zeiten.

Abenteuer? Ausbruch? Abstieg?

Ich bin nach alledem einfach nur erschöpft und ausgelaugt. Die Anspannung wegen des Podiumgesprächs ist furchtbar gewesen. Übrig bleibt ein Verlangen nach mehr, ein Wunsch, nächtelange Feste zu feiern und zu tanzen, mich leicht zu betrinken und zu flirten, zu tun, worauf frau Lust hat, und einfach alles auf die leichte Schulter zu nehmen. Aber übrig bleibt auch eine totale Entspannung und null Bock auf gar nix, ausser mit Lea Bücher zu lesen und mir mit Philippe einen Film anzuschauen. Der Kongresskoffer steht noch im Korridor, der Kühlschrank ist leer, die Wäscheberge lächeln mir zu, wenn ich an ihnen vorbeigehe. Aber ich ignoriere sie, trinke Tee in der Küche und versuche meine Gedanken wieder aufs Hier und Jetzt zu lenken. Auf das ganz normale Leben, flirtfrei, Lea-tauglich, Philippe-konform.

Und doch zucke ich bei jedem Auto, das quietschend vor der Wohnung vorbeifährt, innerlich zusammen: Da draussen, ausserhalb meiner Ehemauern, läuft ein anderes Leben ab. Eines zwischen Frauen und Männern mit Aufreissregeln, Lüsten und Gefahren. Denn ehrlicherweise hätte in meinen schönen Traum von dem fremden Mann in meinem Bett ja noch die Verhütungs-Szene mit dem Pariser gehört. Ich selbst bin zwar seit dreizehn Jahren immer mit dem gleichen Mann im Bett gewesen, aber er, der andere, welches Vorleben bringt er mit? Vielleicht hat er vor dem Abendessen noch schnell die Frau vom Zimmerservice vernascht, die vorher mit ihrem Mann geschlafen hat, der in der Nacht zuvor auf dem Strich war und sich eine Hure reingezogen hat für hundert Euro.

Ich stelle mir das Ganze vor: Jeder Partner, ob Frau oder Mann, hatte je wieder Partner, und die hatten wieder Partner. Und so schläft Frau dann mit einem Mann und gleichzeitig mit hundert anderen Frauen. Ein riesiges Gruppenbild mit nackten Körpern. Mich schaudert es. Und die Welt da draussen, mit ihren quietschenden Rädern, ganz auf Aufriss aus, erscheint mir auf einmal nur noch kompliziert und gefährlich. Welche Ruhe herrscht da in meiner Wohnung. Welche Klarheit. Ein Kind ist da, und das ist ein Glück. Ein Ehemann ist da, wir kennen uns, wir lieben uns, wir bauen auf viele gute Erlebnisse auf, können über unsere Wünsche und Gedanken miteinander sprechen, brauchen keine Flirt- und Kennenlerncodes mehr, alles ist unkompliziert und direkt. Was will ich mehr? Abenteuer? Ausbruch? Abstieg?

Ich weiss es nicht. Ich trinke noch einen Tee. Das Wetter betrübt mich, wo ist der Sommer geblieben? Irgendwo versteckt hinter grauen Wolken und leichten Bisen? Nur noch zwei Wochen, dann fliegen wir in die Ferien, weg von all den Belastungen hier! Weg von Christoph. Ich kann es kaum erwarten.

Ich glaube, ich bin frustriert.

Obwohl es regnet, gehen wir am Nachmittag ans Stadtfest. Lea hat sich so sehr auf das Riesenrad und die Bahnen gefreut, und ich freue mich auf gebrannte Mandeln und Magenbrot. Frustration kennt keine Diätregeln. Beim Herumschlendern fällt mir auf, wie viele gut aussehende Mütter es gibt. Manchmal muss ich zweimal hinschauen. Zum Beispiel bei der Frau mit dem schwarzen Oberteil, das in der Mitte nur von einem Faden zusammengehalten wird und sehr viel Einblick auf Bauch und Busen erlaubt. Eine andere trägt Plateauschuhe, auf denen sie kaum stehen kann, und stöckelt ziemlich ungelenk hinter ihren pubertären Töchtern her. Und da, dieses Paar, sicher Italiener, er in Stiefeln und Hüfthosen, schwarzes Hemd mit grossem Ausschnitt, sie in Röhrenjeans und Stilettos, perfekt geschminkt und wunderbar frisiert. Sie sind alle in meinem Alter. Das Leben und die Leidenschaft sind wirklich nicht vorbei. Nur irgendwie eingefroren, zugeschüttet vom Alltagsleben, vom Einkaufen, Kochen, der Altpapierabfuhr.

Ich schwanke zwischen anerkennenden Bravorufen und totaler Niedergeschlagenheit. Bravo hiesse: Super, Mädels, wie ihr mit 40 oder 45 Jahren noch genial ausseht, frisch, gut erhalten, sexy verpackt, eine Wollust fürs Auge. Und gleichzeitig ist da das ungute Gefühl, dass Frauen nicht älter werden dürfen. Immer gut aussehen müssen, um noch Wert zu haben. Sich viel Zeit nehmen, um die Haare zu färben, frisch zu waschen und mit der Rundbürste in Form zu fönen. Die kleinen Fältchen mit Make-up überdecken und gekonnt mit Farbe Akzente setzen. Wohlbedacht die Garderobe wählen, einzelne Körperpartien geschickt verdecken, andere virtuos in Szene setzen. Dann alles mit aktuellen Accessoires bestücken – grosse Paris-Hilton-Brille, schicke Tasche mit Strass, glänzende Silberohrringe und Armreife etc. Die Niedergeschlagenheit nimmt überhand: Und immer wieder dieser ganze Aufwand an Zeit und Geld, einfach um der Vergänglichkeit einen Riegel zu schieben, um so jung wie die eigene Tochter zu wirken, zumindest von weitem, um die eigene Akzeptanz als Frau zu wahren. Auf Teufel komm raus. Hat die Frau ihre Schlankheit, Straffheit, Schönheit, Jugendlichkeit verloren, ist sie nämlich keine Frau mehr, sondern einfach nur noch alt. Mich friert es bei diesem Gedanken, und meine Frustration wird nicht kleiner. Auch die Apfelküchlein mit Vanillesauce, die ich mir genehmige, während Lea und Philippe im Riesenrad die Aussicht über die Stadt geniessen, helfen nicht. Die Vorstellung, dass ich ja mit Philippe zusammen alt werden und meine Lebenslust auch in langen Hosen und normalem T-Shirt, mit flachen Schuhen und grauen Haaren ausleben kann, tröstet mich ein wenig. Haben wir im Alter wohl auch noch Sex? Oder vergeht die Lust darauf mit jeder Falte, die sich ins Fleisch gräbt? Ich will mich mit diesen Vergänglichkeitsfragen nicht mehr weiter herumquälen! Ich steige mit Lea zusammen in die Himalaya-Bahn, und während sie auf und ab rast, verwünsche ich all die Süssigkeiten, die in meinem Magen Ringelreihen tanzen.

Von Milchlikör und Ananassaft

Ich habe mich wirklich ins Zeug gelegt und den Interviewtext nochmals überarbeitet Ich drucke ihn aus, überfliege den Text ein letztes Mal. Heute werde ich ihn Christoph zeigen müssen. Total unüblich, zu ihm zu gehen dafür. Ein purer Vorwand, um sich nochmals zu treffen. Ich dusche genüsslich und überlege, was ich anziehen soll. Ein Rock, das ist sicher – aber mit oder ohne Unterwäsche? Eigentlich wäre es die Gelegenheit, einmal ohne etwas darunter auf die Strasse zu gehen. Die Temperatur ist angenehm. Aber soll ich ihm diesen Gefallen wirklich machen? Pinkfarbener Rock, rosa Bluse, rosa Lippenstift mit Glanzeffekt, und in letzter Minute, kurz bevor ich aus dem Haus gehe, ziehe ich meinen Slip aus und stopfe ihn in die Handtasche. Wow, ein herrliches Gefühl, der leichte Sommerstoff fällt geschmeidig an meinen Pobacken herunter, umspielt meine Oberschenkel, durch meinen schnellen Schritt entsteht ein kleines Lüftchen, das sanft meine Schmetterlingsflügel streichelt. Ich bin erstaunt, positiv überrascht und … erotisiert.

Christoph trägt heute ein schwarzes enges T-Shirt, und der Bauch, den ich unter seinem Hemd vermutet habe, löst sich in nichts auf. Offenbar trainiert der gute Mann. Ich tippe auf eine Kombination aus Jogging und Muskeltraining.

Wir zögern bei der Begrüssung: Hand, Umarmung, gar nichts? Ich strecke ihm die Hand entgegen und lächle ihn an. «Hier, lies», sage ich nur und reiche ihm das Interview. Während er seine Brille hervorholt und den Text aufmerksam durchliest, blättere ich in seinen Fachzeitschriften und stosse auf einen äussert interessanten

Artikel. Bei Frauen sei das Hirn die grösste erogene Zone, steht darin, und wenn die Frau einmal zu fantasieren anfange, dann sei für den Mann das Spiel schon gewonnen.

Dann folgt belangloses Geplauder über den Artikel, den er gut findet, und über meine Ferien, die ja kurz bevorstehen. Über unser Reiseziel und die Vor- und Nachteile eines All-inclusive-Resorts. Ich weiss nicht, welcher Teufel mich reitet, aber auf einmal erzähle ich ihm von meinen Bedenken, dass wir keine Familiensuite bekommen könnten, weil ja Hochsaison ist, und dass wir uns dann zu dritt ein Zimmer teilen müssten und der Sex dann wohl jeweils auf der Toilette stattfinden werde oder auf dem Balkon.

Christoph reagiert ziemlich nüchtern: «Na, dann kommst du sicher auf deine Kosten. Wie ich die Frauen kenne, bevorzugen sie sowieso nur eine oder zwei Stellungen, und die lassen sich auf der Toilette oder auf dem Balkon sicher bewerkstelligen.»

Ich brause auf, denn er hat einen wunden Punkt getroffen.

Aber er setzt gleich noch eins drauf: «Meistens ist es einfach eine faule Ausrede dafür, dass die Frauen nichts ausprobieren wollen. Und es ist schlicht ein Kopfkonzept, wenn sie meinen, sie kommen nur, wenn sie oben sitzen.»

Ich zucke innerlich zusammen, er hat mich ertappt. Während der Kinderkriegzeit bevorzugte ich genau diese Stellung, in der mir ein Orgasmus garantiert war. Ich war jeweils todmüde von den durchwachten Nächten, mochte nicht turnen und erotischen Gefühlen nachrennen, geschweige denn in einer verkorksten Stellung den Orgasmus verpassen. Ich nehme die Frauen in Schutz, hole zuerst tief Luft, denn mein Gegenargument muss jetzt Hand und Fuss haben.

«Weisst du eigentlich, wie schwierig es für eine Frau ist, überhaupt herauszufinden, wie sie kommt? Mit diesem Stuss über vaginale Erotik, mit dem ganzen Pornokram wird die Frau aufs Hoppeln reduziert, und wenn sie nichts dabei empfindet, dann ist sie frigid. Die meisten Frauen sind aber klitoral lustgesteuert und brauchen eigentlich gar kein Glied. Und weil das den Männern nicht passt, bauen sie eine ganze Schwanzphilosophie auf: Grosse Pimmel bringen es, die Technik bringt es, die Stellung bringt es, und nie geht es dabei um die Frau und ihre Erotikfreuden. Überhaupt wollen die Männer das Unmögliche, nämlich dass Frauen Glut empfinden durch ihr Lustbesteck. Das ist sozialgeschichtlich geradezu schizophren: Frauen dürfen keine sexuellen Begierden haben, so lehrt es das Christentum. So praktiziert es der Islam bis zum Exzess. Warum werden Frauen beschnitten? Die Klitoris, das Genussorgan schlechthin, das den Ständer des Mannes entmannt, wird einfach weggeschnitten. Die Schamlippen werden zugenäht, damit der Mann sie später öffnen kann, wie ein Geschenk zu Weihnachten! Damit ist sichergestellt, dass nur er sie nimmt, und sie empfindet dabei garantiert keine Lust, sondern einfach nur Schmerzen. Das ist die Extremform dieser Lustfeindlichkeit. Es war auch Usus, dass den Frauen für die Hochzeitsnacht ein Nachthemd übergeworfen wurde, in das für den Beischlaf ein Loch geschnitten wurde. Kein Wunder war das Hurenwesen ein reges Geschäft. Hier kauft sich der Mann für Geld Wollust und Geilheit, weil in der ‹normalen Gesellschaft› eine Frau keine Lust empfinden soll. Jene Frauen, die Sexfeuer haben, die Hochgenuss vermitteln, die Begehren mimen, sind zwar heiss begehrt von den Männern. Damit sie aber keine Macht über sie erhalten, werden sie gestürzt – sozial in die schlechteste Stellung gebracht, schutzlos, wirtschaftlich ungesichert und moralisch abgewertet.»

Gut, ich bin von meiner *einen* Lieblingsstellung etwas abgeschweift in die Gender-Vergangenheit. Angriff ist die beste Verteidigung. Christoph fragt, ob die eine Stellung, die Frauen vorziehen, vielleicht etwas damit zu tun hat, dass sie sich darin wohl und gut fühlen und vielleicht sogar schön? Mal überlegen. Ich glaube nicht, dass dies der ausschlaggebende Punkt ist. Ästhetisch betrachtet kann ich mich schöner hindrapieren in einer anderen Stellung: Auf der Seite lässt sich das Gesäss nach hinten schieben, der Bauch wird flacher – in der Missionarsstellung kann ich die Hände nach hinten legen, dann wird der Busen schöner.

«Ich glaube nicht. Das mag bei jüngeren Frauen so sein oder wenn sich das Paar noch nicht gut kennt. Aber mit der Zeit zählen dann auch einmal die harten Fakten: Wie komme ich zum Orgasmus.»

Zum Glück schrillt jetzt das Telefon. Ich packe meine Unterlagen ein. Während er auf eine Verbindung mit Amerika wartet, kopiert er noch rasch den Artikel, drückt mir die Kopie in die Hand und raunt mir zu: «Übrigens, du machst mich wahnsinnig so ganz ohne Unterwäsche», und küsst mich sanft auf die Wange.

Ich bin benommen von dem sanften Kuss, von seinem Blick und der Frage: Wie konnte er das nur sehen?

Ich bin einmal mehr völlig durch den Wind und brauche ein Gespräch über Männer und Sex. José nimmt nach dreimaligem Klingeln ab, und ich frage ihn, welche Typen von Männern es eigentlich gibt in Sachen Sexualität.

José holt sofort und gerne aus: «Es gibt den typischen ‹Ich will dich verwöhnen›-Mann. Das sind dann auch die Männer, die auf den Höhepunkt verzichten, Hauptsache, die Partnerin hat einen! Das sind auch diejenigen, die nach dem Akt fragen: ‹Und, wie wars?›, obwohl sie direkt fragen könnten: ‹Wie war ich?› Die ‹Ich will dich verwöhnen›-Typen sind zweifellos bessere Liebhaber als die Ego-Typen. Bei den Ego-Typen wirkt aber dieses heisse Getue anziehender … Da wird die Frau nicht zur Göttin, sondern zum Objekt der Leidenschaft … Der Mann packt sie und gebraucht sie, wie es ihm passt … Das kann Frauen anmachen … Endlich ein Mann! Da geben sie sich hin und gehören ihm für eine Zeit, oder irre ich mich? Ist es für Frauen nicht scharf, wenn sie sich hingeben und merken, wie der Mann am Ausflippen ist und immer härter und heisser wird?»

«Ja, das kann schon sein», meine ich unsicher und frage weiter: «Und was denkst du über diesen Christoph?»

«Dieser Christoph ist taktisch sooooo gut!!! Und er verkauft sich auch als absoluter Gentleman und Frauenverwöhner … Aber ich bin mir sicher, der ist einfach nur scharf darauf, dass du seinen Milchlikör trinkst!»

Jetzt muss ich laut lachen, und die freche kleine Alé in mir wird wach: «Milchlikör, das klingt gut. Erzähl mir mehr darüber, Baby.»

«Lass dir das gesagt sein von einem Schwanzspezialisten. Der Geschmack der Flüssigkeit kann je nach Nahrung variieren. Wenn Philippe zuerst geleert wurde und er dann viel Süsses trinkt, vor allem Ananassaft, dann versüsst sich seine Milch. Süsse Proteingetränke verfeinern den Geschmack. Alkohol, Zigaretten oder Lauch hingegen können ihn bitter machen … Wenn du also gerne ab und zu natürliche Proteine zu dir nimmst …», jetzt gluckst auch José vor sich hin, «dann sag Philippe, er soll es mal versuchen … Für viele Männer ist es ein absoluter Traum zu sehen, wie seine Partnerin oder, in meinem Fall, sein Partner den absoluten Drang nach dem frisch gepumpten Saft hat und diesen dann auch in den Mund nimmt und trinkt. Und wenn dann ein ‹mhhhmmm, lecker› kommt, dann sind die Männer so richtig stolz und glücklich … Auch das Bespritzen von Gesicht oder Oberkörper macht die Männer heiss …

Eins darfst du nie vergessen: Männer sind visuell gesteuert. Wenn du also das ‹Gib mir deinen Saft›-Spiel machst, musst du darauf achten, dass er sieht, wie du ihn kostest und geniesst. Du musst also dafür sorgen, dass dein Kopf nicht ganz nach vorne geneigt ist und deine Haare das wunderprächtige Bild verdecken ... Wenn du besonders nett sein willst, dann sieh zu, dass er am Bettrand sitzt und du vor ihm kniest, so dass er deinen Körper im Spiegel sehen kann und gleichzeitig von vorne dein Gesicht, wie es konzentriert das Riesenteil reinnimmt und geniesst ... Der Höhepunkt ist dann, wenn er im Spiegel sieht, wie die Frau selbst an sich rumspielt ... Aber gell, Mausi, falls es je mit Christoph dazu kommen sollte, dann pass auf, dass du seinen Milchlikör nicht trinkst, wenn du eine Verletzung im Mund hast. Ich zähle jetzt gar nicht erst auf, welche Krankheiten über das Sperma im Mund übertragbar sind. Also – nur bei Philippe trinken, nicht bei fremden Männern.»

Ich bin erstaunt, ich dachte immer, es gehe nur beim Beischlaf um die Aids- und Safer-Sex-Diskussion. «Wieso?», will ich also wissen. «Aids wird doch nicht via Speichel übertragen?» – «Ich sage dir, ich dachte immer, ich müsse mich gegen HIV und Aids schützen, dabei gibt es noch so viele andere Krankheiten ...» Ich unterbreche ihn sofort: «Wieso sagst du HIV und Aids, das ist doch das Gleiche?»

Aber jetzt wird José richtig sauer und fährt mich an: «Verdammt, Alé, da hat der Staat Millionen ausgegeben für die Stop-Aids-Kampagne, und du hast nichts davon kapiert! Jedes Jahr werden zwei bis drei Millionen investiert, um mit Plakaten, Inseraten, TV-, Kino- und Radiospots darauf aufmerksam zu machen. Vor dem Jahr 2000 waren es jährlich sogar drei bis sechs Millionen. Und du süsse Zwetschge kommst direkt von den Bergen und hast von alledem offenbar nichts mitbekommen!»

Er atmet tief durch, und ich weiss, dass sein «süsse Zwetschge» das Ausrufezeichen hinter seiner Emotion darstellt und er nur noch etwa drei Sekunden wütend auf mich ist. Und wirklich, in ruhigem, sachlichem Ton erklärt er mir: «HIV und Aids sind zwei total verschiedene Dinge: Das eine geht dem anderen voraus. Ohne eine HIV-Infektion kann man nicht an Aids erkranken. Du kannst also einen positiven HIV-Test haben, ohne dass Aids diagnostiziert wird. Acquired Immune Deficiency Syndrome (Aids) ist eine Diagnose, die aus einer Infektion mit einem Virus resultiert, der als humaner Immunschwächevirus (HIV) bezeichnet wird.»

Ich bin platt, nicht nur wegen seines Gefühlsausbruchs, auch weil ich dachte, ich sei belesen und wüsste Bescheid. Aber wenn du im heiligen, trauten Hafen der Ehe gelandet bist oder in einer festen Partnerschaft, dann interessieren dich diese Dinge einfach nicht mehr. Aber wehe, die Hormone packen so eine treue Ehegattin und sie springt mit dem Postboten oder dem Fensterputzer in die Pfanne, dann sollte sie diese Fakten in Sekundenschnelle von ihrer Gehirnfestplatte herunterladen können. «Sorry, José, sei nicht sauer auf mich, ich habe alles vergessen, weil ich dachte, es betreffe mich nicht mehr. Aber bitte, erzähl weiter, was muss man(n) und frau denn sonst noch wissen zum Thema Safer Sex?»

José hat sich schon wieder beruhigt, so ein Gefühlsausbruch legt sich schnell bei ihm, und er holt aus: «Wusstest du, dass auch Chlamydien, die bei Frauen Infektionen im Inneren der Eileiter verursachen, durch oralen oder vaginalen Verkehr übertragen werden? Gonorrhö, wie der Tripper in der Fachsprache heisst, kann zu permanenten Schäden wie Sterilität oder chronischen Schmerzen führen und wird nur durch den Kontakt mit Mund, Penis, Scheide oder After übertragen, es ist also nicht einmal eine Penetration nötig. Auch Syphilis kann bei einer Nichtbehandlung tödlich verlaufen und ist bei oralem, vaginalem oder analem Sex hochgradig ansteckend, wird aber auch über offene Wunden auf der Haut übertragen. Der genitale Herpes ist ein Virus, für den es keine Heilung gibt und der immer wieder ausbricht. Dann erscheinen die Herpesbläschen an intimen Hautstellen oder im Schleimhautbereich. Gefährlich wird dieser Virus bei einer Schwangerschaft. Beim humanen Papilloma-Virus (HPV), der Genitalwarzen verursachen kann, geschieht die Übertragung durch vaginalen, oralen und analen Sex. Hepatitis B greift die Leber an und wird durch infiziertes Sperma, Scheidenabsonderung und Speichel übertragen. Da reicht sogar die Verwendung der gleichen Rasierklinge oder der gleichen Zahnbürste für eine Ansteckung.»

Ich kriege meinen Mund nicht mehr zu. Einerseits, weil José alle diese Begriffe kennt und mühelos aufzählt, andererseits, weil ich den Gefahrenpool all dieser Krankheiten einfach nicht kannte! José nützt mein Staunen aus und plappert weiter. Ich unterbreche ihn und wage zu fragen: «Aber was ist denn, wenn sich die Frau ekelt vor dem Milchlikör, egal wie viel Ananas der gute Mann vorher getrunken hat? Wenn sie solche Säfte nicht mag, und der Mann will aber, dass sie trinkt?» – Jetzt habe ich José auch einmal zum Nachdenken gebracht. Es entsteht eine Pause. Dann endlich kommt seine Antwort: «Ist doch eigentlich okay, wenn sie nicht will. Ich bin überzeugt, dass die wenigsten Männer ihr eigenes Sperma je probiert haben, und wenn so ein Mann darauf besteht, dass sie trinkt, kann sie ja zu ihm sagen: ‹Du zuerst!› Da hätte sie ein gutes Argument in der Hand.» Wir quatschen noch über dies und das, und alles tut mir gut. Kaum habe ich aufgelegt und fühle mich wieder wie mich selbst, piepst mein Handy, und ein SMS erscheint:

Komm zu mir, ich halte es nicht mehr aus ohne dich. Christoph.

Das Letzte, was ich nun machen darf, ist zu ihm gehen. Alé, besinn dich, der Mann gefällt dir doch gar nicht. Du hast es zurzeit so genial mit Philippe. Und du bist in der fertilen Phase, du bist hungrig nach Berührung und Leidenschaft und Abenteuer und nach Sex, und dein Hunger ist so gross, dass ein Mann allein es nicht schafft, dich ruhig zu halten. Wenn du da hingehst, dann bist du verloren. Der wird über dich herfallen, und du kannst nicht nein sagen. Du darfst nicht hingehen!

Lea kommt nach Hause, wir essen zusammen Früchte. Ich schicke sie auf den Spielplatz, stürze mich in meine Sportklamotten und habe nur noch einen Gedanken: rennen, schwitzen, vergessen. Und während der Schweiss über meine Stirn perlt und meine ganze Lust in kleinen Tröpfchen verdampft, werde ich innerlich wieder ruhig. Hey, das war wirklich knapp.

Ich dusche noch schnell und bringe Lea zum Tennis. Der Tennisplatz liegt nur ein paar Schritte neben Christophs Büro. Der Sommer hat Einzug gehalten, in den letzten paar Stunden ist die Hitze förmlich aus allen Ritzen gekrochen. Ich gehe während Leas Tennisstunde einkaufen. In der Bäckerei sehe ich den Tiefkühler mit selbst gemachtem Eis. Ehe ich denken kann, schreibe ich ein SMS:

Bist du noch im Büro, bringe dir Eis.

–

Sorry, schon losgefahren.

Auch gut, Alé, sogar sehr gut. Fast hineingetappt in die Falle. Gut so, Abstand, Ruhe, Ruhe, Ruhe.

Die geile Sau

Als Lea im Bett ist, gehe ich den Wäscheberg an, aber bei der zweiten Socke stinkt es mir. Ich werfe einen Blick in meine Mailbox, und auf einmal habe ich eine Idee. Ich suche mit Google nach dem Stichwort «female masturbation» und werde fündig. Detailliert wird erklärt, wie Frauen masturbieren können. Kleine Fotos und noch kleinere Filme zeigen die Griffe. Mich erstaunt, dass die Frauen im freien Raum liegen, stehen oder knien und sich ziemlich aufwändig mit Hilfsmitteln ausstaffiert haben. Seien es Gurken oder sonstige Gemüse, Vibratoren oder Flaschen. Aber sie streicheln sich auch und küssen sich selbst, schlecken sich und halten die Augen geschlossen, weil sie dabei wohl einen inneren Film ablaufen lassen.

Ich denke wieder an Sandrines Selbstlieberitual. Ist heute der Abend dazu? Ich habe in meinem Leben nur wenige Male masturbiert. Als ich in der Pubertät war, habe ich es einmal versucht, wusste aber nicht, worauf ich achten muss. Erst als ich nach Frank ein paar Monate alleine war, überkam es mich eines Abends, und ich rubbelte hastig an mir herum, bis ich kam. Seit ich mit Philippe zusammen bin, habe ich es mir nur ganz wenige Male selbst gemacht. Ich hielt es für eine Verschwendung und wollte meine erotische Sehnsucht lieber für ihn aufheben.

Ich fühle mich animiert von diesen Informationen im Internet und gestehe mir ein: «Ja, ich habe sexuellen Überdruck und keine Geduld, auf Philippes Heimkehr morgen Nacht zu warten». Ich hole meinen iPod und lasse eine Musik laufen, die mich in Stimmung bringt. Vor dem Spiegel ziehe ich mich aus und erfreue mich an meinem Körper. Meine Brüste sehen toll aus. Ich finde mich selbst sehr sexy. Ich beginne zur Musik zu tanzen und öffne die Haare. Ich stelle mir vor, dass ich auf der Bühne an einer Stange tanze, unten im Publikum sitzen wichtige Professoren und Männer von Rang und Namen, und bei meinem Anblick sinkt ihnen ihre ganze Intelligenz in die Hose.

Ich tanze und berühre mich überall. Ich greife nach verschiedenen Stoffen aus meinem Wäschekorb, probiere sie auf meiner Haut aus. Dann gehe ich ins Bad. Dort hängt mein sonnengelber Frottébademantel. An ihn drücke ich mich wie an einen Mann, oh ja, das gefällt mir, der raue Stoff streift meine Brüste und erregt sie. Ich verwöhne mich mit Finger und Zunge, tanze mich in eine Lusttrance hinein, und irgendwann komme ich. Nicht wie das letzte Mal mit dem Vibrator, gezielt zwei Minuten Durchlauf. So ein kurzes Aufbäumen für den schnellen, unkomplizierten Energieabbau, und erledigt ist es. Nein, ich habe mir richtig gutgetan, ich habe mich verwöhnt und jede unstimmige Bewegung sofort gestoppt, habe spielerisch herausgefunden, was mir gefällt und was nicht. Eine ganz neue Erfahrung: Ich kann mir selbst mit Masturbation etwas Gutes tun, ich kann mich verwöhnen, und ich kann mit mir selbst Sexualität geniessen. Und dies nicht unter der Decke oder in einer Ecke, sondern mitten im Raum und mit allem Luxus.

Am nächsten Morgen erhalte ich endlich wieder einmal ein SMS von Sandrine. Wie habe ich sie vermisst in der Lavahitze dieser Glutwüste, durch die ich so einsam und mit Schuldgefühlen befrachtet wandere.

Wir treffen uns zu einem Spaziergang, sie sieht umwerfend aus in dem grasgrünen T-Shirt und den braunen Jeans. Arm in Arm wandern wir durch den Wald, und ich erzähle ihr haargenau alles, was ich erlebt habe, beschreibe ihr all meine Gefühle. Mein Selbstlieberitual bringt sie zum Lächeln. Eine solche Freundin zu haben, der ich alles erzählen kann, ist wie Balsam für meine geschundene Seele. Während ich ihr erzähle, merke ich, wie stumm ich das alles sonst in mir trage und den aktiven Vulkan vor allen verstecke, auch vor Philippe, der nur merkt, dass ich häufiger für Sex zu haben bin. Ich ersticke meine Unrast, meine aufgebrochenen Sehnsüchte im Keim, halte immer noch fest an den alten Treueregeln und anerkannten Gesellschaftsnormen.

Sandrine wird nachdenklich. Das erkenne ich daran, dass eine steile Falte von ihrer linken Augenbraue zur Stirn hochschiesst. «Frauen dürfen keine Lust und keine Leidenschaft haben. Das ist einfach nicht anerkannt, das merke ich jedes Mal, wenn ich mich mit einem Mann einlasse», meint sie leise. «Ja, wie kommt es eigentlich, dass Frauen offenbar nur wählen können zwischen Mutter Maria und Hure?», frage ich sogleich nach. Sandrine lächelt wieder und erzählt mir folgende Geschichte. Sie nennt sie die Geschichte von der geilen Sau.

«Einmal hatte ich rattenscharfen Sex mit einem Kopiloten. Er kam in mein Hotelzimmer, als ich gerade in der Badewanne lag, er fiel förmlich über mich her, steckte mir den Finger unten rein – das machen übrigens die meisten Männer in den ersten fünf Minuten einer erotischen Begegnung, und ich frage mich jedes Mal, für wen sie das machen – für mich ganz bestimmt nicht! Aber ich schweife ab. Ich küsste ihn und riss ihm die Hose runter, alles von der Badewanne aus, und blies ihm einen, und während er kam, stöhnte er vor sich hin: ‹Du geile Sau, du geile Sau.› Und das löste so einiges in mir aus!» – «Ja, das kann ich mir denken», sage ich kopfschüttelnd, und Sandrine fährt fort: «Ich kenne diese Bezeichnung von früher. Die geilen Säue waren Frauen oder ältere Mädchen, die mit den Jungs Dinge anstellten, die irgendwie ausserhalb meiner Reichweite lagen.

Ich war damals 14 Jahre alt und hatte von Sexualität und von meinem eigenen Körper nicht viel Ahnung. Ich spürte nur, dass die Jungs von den ‹geilen Säuen› schwärmten, was mich neidisch und eifersüchtig machte und total unter Druck setzte, mehr zu bieten, als was ich eigentlich konnte. Gleichzeitig merkte ich aber auch, dass sich dieses Schwärmen der Jungs lediglich auf ihren eigenen Lustgewinn beschränkte. Und als einmal eine dieser ‹geilen Säue› schwanger und dann sitzengelassen wurde, war allen klar, dass *so eine* nichts anderes verdiente. Die Schwärmerei ging also mit einer extremen Geringschätzung einher, ja sogar mit Verachtung.»

«Du hast recht, ich kenne auch solche Geschichten. Meine geile Sau von früher hiess Viola. Aber erzähl weiter.»

«Und auf einmal bin *ich* jetzt also die geile Sau – also eine Frau, die sexuell freizügig ist und andere befriedigt, und damit habe ich keine Probleme, gleichzeitig muss ich aber mit extremer Geringschätzung rechnen – und das fährt mir in die Knochen. Und es hat mir ziemlich zu schaffen gemacht. Ich will nicht *so eine* sein. Verstehst du das?»

«Klar verstehe ich das! Mir würde es genau gleich ergehen. Was hast du nach seinem Orgasmus gemacht?»

«Manchmal ist es einfach gut, wenn die Frauen älter sind als die Männer. Der Kopilot war etwa acht Jahre jünger als ich. Jede andere Frau hätte sich jetzt zurückgezogen, wäre beleidigt gewesen und hätte von ihm eine Entschuldigung für den Ausdruck ‹geile Sau› verlangt. Aber ich analysierte es einfach still für mich. Während ich aus der Badewanne stieg, staunte ich darüber, wie ein einziges Wort – hätte er geile Maus, geile Frau, geile XY gesagt, wäre ja nichts passiert – mich auf einmal zu einer Vierzehnjährigen machte und mich in ein uraltes Frauenbild aus der christlichen Tradition zurückwarf. Denn da liegt der Hund begraben.»

Ich denke sofort an die Mutter Maria und muss meine Gedanken dazu einfach loswerden: «Genau, Frauen sollen nämlich Mütter sein wie Mutter Maria. Frauen sollen nicht unbedingt Lust empfinden, denn die ist für die Fortpflanzung nicht nötig, sie ist nur für den Mann und dessen Erektion wichtig. Wenn Frauen erotisch sind und Spass an sich und ihrer Sexualität haben, wird es für die Kirche gefährlich, dann machen die Frauen nicht mehr, was man(n) von ihnen will: Demut, Zudienen, Keuschheit und der ganze Quatsch. Das weiss ich ja jetzt von Christoph, dass die Hormone da eine eigene Choreographie für den Sextanz haben. Kein Wunder, haben die Männer Angst davor, die Kontrolle zu verlieren. Deshalb müssen Frauen, die ihre Lust ausleben, bestraft werden: Hexen werden verbrannt, Freizügige geächtet.»

«Ja, du hast recht. Aber da war noch etwas. Der Kopilot war verheiratet. Und warum hatten wir eine Affäre miteinander? Weil er zu seiner Frau nie sagen würde: ‹Du geile Sau!› Weil er dem Kirchendogma auf den Leim gekrochen ist und seine Frau in dem Moment, als er sie in der Kirche geehelicht hat, einen neuen Status bekommen hat: verheiratete Frau, potentielle Mutter, aufgenommen im Kirchenclub, Sex also nur noch für Fortpflanzung erlaubt. Und wenn sie dann erst Mutter geworden ist, bekommt sie den Heiligenschein und ist ab sofort sexuell unattraktiv für ihn.»

Sandrine hält inne. Ich warte geduldig, dann fährt sie fort: «Seine Frau ist also die Mutter Maria, und ich bin die Hure. Die klassische Zweiteilung. Mutter Maria wird geheiratet und verehrt als die Mutter seiner Kinder. Die Hure wird tüchtig durchgebumst und die ganze Geilheit an ihr ausgelebt. Und um nicht in Versuchung zu kommen, mit der Hure ein tolles, lustbetontes Leben zu führen, braucht es die Abwertung und Geringschätzung ihrer Freizügigkeit. Der Inbegriff dieses psychologischen Abwehrmechanismus ist dann die ‹geile Sau›.»

«Und das alles ist dir klar geworden, während du aus der Badewanne gestiegen bist?», frage ich Sandrine bewundernd. Wow, diese Frau hat Köpfchen.

Natürlich überprüfe ich ihr Modell sofort an mir selbst. Für mich existiert diese Zweiteilung nicht. Ich führe mit Philippe ein befriedigendes Liebesleben. Ich bin ja sexuell nicht gerade unterbelichtet. Und trotzdem sehne ich mich nun nach Christoph. Vielleicht genau deshalb, weil ich einfach einmal eine geile Sau sein will. Skrupellos und voller Macht. Denn in diesem Moment der Lust habe ich die Männer im Griff. Sie sind mir restlos ausgeliefert in ihrer grenzenlosen Gier. Und ich fröne meiner Fantasie, eine Domina zu sein, welche die Männer nach ihrer Pfeife tanzen lässt. Um solch verrückte sexuelle Fantasien mit einem Mann auszuleben, braucht es wohl Christoph, denn Philippe würde mich nie so behandeln wie ein Mann, der mich als Hure, als geile Sau, braucht. Philippe ist schliesslich mit mir verheiratet und schätzt und ehrt mich, und er würde darauf bedacht sein, dass auch ich auf meine Kosten komme.

Als hätte Sandrine meine Gedanken gelesen, meint sie lakonisch: «Ja, manchmal braucht es einen Kopiloten für ein Machtspiel. Meiner kam und nahm und ging in einem Tempo, dass selbst die Discoblitze neidisch werden könnten. Und ich habe mich ihm angeboten und bin gleichzeitig die Chefin geblieben. Obwohl ich in die Knie gegangen bin und seinen Blütenstempel in meinen Mund genommen habe, habe ich ihn mit meiner Zunge dirigiert. Und bei dem Ganzen habe ich ihn nicht an mich herangelassen. Er hat zwar meinen Körper berührt, er ist in mich eingedrungen, mit seinen Fingern und mit seiner Zunge, mit seinem Zauberstab, aber mein Innerstes, mein Herz, meine Seele, mein Denken, ist unangetastet geblieben, wie unter einer Glasglocke. So habe ich begriffen, dass Prostituierte ihren Körper anbieten können, ohne dass ihr Innerstes davon berührt wird. In meinem Herzen sind ganz andere Menschen, meine Eltern, meine Freunde und Freundinnen, du, liebe Alé. Dieser Kopilot war nur mein Liebhaber, er hatte darin nicht einmal einen Platz in den hintersten Rängen. Ich habe ihm gegenüber wohl dieselbe Geringschätzung empfunden, wie sie die Männer der geilen Sau gegenüber empfinden. Und als ich das begriffen hatte und sich herausgestellt hatte, dass ich sexuell nicht speziell auf meine Rechnung kam, habe ich die Beziehung aufgelöst, sprich, ich habe mich einfach nicht mehr gemeldet, so einfach geht das mit Liebhabern.»

Mein Handywecker klingelt, leider ist es schon wieder Zeit für mich, Lea von der Schule abzuholen. Zum Glück hat sie viele Hausaufgaben, und nach einem kurzen Imbiss kann ich mich weiteren Recherchen widmen. Das will ich nun noch genauer wissen! Die geile Sau und Mutter Maria, das ist ein etwas einfaches Modell. Ich stosse auf einen schönen Artikel über die Geschichte der weiblichen Jugend. Was mir bei der Lektüre klar wird, ist dann aber die Geschichte der weiblichen Sexualität.

Bis ins 20. Jahrhundert hatten Frauen im deutschsprachigen Raum rechtlich keinen Erwachsenenstatus. Bürgerliche Frauen blieben in einer Art Kindstatus, unmündig. Zuerst waren sie abhängig vom Vater, der natürlich auch eifrig die Sexualität des Mädchens kontrollierte, dann ging es direkt via Heirat zum Ehemann, der wiederum die Sexualität der Frau definierte. Es war also klar, dass junge Frauen und Mädchen ihre Sexualität aufzuschieben hatten, bis sie den dafür legitimen Status der Ehe erreichten. So wurden sie lückenlos beaufsichtigt und kontrolliert.

Also jahrhundertelange Enthaltsamkeit. Keine eigene sexuelle Meinung! Geprägt vom männlichen Verhalten.

Erst in den 60er und 70er Jahren kam die sexuelle Aufklärungs- und Liberalisierungswelle. Die Mädchen mussten nicht mehr auf Sexualität verzichten, aber sie hatten auch nicht genügend gut gelernt, nein zu sagen. Sie mussten keinen Körperpanzer mehr tragen, aber sie wurden dominiert von den Sexualvorstellungen der jungen Männer.

Erst seit wenigen Jahren haben die Mädchen die Chance zu entscheiden, ob, wann und wie sie sexuell aktiv werden wollen. Das können sie nun aushandeln. Inklusive der Safer-Sex-Diskussion. Aber diese Gespräche passieren nicht von alleine, die Mädchen müssen darum kämpfen, und die Wünsche und Praktiken der männlichen Partner dominieren weiterhin.

Diese jahrhundertelange Abstinenz von weiblicher Sexualität hat Auswirkungen auf die junge Frau. Der Moralbazillus vom «Sich-Aufbewahren» ist in jedem weiblichen Hirn eingenistet, und es braucht viel, um diese Vorstellung als christlich dominiertes Kontrollverfahren über die weibliche Sexualität und damit verbunden die Vermögensverwaltung und Erbgeschichte zu entlarven. Denn die Kontrolle über die weibliche Sexualität ist die einzige Möglichkeit sicherzustellen, dass das Erbe an den «wahrhaftigen» Erben weitergeht. Ich muss mir ja immer ins Fäustchen lachen, wenn ich die Zahlen lese: 10% aller Kinder sind nicht diejenigen des dazugehörigen Vaters, sondern Kuckuckskinder, die er aufzieht. Ihr Gene stammen aber nach einem Seitensprung von einem Liebhaber! Christoph hat das die Suche nach dem besten Genmaterial genannt.

Ich verstehe jetzt immer besser, weshalb die weibliche Energie nicht einfach so durch die aufknospenden Körper wallt und warum junge Frauen nicht einfach lustvoll und experimentierfreudig mit ihren Körpern umgehen können. Ich sehe es in jeder Zeitung, in jeder Werbung, in jedem Film: Die männlichen Sexualideen sind omnipräsent. Penis, Orgasmus, sexuelle Leistung. Manchmal noch mit Zuneigung als Geschenkpapier und «Zärtlichkeit» als Schleife verpackt. Aber weibliche Sexualität und weibliche Fantasien sind schlichtweg inexistent!

So gesehen sind Sandrine und ich nicht auf dem Holzweg. Wenn die weibliche Sexualität erst seit vierzig Jahren nicht mehr verdammt, unterdrückt, kontrolliert und manipuliert wird, wenn meine Generation noch Mütter und Grossmütter als Vorbilder hat, die ihre sexuelle Entdeckungsreise nie angetreten haben oder durch Mauern, Barrikaden und moralische Geboten, in ihrer sexuellen Entwicklung und Entfaltung gehemmt, verunglimpft und ausgebremst worden sind: Woraus sollen die Frauen denn ein sexuelles Selbstbewusstsein entwickeln? Wie ihren Sinnen freien Lauf lassen? Sich spüren, sich entdecken, ihre Bedürfnisse erkennen und in Worte fassen? Ein langer Weg also noch, ein harziger Weg, und ich kann nur hoffen, dass Lea ihn leichter gehen wird als ich und meine Vorfahrinnen.

Wer ist oben, wer unten?

Das ganze Wochenende liegt vor mir. Lea ist heute an einer Geburtstagsparty, Philippe rumort in seinem Hobbyraum, obwohl draussen die Sonne herzerweichend vom Himmel strahlt. Ich müsste endlich einmal die Gardinen waschen, und der Gemüsegarten, den ich in einem Anflug von Grössenwahn und Leichtsinn angelegt habe, auf dem schmalen Stück Garten, das unsere Parterrewohnung mit Terrasse schmückt, lechzt nach Jäten, Säen, Giessen, Umstechen. Aber in mir schläft der faule Hund, ausserdem wartet am Montag ein wichtiger Interviewtermin auf mich. Endlich wieder einmal eine spannende Story. Nachdem ich der Redaktion die Spermiengeschichte serviert hatte, bin ich wohl zur Sexexpertin ernannt worden. Am Montag ist die Lebensgeschichte eines Ex-Zuhälters dran. Ein Andreas Marquardt, der ein Buch über sein Leben schreibt, das prompt zum Bestseller wird. Und weil ich gerne gut vorbereitet hingehe, nehme ich es, werfe mich unter dem Sonnenschirm auf den Liegestuhl und beginne zu lesen. Atemlos, berauscht, geschockt.

Allerhand, dieses Prostituierten- und Milieubusiness. Der Zuhälter, der von seinen Eltern gewalttätig behandelt und sexuell missbraucht worden war, beschreibt schonungslos und detailliert, wie frau zur Hure wird. Da ist zum einen wenig Selbstbewusstsein im Spiel und zum andern die Liebe zu dem einen Mann. Für ihn macht sie alles: Kredite aufnehmen, sich verschulden und dann zwecks Schuldenabbau auf den Strich gehen. Wenn die Frau so weit ist, wird sie «zugeritten». Er zeigt ihr alle Tricks und gibt ihr Tipps, steht die ersten Monate neben ihr im Gebüsch, macht seine Notizen. Und nach der

Schicht wird ausgewertet. Bei diesem Freier überzogen, dort schlecht angemacht, bei dem den falschen Griff gewählt. Und auch wenn die Frau nach durchzechter Nacht todmüde ist, sie muss ihm, dem geliebten Mann und Zuhälter zugleich, auch noch zeigen, wie es richtig geht. Nach drei Monaten kennt er ihre Stärken und Schwächen, dann bekommt die Frau ein Profil. Wurde sie vorher mit den gängigen Nuttenkleidern ausgerüstet (die Lackstiefel kaufte er jeweils en gros ein wegen des Mengenrabatts), bekommt sie jetzt ein Markenzeichen, ganz gemäss ihrer Stärke. Die Kollegiale, die Bestie, die Scheue. Und dementsprechend werden nun die Kleider ausgewählt. Natürlich meint diese eine Hure, sie sei die Einzige, *the only one*, die das für ihn macht. Und sie ahnt nicht, dass es noch zehn andere gibt. Ein Lügennetz aus Ausreden, Täuschungen, falschen Versprechungen («Wenn wir den Kredit abgezahlt haben, reisen wir nach Hawaii und haben Kinder») umgarnt die Frau.

Mir ist echt zum Kotzen, so sehr widert mich diese Ausbeutung und Herabwürdigung der Frau an. Doch er, der Zuhälter, ist selbst ein Opfer von brutaler Entwertung. Sein Vater, der ihm die Hand fünf Minuten lang quetscht, seine Mutter, die ihn als Männerersatz missbraucht, ihm seine Kindheit stiehlt, ihn in Scham und Schande versinken lässt.

Und schon wieder bin ich beim Thema «Macht» angelangt, ich kann es wohl nicht ändern, die Frage stellt sich mir immer wieder: Wer ist oben, wer ist unten? Wer hat das Sagen, wer hat zu dienen? Sex hat etwas mit Macht zu tun! Ich gebe mich geschlagen, Sex ist nicht einfach Sex, Sex ist die Geliebte der Macht. Bei den Extremversionen von Sex wird es offensichtlich: Der Zuhälter ist der Mächtige, die Hure ist ihm unterlegen. Die Hure wiederum ist den Männern aber im Moment von deren Geilheit überlegen. Sie hat ihn im Griff, den verklemmten, angespornten Buchhalter, der jeden Freitagabend schnell den Bogen über die entsprechende Strasse macht und sich von ihr einen blasen lässt, weil seine Frau ihn nicht mehr ranlässt. Also auch er unten: Obwohl er der zahlende Kunde ist, hat die Prostituierte Macht über seine angestaute Lust. Und auch seine Frau zu Hause hat Macht über ihn, wenn sie sich ihm verweigert. Er wiederum lässt seine Unterlegenheit und seinen Frust an der Sekretärin aus, wenn er sexistische Bemerkungen über sie macht. Sie bringt den Kaffee für ihn und seinen Assistenten herein, und während sie zur Türe geht, meint er herablassend: «Mit dem Arsch sollte sie lieber woanders arbeiten gehen», oder er drückt sich verbal differenzierter aus und meint, die Augenbrauen hebend und mit vielsagendem Blick: «Immer arbeiten und keinen Spass?» Sie wiederum spürt, dass sie zum Sexobjekt erniedrigt wird, dass ihre Arbeit als solche nicht gesehen und gewürdigt wird und dass sie längst Chefsekretärin wäre, hätte sie mehr Busen und wäre sie zu mehr bereit. Und deshalb lässt sie am Abend in der Bar die Anmache eines Bier trinkenden Mannes eiskalt an ihrer Schulter runterrutschen, und er steht blöd und dumm da. Jetzt ist sie wieder die Gewinnerin. Und so könnte das Spiel endlos weitergespielt werden.

Ich glaube aber, dass die Männer einfach am längeren Hebel sitzen. Sie haben die einflussreichen Posten inne, die Stellen, wo über Geld und Macht entschieden wird. Sie überfluten die Welt mit ihren Wunschvorstellungen, so lange, bis sie ihren Anteil real bekommen haben. So lächeln uns von den Plakatwänden hübsche Girls entgegen, mit viel nackter Haut, eine Werbung für Darmkrebsvorsorge zwar, aber das ist nicht relevant. Sie vermittelt die Nachricht an die Frauen: Seid hübsch, schlank, geschminkt, halb nackt und willig. In der Printwerbung wird fast jeder Gegenstand sexualisiert. So klirren zwei Wodkaflaschen, eine helle und eine dunkle, aufeinander, und das feuchte Nass in Tropfenform vereint sich in der Luft. In der Kinowerbung kriegt die Frau fast einen Orgasmus, während sie den Kaffee braut, dessen braune Flüssigkeit sich im Zeitlupentempo mit etwas Milch mischt. Wenn sie dann die Tasse an ihren halb geöffneten, rot geschminkten Mund führt, entfährt ihr ein tiefer Seufzer, der ziemlich viel Ähnlichkeit mit echtem Stöhnen hat. Dass auf den Autos halb nackte, vollbusige, blonde Frauen rumliegen wie in den Strandferien ist sowieso selbstverständlich.

We are oversexed, but underfucked. Traurig, aber wahr. Denn stimuliert von so viel präsentierter Nacktheit und Geilheit, werden Erwartungen aufgebaut, die in der Realität nur teilweise erfüllt werden. Ich glaube sogar, eine grosse Lustlosigkeit breitet sich allmählich aus. Eine Überforderung von so viel fremdbestimmter Sexfantasie, die einerseits plakativ und stereotyp daherkommt und andererseits jede Lust auf die eigene Lust nimmt.

Ich kann mich als Frau gut in Frauen einfühlen. Es ist einfach scheisse, sich solche Werbung anzusehen und zu wissen: *Das ist sexy*. Diese 08/15-Frauen: gross, superschlank, vollbusig, langbeinig, langgliedrig, symmetrische Gesichtszüge, volles, langes Haar, gepflegte Hände und Füsse, vollenthaart, zirka fünfzehn Kilo leichter als ich, sie sind SEXY und begehrenswert. Was bin denn ich? Keine vernünftige Frau hat die Zeit, sich um dieses perfekte Äussere zu kümmern. Das sind einige Stunden pro Tag, die für Friseur, Kosmetikerin, Pediküre, Maniküre und natürlich im Fitnesscenter draufgehen. Man(n) könnte daraus sogar einen neuen Beruf machen: *Sexwoman.* Da gehört natürlich auch die Auswahl der Oberbekleidung (knapp, scharf, anreizend) und der Unterbekleidung (weniger ist mehr) dazu. Kurzum: ein Niveau, das die wenigsten Frauen erreichen können, schon aus zeitlichen und finanziellen Gründen nicht. Aber wenn diese stereotypen Frauen schön und sexy und begehrenswert sind, dann bin ich, sind all die anderen Frauen nicht mehr relevant. Wir können also sofort die Koffer packen und ins Exil gehen.

Die Realität ist aber – und hier kommt die Macht der Frau ins Spiel, da sitzt sie nun am längeren Hebel –, dass all die Männer ja nicht immer mit derselben Frau auf der Plakatsäule ins Bett gehen. Und dass diese ja notabene im wirklichen Leben gar nicht so aussieht wie auf dem Bild, denn der Computer hat hier wirklich tolle Wunder vollbracht: die Beine in die Länge gezogen, die Zähne gebleicht, den Haaren einen Rot-Ton verliehen. Ausserdem würde diese Frau sich ja wohl hoffentlich nicht zufrieden geben mit Peter und seinem Bierbauch, mit Hans und seiner Halbglatze, mit Freddy und seinem unangenehmen Knoblauchatem. Nein, der Peter hat seine Trude und der Hans seine Frieda und der Freddy seine Geraldine.

Und da haben wir den Salat. Trude, Frieda und Geraldine sind extrem frustriert. Sie sehen nicht so aus wie die wunderschönen Plakatnixen, sie fühlen sich unattraktiv, übergewichtig und zudem ungeliebt. Also ziehen sie sich in ihr Schneckenhaus zurück: in die heile Welt mit ihren Kindern, ihren Hobbys und ihrem Zuhause. So erziehen sie mit Inbrunst, dekorieren für Weihnachten und backen Plätzchen, denn da macht ihnen niemand etwas vor.

Und Peter, Hans und Freddy? Die sind auch oberfrustriert. Kaufen sich zuerst Pornoheftchen, in denen die Frauen immer Sex wollen und fast umkommen vor Begierde und Lust. Dann kommen die Pornofilme, deren Titel schon vielversprechend sind: *18 girls, die nächste bitte – Extrem gefickt: 24 h geil – Versaute kleine Betrügerinnen – Flight No 69: die Fick-air – Sex dating: sexgierige Luder suchen Schwänze.* Darin ist meist alles extrem gross, vor allem die Schwänze und Brüste, und die Frauen sind Luder, sexgierig, willig und versaut. Ein Paradies für die drei Alltagshelden. Und wenn sie Märchen mögen, werden sie auch ihre Freude haben an Titeln wie: *Aladin und die wunde Schlampe, Schneeflittchen, Dornmöschen, Alice im Ständerland, Arielle, die Nicht-mehr-Jungfrau, Bambi im Land der geilen Böcke.* Sind sie Kinofreaks, freuen sie sich über *American Fickboxer, Auf dem Highway sind die Schlampen los, Bananenfick in Mosambik, Blair Bitch Project, Bonnie in Clyde* etc. Aber der Titel ist ja nicht relevant. Früher hat sich die Pornoindustrie noch die Mühe gemacht, eine Geschichte zu erfinden. Jetzt, im Zuge der grossen Internetkonkurrenz, wird alles «in one shot» gemacht, also Wertschöpfung auf allen Ebenen. Es gibt sogar den Fachbegriff «multi-level exploitation», der umschreibt, dass einerseits Fotos geschossen werden, gleichzeitig ein Film gedreht wird und kleine Filme gemacht werden für den MMS-Content. Was früher die Geschichte war, ist heute das Motto: grosse Titten, Lesbenshow, Analsex in extenso, Gruppensex etc. Aber egal, in den Filmen laufen immer die gleichen stereotypen Handlungen ab: Paare, die sich wie Hasen paaren, hoppelnd und kopulierend in den wildesten Stellungen, wobei auffällt, dass die Frau immer wieder verführerisch in die Kamera lächelt und sich neu hindrapiert in eine ungemütliche Stellung, sich noch etwas mehr in den hohlen Rücken wirft, den Kopf noch etwas weiter nach hinten legt, noch lauter und intensiver stöhnt, die Zunge als Zeichen ihrer unerschöpflichen Geilheit noch weiter aus dem Mund streckt – während die Brustwarzen, diese untrüglichen Merkmale wahrer Lust, bloss gemütlich in der Luft wippen. Die Frau als Beweis für die männliche Macht in Grossaufnahme, Nahaufnahme, Detailaufnahme, der Mann reduziert auf seinen Machtstab: den Schwanz. Und als Beweis der Männlichkeit wird sichtbar ejakuliert! Nicht in der Frau drin, wo niemand sieht, dass der Mann seine Männlichkeit bewiesen hat, sondern immer sichtbar: Er spritzt ihr ins Gesicht, auf ihren Busen, auf ihren Arsch, wohin auch immer, die Welt soll das Produkt von Maskulinität, Power und Macht sehen!

Ja, so muss es sein, denken die drei, und sie verstehen die Welt nicht mehr, wo es solche Frauen einfach nicht gibt. Aber halt, es gibt sie schon. Der Zuhälter hat sie dafür ausgebildet, dass sie sich genauso verhalten wie die Frauen in den Filmen und in den Heften, zu allem bereit, stets willig und unendlich lustvoll. Obwohl es zum Spiel gehört, dass Prostituierte den Männern das Gefühl geben, sie seien die besten Sexhirsche überhaupt, wissen die Männer in der Sekunde nach ihrem Orgasmus: alles gespielt. Dann zahlen sie und preschen davon, mit einem bitteren Nachgeschmack, denn wer will schon ein Schauspiel erleben? Auch sie wollen *echte* Leidenschaft.

Also wieder ein Kreislauf der Macht. Oben versus unten. Geben versus nehmen.

Stellen wir uns doch die Welt einmal anders vor. Trude, Frieda und Geraldine sind zwar nicht die Schönsten, aber jede hat ihre interessanten Eigenarten, und auf diese sind die Damen stolz. Sie messen sich nicht an blöden mageren Zicken und Hühnern, sondern essen gerne mal ein Eis, und während sie es schlecken, denken sie genüsslich an die Heimkehr ihres Ehemanns. So überfällt Trude ihren Peter schon im Flur, und während die Kinderlein, frisch geduscht und schon gefüttert, noch das Gutenachtgeschichtchen am Fernsehen schauen, drängt sie ihn in die Besenkammer, knöpft ihm die Hose auf und nimmt ihn stehend. Und Frieda räumt die Küche auf und tut so, als wäre nichts, aber wie Hans ins Bett will und ihr schüchtern einen Kuss gibt, küsst sie ihn wild und raunt ihm ins Ohr, wie toll sie ihn findet und was sie sich heute von ihm wünscht, und sie haben guten Sex auf dem Küchentisch. Geraldine ihrerseits hat Freddy per SMS vorgewarnt: «Bin scharf und kann dich mit deinem Riesenteil kaum erwarten!»

Die drei Männer fühlen sich in ihrer Männlichkeit wertgeschätzt und gut, sie sind die tollen Hechte und die starken Hirsche. Und die Frauen erfahren ihre Weiblichkeit und Sinnlichkeit, merken, welch aufregende Wirkung sie auf ihre Männer haben. Sie haben ein erfülltes Sexleben, und wie von alleine kommt am nächsten Tag mal wieder eine Rose oder eine Liebeserklärung in Worten oder sonst ein Zeichen der Verbundenheit. Dumm an der Geschichte ist nur, dass Zuhälter wie mein Interviewpartner in dieser Vision keinen Job mehr haben.

Die Frauen sollten ihre Sexmacht nicht nur in der Verweigerung einsetzen, sondern auch aktiv und ganz gezielt, um etwas zu erreichen. Zum Beispiel meine Nachbarin, die total frustriert ist darüber, dass ihr Mann findet, sie solle bei den Kindern bleiben und brauche kein Auto für die Hausfrauenarbeit, und dass er zudem ihr Taschengeld ziemlich knapp bemisst. Wenn die sich ein wenig geschickt in Pose setzen würde, ihrem Mann mal einen blasen und kurz vor dem Orgasmus genüsslich hauchen würde: «Schatz, wenn ich eben ein kleines Auto hätte, dann könnte ich viel öfter mal in den Sexshop brausen und mich für neue Ideen inspirieren lassen …» – ich bin sicher, sie würde es auch bekommen.

Nun gut, mir ist endgültig klar geworden: Sex hat auch immer etwas mit Macht zu tun. Eine gute These für das bevorstehende Interview.

Dienen, anmachen und blasen

Schon ist es Montag. Natürlich bin ich heute sehr nervös. Schliesslich führe ich nicht jeden Tag ein Interview mit einem Ex-Zuhälter. Was ziehe ich an? Welchen Lippenstift? Was erwartet mich? Ein braungebrannter Typ, Marke Silvester Stallone, muskelgehärtet, dicke goldene Kette um den Hals, Goldzahn, Gel im Haar? Aber nein, der Andy ist klein, kräftig, ungekünstelt. Blaues Hemd und Jeans. Älter, nett, galant. Auch seine Frau Marion begrüsst mich freundlich. Und mit meinem weissen Sommeranzug und dem hautfarbenen Lippenstift liege ich goldrichtig. Und trotzdem: Bin ich im falschen Film? In der gemütlichen Stube bekomme ich ein Glas Wasser serviert, ich richte das Aufnahmegerät ein, und es kann losgehen. Herr Marquardt lächelt mir aufmunternd zu, offenbar ist er die Beklommenheit anderer Leute gewohnt.

Sie sind ein Fachmann auf dem Gebiet der männlichen Sexualität, Sie haben 25 Jahre lang damit Ihr Geld verdient. Wie würden Sie die männliche Sexualität beschreiben?
Na ja, die männliche Sexualität funktioniert zuerst übers Auge: ein schöner Busen, ein Minirock, sexy hochhackige Schuhe, schön geschminkte Lippen, am liebsten mit dunkler Umrandung, weil das dann so toll verrucht aussieht … Und dann natürlich über die Fantasie. Bei einem schön geschminkten Mund stellt sich der Mann sofort vor, wie die Frau mit dem geil umrandeten Mund seinen Schwanz lutscht.

Was sind denn die beliebtesten Männerfantasien?
(Ich staune darüber, wie ruhig und sachlich ich das alles fragen kann.)

Dass die Frau gefügig ist, dass sie ihm dient und beim Sex richtig säuisch redet!

Das ist nun ziemlich allgemein ausgedrückt. Haben denn die Männer zu Hause keine Frauen, die ihnen dienen?
Nein, ganz und gar nicht. Die Frau zu Hause macht all das, was sich der Mann wünscht, nicht. Deswegen gehen die meisten Männer zu Huren, weil die ihre Wünsche erfüllen!

Und warum machen das die Frauen nicht?
Also, wenn ich ganz ehrlich bin, dann sind die Männer ja von Haus aus blöd und dumm. Denn sie reden nicht über ihre Sexualität. Ich meine, es ist nicht gescheit, wenn der Herbert nach zwanzig braven Ehejahren nach Hause kommt, seine Elfriede anrempelt und zu ihr sagt: «So, und jetzt bück dich mal nach vorne, damit ich dich von hinten rammeln kann. Und ich will, dass du dabei schweinisch redest und jaulst und schreist wie 'ne geile Sau!» Da flippt die Elfriede total aus und meint, der Alte sei durchgedreht. Aber wenn der Herbert und die Elfriede sich kennenlernen und bei der Zigarette danach über ihre Wünsche und Fantasien sprechen, dass er sie unten rasieren möchte und dass sie Strapse anzieht, während sie ihm einen bläst, dann ist einfach viel mehr möglich.

Wenn also Frauen und Männer über ihre Wünsche und Fantasien miteinander sprechen würden, dann wäre Ihr Geschäft damals brotlos gewesen?
Ja, wahrscheinlich, zumindest wäre es nicht so gut gelaufen.

Nochmals zurück zu den Männerfantasien. Was haben Ihre Kunden am liebsten gehabt?

Wenn die Frauen ordinär reden, ihm fantastisch einen blasen und dabei reden, ihn mit Worten geil machen. Wenn sie dem Mann das Gefühl geben, die Frau ist eine geile Sau und er hat den grössten und geilsten Schwanz, er ist der absolute König.

Das bringt mich darauf, dass es bei den Frauen ja die berühmte Einteilung gibt: in Mütter Maria und geile Sauen, sprich Huren. Wie sehen Sie das?
(Na ja, das hatte ich so nicht geplant zu fragen, aber mir ist die Unterhaltung mit Sandrine wieder eingefallen, mal sehen, wohin uns die Frage bringt. Herr Marquardt nimmt zuerst noch ein Schlückchen von seinem Kaffee.)

Unbedingt. Zu Hause hat der Herbert seine Elfriede, die führt seinen Haushalt, die putzt, die zieht die Kinder gross, die nimmt er mit an seine Geschäftsessen. Aber dann muss er ins Puff, um seine Sexualität mit einer geilen Sau auszuleben. Auch wenn er zu Hause nicht auf Touren kommt mit seiner Frau und dem lahmen Gefummel. Meine Huren haben dann zu ihm gesagt: Oh Mann, hast du einen geilen Rüssel, komm, spritz mich voll, gib mir deine geile, weisse, heisse Milch, rotz endlich ab, du geiler Schwanz, zeig mir, was in dir steckt, und schwupps, kommt der Herbert in zwei Minuten.

Wollen Sie damit sagen, dass Ihre Huren sogar Erektionsstörungen behoben haben?
Ja, ziemlich oft sogar. Ich habe die Frauen so ausgebildet, dass sie vorher abgecheckt haben, was der Kunde genau braucht. War er ein verklemmter Typ und wollte er eigentlich einfach die geile Sau, dann waren meine Girls die geilen Säue und im Nu war die Sache behoben. Dann gab es aber auch die gestressten Männer, Männer, die Angst vor Frauen hatten, die standen von zu Hause aus unter Druck, hatten Frauen, die viel von ihnen ver-

langten und einen stressigen Job dazu. Diese galt es zu entspannen, zu relaxen mit Sprüchen wie: «Hey, Mann, entspann dich, du musst hier ja gar nichts beweisen, und wenn du nicht willst, dann komm doch morgen wieder, easy, ganz ruhig, du kannst hier einfach relaxen.» Und auch diese Männer haben wieder einen hochgekriegt und wieder gekonnt.

Wie würden Sie denn Ihre Kundschaft einteilen, in welche Männertypen?
Wenn wir von 100 Männern ausgehen, würde ich es so formulieren: 70 wollten die Frauen als geile Huren, 15 wollten die einfühlsame Frau, die anderen würde ich als Psychos oder Perverse einordnen, zum Beispiel solche, die nur mit einer Hure reden wollten.

Was war Ihre Aufgabe, nebst dem Schutz für Ihre Frauen?
Eigentlich war mein Job, die Fantasien der Männer zu bedienen. Ich habe hinter den Büschen gestanden, die Gespräche belauscht, die Frauen gedrillt, den Kunden nachher zu fragen, was gut war, um herauszubekommen, was die Männer wollen. Dann habe ich mit den Frauen besprochen, wie sie den Männern mit Sprüchen demnächst noch mehr Geld aus der Tasche ziehen können.

Und was wollen die Männer?
Vorrang hatten Wichsen und Blasen, weil der Mann da auch was fürs Auge hat. Wichtig ist die Optik der Hure, geil geschminktes Gesicht, lange Fingernägel, die beim Umfassen des Schwanzes so richtig zur Geltung kommen. Der Akt ist eigentlich eher sekundär.

Können Sie da ein Beispiel machen?
Ja, klar, zum Beispiel wichsen die meisten Frauen ihre Männer falsch. Wenn der Mann auf dem Rücken liegt,

dann fassen sie das Ding ganz zart an und nicht mit voller Kraft. Und dann wichsen sie gegen den Bauch. Sie sollen aber eher gegen die Füsse wichsen, das verändert den Druck auch auf die Hoden. Der Mann kommt stärker, spritzt weiter, spritzt vielleicht auch auf die Frau – eine der beliebtesten Sexfantasien von Männern.

Was sagen Sie zu der These, dass Sex immer mit Macht zu tun hat?
(Will ich das überhaupt noch wissen, gerade beschäftigt mich die Frage, ob ich Philippe je richtig bedient habe …)
Ja, das stimmt auf jeden Fall, weil der Mann immer der Jäger und die Frau die Beute ist.

Welche Aussage fällt Ihnen sonst noch zum Thema Mann und Sexualität ein?
Ein Schwanz zwischen den Beinen macht noch lange keinen Mann aus. Früher habe ich gesagt, ein Mann muss im Bett hart und etwas brutal mit der Frau umgehen, zum Beispiel immer die Machtposition einnehmen, beim Blasen die Haare der Frau fassen, um die Auf-und-ab-Bewegungen der Frau mit dem Druck seiner Hände zu dirigieren, ihr zu sagen: Lutsch schneller, du geile Sau.

Welchen Tipp geben Sie den Männern? So von Mann zu Mann?
Damals habe ich gesagt, man darf der Frau gegenüber keine Schwäche zeigen, die Frau muss dem Mann dienen. Heute denke ich anders. In einer Beziehung sind beide Partner gleichberechtigt, jeder sollte den anderen achten und auf seine Gefühle und Fantasien Rücksicht nehmen. Gemeinsame Interessen beider Partner sind in einer Beziehung sehr wichtig, man sollte auch über alles reden können. Dem Partner das Gefühl geben, er ist der wichtigste Mensch für mich.

Welchen Tipp geben Sie den Frauen?
Sich mehr auf die Fantasien der Männer einzulassen und optisch mehr aus sich zu machen. Die Frauen sollten den Männern ihre Wünsche mitteilen. Ein Mann kann nicht von alleine wissen, was seine Frau möchte.

Gut, sein Pathos in Sachen gleichberechtigte Partnerschaft gerät mir jetzt schon ziemlich in den falschen Hals, nachdem ich sein Buch gelesen habe und schwer schlucken musste über so viel Brutalität und Skrupellosigkeit. Aber offenbar hat der Mann sich um 180 Grad verändert und will im Nachhinein wiedergutmachen, was er angerichtet hat. Denn während ich meine Siebensachen zusammenpacke, zeigt er mir noch Bilder von seinem Karatestudio, wo er versucht, Kindern durch den Kampfsport mehr Selbstvertrauen einzuflössen. Auch gebe er sämtliche Einnahmen aus dem Buchverkauf an ein Haus für sexuell missbrauchte Kinder weiter und veranstalte jedes Jahr diverse Gigs und Galas, um das eingenommene Geld ebenfalls diesen Kindern zu spenden. Wirklich ehrenhaft!

Wir vereinbaren, dass er meinen Text nochmals zum Gegenlesen bekommt. Ein herzlicher Händedruck noch, und draussen stehe ich. Es regnet, und ich bin froh darüber.

Das Interview hat mich ganz schön durcheinandergebracht. Der Mann redet über Sex wie andere über das neuste Backrezept. Aber wenn ich es genau bedenke, dann hat er mir vieles bestätigt:

- Männer wollen sehen, was abgeht.
- Männer wollen ihren inneren Primaten rauslassen.
- Männer wollen mit ihrem ganzen Drum und Dran, egal welche Penisgrösse und welche Schwanzkrümmung und wie lange sie können und wie schnell sie kommen, als *der Oberhirsch* angehimmelt werden.

Nächstes Problem: das Reden. Obwohl wir den Sex öffentlich totreden, ist es stumm und still im Schlafzimmer. Es wird wortlos geküsst, geschleckt, gesteckt, gesaugt, massiert, gezüngelt, geknutscht, gespreizt, gepresst, gerieben, umarmt, gerubbelt, gespritzt, gedrängt, geknabbert, gelechzt, gebissen, penetriert. Vielleicht ein wenig gestöhnt, gesäuselt, gejauchzt, im besten Fall geschrien. Aber *Worte* fallen keine. Es wird über den Körper kommuniziert und immer gehofft, dass der andere richtig *decodieren* kann.

Sandrine und ich liegen also nicht weit daneben mit unserer Einteilung in Mutter Maria und die Hure.

Aber was ist mit den Frauen? Wollen die Frauen Mutter Maria sein? Davon kann doch wohl nicht die Rede sein, sie müssen. Das ist die Rolle, die ihnen seit Jahrhunderten zugestanden wird. Das ist Pflicht, das ist Norm, das ist eben so – und hinterfragt wird diese Rolle erst seit vierzig Jahren. Vierzig mickrige, kurze Jahre, die Hälfte eines Menschenlebens. Was kann das schon bewirken angesichts einer endlosen Frauenreihe aus Tausenden von Frauen, die sich die Hand reichen, von einem Jahrhundert in das nächste? Das ist wie ein Wassertropfen im Mittelmeer.

Und was ist mit der Hure? Die gibt es schon so lange, wie es Frauen gibt. Willenlos, rechtlos, ausgebeutet, den Männern zu Diensten. Wirklich gutes Geld verdienen Prostituierte erst heute, und das müssen sie dann an ihre Macker abgeben – also wieder der Mann als Verhinderer von Unabhängigkeit, finanzieller wie sozialer.

Aber zwischen Hure und Mutter Maria gibt es doch einen Frauentraum, das, was alle Frauen wollen. Cinderella, Lady Di, die Prinzessin, die Auserwählte, die Einzige, die wahre Liebe, auf Händen getragen, wahrlich geliebt für alles, was an ihr ist und in ihr steckt. Die Schönste, die Beste, die Einzigartige. Auch im Bett! Und wenn Frauen sich als Prinzessinnen fühlen, dann ist das wohl der Schlüssel zum Safe, zum Tresor der Leidenschaft, der Sinne, der Hemmungslosigkeit, der totalen Hingabe, der Freude am Körperlichen, der Freude am Entdecken.

Gut, manchmal finde ich ja, die Prinzessinnen übertreiben. Regine ist das beste Beispiel dafür. Sie ist immer noch kinderlos, und die dreijährigen Bemühungen, ihren einzigen Traum im Leben wahr werden zu lassen, tragen keine Früchte. Als wir uns das letzte Mal getroffen haben, stand sie mit säuerlicher Miene in der Küche und richtete den Aperitif her, und jedes Mal, wenn Lea unter der Türe stand, zuckte sie leicht zusammen. Mich überkam schon ein ganz schlechtes Gewissen, dass ich ein Kind habe und sie nicht. Aber als ich sie dann fragte, ob sie es nicht wenigstens genossen habe, drei Jahre lang intensiv Sex zu haben, nach dem Motto, alles hat auch seine positiven Seiten, da schaute sie mich ganz erstaunt an. Nein, nein, so leicht gehe das nicht. Zuerst einmal müsse Markus früher von der Arbeit nach Hause kommen, weil sie nach acht Uhr zu müde sei. Dann würden sie bei Kerzenlicht zusammen essen und reden, das sei ganz wichtig, denn sonst werde sie nicht warm. Und wehe, er rede übers Geschäft! Er müsse sich ganz in sie einfühlen und ihr das Gefühl geben, sie sei etwas Besonderes. Aha, da haben wir die Prinzessin in Vollversion, denke ich. Ja, und der Raum müsse total verdunkelt sein, nur eine Kerze dürfe brennen, ihre Lieblingsmusik müsse laufen, und dann sei das Vorspiel dran, wobei so komische Dinge wie unten schlecken und so nicht in Frage kämen, das sei erniedrigend und gehöre nicht dazu, wenn ein Paar so etwas Heiliges wie ein Kind zeugen wolle. Und dann öffne sie sich ihm, und sie würden miteinander Liebe machen.

Und welche Positionen sie denn so bevorzuge beim «Liebemachen», wollte ich beiläufig wissen, während ich ihr half, die Dips zu richten. Pures Entsetzen breitete sich auf ihrem Gesicht aus:

«Es gibt doch nur eine Stellung, die Frau unten, der Mann oben», meinte sie sehr entschlossen.

An diesem Punkt war mein Mitleid für Markus schon ins Unermessliche gestiegen.

«Na ja», meinte sie dann doch sehr einsichtig, «es ist alles eine sehr heikle Angelegenheit. Wenn eine dieser Bedingungen nicht erfüllt ist, dann macht sich bei mir alles zu, und dann will ich nicht mehr, und dann kommt es eben nicht zum Geschlechtsverkehr. Deshalb haben wir auch nicht so oft Sex, vielleicht ein-, zweimal pro Monat, und das reicht wohl nicht. Deshalb haben wir nächste Woche einen Termin, ich lasse mich befruchten.»

Ich war sprachlos. Da hat Regine für den Sex ja eine regelrechte Disziplinierungsmethode entwickelt, ein genaues Prinzessin-auf-der-Erbse-Prozedere, und wenn das Protokoll nicht eingehalten wird, dann ist es aus im Kaminfeuer. Und da kann die Gute mir nichts vormachen, auch wenn sie noch so unschuldig die Rüben und die Gurken schält, das hat etwas mit Macht zu tun! Hier lebt sie ihre Macht ungehemmt und bestimmend aus, und der Mann muss sich fügen, sonst gibt es gar nichts. Und wenn Regine erst ihr Kind auf der Welt hat, dann ist der Ofen sowieso ganz aus. Wenn ich so etwas höre, dann kann ich nicht mehr wie Loulou oder meine anderen Freundinnen über die Männer herziehen. Dann finde ich es zu einfach, über sie zu sagen: die geilen Schweine, immer denken sie nur an das eine, und wenn eine Brust an ihnen vorbeihüpft, sind sie willenlos und machtlos und geifern wie die läufigen Hunde hinterher, und wenn die Frau mitmacht und ihrem Werben nachgibt, dann flutschen sie ohne Moral und Skrupel in diese Möse. Wenn ich mir diese verdeckte Machtinszenierung vorstelle, dann habe ich tiefes Mitleid mit den Männern und ihren Trieben und finde das Prinzessinnengetue nur mühsam, unangebracht und elitär, kontraproduktiv und beziehungshemmend! Jawohl.

Kein Wunder, sind alle erotischen Frauen eine Gefahr für die Frauen in den eigenen Reihen! Kurz gehalten wie am spanischen Hof mit diesem Zeremoniell, ist Markus ein leichter Fang für eine Frau, die sinnesstark durch die Strassen wandert. Sie muss nicht einmal weisse Stiefel tragen und dunkel umrandete Lippen, sie muss einfach nur die Ausstrahlung einer Frau haben, die ihren Körper gerne hat, die Freude am anderen Geschlecht hat, die nicht gleich einen Skandal daraus macht, wenn sich eine Zunge irgendwohin verirrt, die gerne Hautkontakt hat, die ihre Sinne hochleben lässt. Solche Frauen gefährden Containerbeziehungen, sie wirken lustvoll, versprechen wahrscheinlich auch einen Hauch der geilen Sau, und sie sind somit Gefahr Nummer eins für Mütter Maria. Ich begreife jetzt den Schwesternstreit, den ich seit vielen Jahren beobachte, nochmals auf einer neuen Ebene.

Okay, ich schweife ab, ich merke es. Natürlich will ich es nun genauer wissen. Ich schreibe eine E-Mail an José.

Betreff: Geile Sau
Hi Amor

Hatte vorhin das Interview mit dem Ex-Zuhälter, und das war sehr spannend.

Er meinte, dass 70% seiner Kunden einfach eine geile Sau wollen:
Eine, die dient und gefügig ist.
Eine, die ordinär redet.
Eine, die fantastisch blasen kann und dabei redet.
Eine, die mit Worten geil macht.
Eine, die dem *Auge* des Mannes viel bietet (hochgeschnallter Busen, Strapse, Tanga-String, Absätze, braune Haut, geschminkte Lippen, dunkel umrandet).
Eine, die die Fantasie des Mannes bedient.

Meine Frage nun an dich:
Was sagst du dazu?

Deine Antwort interessiert mich sehr ☺

Wow, keine zehn Minuten später macht es *bling*, und seine Antwort ist da:

AW:
Hey Baby

Die geile Sau ist nicht die Frau, die alles macht, sondern diejenige, die es auslebt! Eine geile Sau ist eine Frau, die *Spass* an der Party hat und sich nicht nur hingibt, sondern es liebt, sich dem Mann zu öffnen und ihm als Objekt zu dienen. Die geile Sau ist nicht diejenige, die dabei irgendetwas redet, was sie im Taschenbuch *Hot Words for Dummies* gelernt hat, sondern sagt, was ihr spontan einfällt. Ganz ihren Bedürfnissen entsprechend, also zum Beispiel «Fick mich härter!», «Komm schon, du Hengst, ich bin nicht aus Porzellan! Stoss härter!» oder «Geiles Teil, schieb ihn mir rein!», «Noch mehr ohhh jaaaaaaa geil»...

Die geile Sau könnte man umbenennen in die *Sexgöttin*, für diejenigen, die mit dem Wort *Sau* nicht recht umzugehen wissen! Die Sexgöttin hat keine Hemmungen, sie nimmt sich, was sie will, und lässt alles mit sich machen und geniesst es ... es ist diejenige, die nicht nur den Pimmel in den Mund nimmt, sondern auch die Hoden und alles drum herum leckt und es geniesst ... Diejenige, die sich freut, wenn das Glied des Mannes hart ist, und die sich auf den Zustoss freut ...

Beim Verkehr sieht man im Gesicht des Partners, ob es ihm oder ihr Spass macht. Die Sexgöttin ist wie unter Drogen. Man sieht ihr im Gesicht an, dass sie es geniesst und dass sie mehr will.

Deswegen will ein Mann eine Sau, weil sie sich ohne «ja, aber» öffnet und hingibt ... Fantasien können ohne weiteres wahr werden ... Eine *normale* Frau mit Hemmungen würde zu allem sagen: «Oh nein, lieber nicht» oder «Ich schäme mich», und während des Verkehrs würde man keinen Laut hören ... frau darf doch nicht! Das ist ordinär, würde eine solche Frau sagen, während die geile Sau ihr Vergnügen ohne Scham mitteilt, indem sie nonstop Laute von sich gibt ... und zwar nicht bewusst, um den anderen scharf zu machen, sondern unbewusst, weil ihr Körper gerade den Gebrauch geniesst.

Du siehst, trotz Schwulheit weiss ich viel zu berichten.
José

Natürlich frage ich mich nun an diesem Punkt: Bin ich eine geile Sau? Oder eine Mutter Maria? Oder eine Prinzessin?

Ich weiss es nicht! Mit Philippe ist seit vielen Jahren schon so vieles im alten Fahrwasser, und ich bin wohl ein Gemisch aus allen drei Versionen geworden: so eine heruntergekommene Prinzessin im abgenutzten Ballkleid, die hin und wieder mit einem Kind unter einem Apfelbaum eine innige Pause einlegt und Passanten wie die erleuchtete Mutter Gottes erscheint und dann, wenn es dunkel wird, das Kleid hochhebt, um unbeobachtet mit aufgeknöpftem Mieder eine kleine Runde zu schieben.

Aber wie wäre es mit Christoph? Welche Rolle hätte ich da? Und wie sähen in dieser Beziehungsstory die Machtverhältnisse aus? Angenommen, wir würden beim nächsten Mittagessen beide gleichzeitig zur Türe hinausgehen wollen und zusammenstossen und es wäre, wie wenn sich zwei Magnete endlich genügend nahe kommen. Und wir könnten uns gerade noch in sein Büro schleppen, ohne übereinander herzufallen. Und dieses Büro hätte wie durch ein Wunder einen Schlüssel, und wir küssten uns und berührten uns, und es wäre der fulminante Beginn einer verbotenen Sexaffäre. Dann würde die Hetzjagd um die Lücken im Zeitnetz losgehen, um die risikolosen Stelldicheinmomente und -orte. Also, ich wäre Feuer und Flamme, würde nicht viel darüber nachdenken, wäre einfach voll im «Geile-Sau-Fahrwasser», würde alle Hemmungen zu Hause lassen, könnte sozusagen die Sexwelt neu entdecken, würde einfach seine Hände an meinen Brüsten spüren wollen, seine Zunge in meinem Ohr, seine Luststange in all meinen Öffnungen, und ich würde ihm Offerten machen: «Komm doch um halb sechs zum Solarium.» Oder: «Ich habe sturmfrei, wie wäre es bei mir um 16 Uhr?» Und er würde sagen: «Sorry, ich arbeite.» – «Sorry, der Schweinebraten meiner Frau steht dann bereits auf dem Tisch, ich werde erwartet.»

Habe ich die Macht in den Händen, wenn ich mich so offeriere? Bin ich noch eine selbstbewusste Frau, die weiss, was sie will? Oder bin ich hörig und im Sog meiner eigenen Lustverwirklichung ein Opfer?

Und dann würde das nächste Treffen klappen und er sich erleichtern wollen, endlich, nach all der aufgestauten Begierde und Sehnsucht, an Ort und Stelle den ersehnten Orgasmus haben. Aber mir wäre gar nicht nach dieser Weiterführung unserer sexuellen Begegnung, denn das Küssen hätte sich bereits wunderbar angefühlt, und seine Leidenschaft, seine Geilheit wären schon Beweis genug dafür, dass ich begehrt werde. Wo ist die Macht? Er will – ich eigentlich nicht. Und doch würde ich ihm dann einen lutschen, und er käme bombastisch und würde sich danach, offenbar in anhaltender Euphorie darüber, eine Woche lang nicht mehr melden, während ich – typisch Frau – mich hintersinnen würde.

Okay, ich gebe es zu, das ist alles furchtbar an den Haaren herbeigezogen. Und die ganzen «würde» und «hätte» klingen schrecklich. Aber einmal in Gang gebracht, nimmt die Fiktion ihren Lauf, und ich denke sie weiter:

Aha, kaum haben die Männer einen Orgasmus, ist das Techtelmechtel nicht mehr so wichtig, wird jedes Herumgeschnörkel lästig. Der Mann spritzt ab und dreht sich weg, raucht eine oder schläft ein und will einfach seine Ruhe haben, um sich seinem Energiezusammenbruch hinzugeben. Philippe sagt dann immer: «Sorry, mein Serotonin.» Ich habe immer geglaubt, das sei eine faule Ausrede, weil er einfach nicht gerne zärtlich mit mir liegen bleibt. Aber ich habe nachgelesen: Das ist tatsächlich ein Hormon, das beim Orgasmus ausgeschüttet wird. Ein Blocker für Appetit, Kotzgefühle und Sex. Aber es steht nirgends geschrieben, dass Männer dann nicht trotzdem noch drei Minuten liegen bleiben können. Also, was soll das Ganze? Wo ist hier die Macht? Er nimmt sich die Freiheit, zu nehmen und zu gehen.

Geben und nehmen, verlangen und abgrenzen, wünschen und frustrieren, umsetzen und festhalten. Ein ewiges Hin und Her, und die Gewichtung nimmt der aktive Part vor. Es ist also nicht die Frau, die Arme, das Opfer, die wartet und will und gibt und dann frustriert ist. Sie kann in dem ganzen Spiel um Beziehung, Sexualität und Macht mitmachen! Aber sie muss *aktiv* sein und gut verbunden mit ihren Wünschen und Zielen. Und wenn Christoph keine Zeit hat für ein Stelldichein, dann sollte Alé eben einen Ersatzmann für ihre Lüste zur Hand haben. Entweder den eigenen Partner oder einen anderen Erotikfreund. Oder sich selbst! Und wenn sie keine Lust auf Sex hat, dann hat sie ein *Recht* darauf, nein zu sagen und sich einfach nur küssen zu lassen. Weil das für sie stimmt.

Klar, ich weiss schon, wo der Hund bei dem Ganzen begraben liegt: *Darin sind die Frauen total schlecht.* Ihre eigenen Bedürfnisse erkennen! Das ist nämlich schon eine grosse Tat. Durch die weibliche Sozialisation, bei der es immer noch wichtig ist, dass sich Frauen um *andere* kümmern, dass Frauen Kinder erziehen, die kranken Eltern oder Grosseltern pflegen, den Nachbarn helfen etc. Von den Frauen wird verlangt, dass sie sich um das Wohl der anderen kümmern, dass sie dort das Gras wachsen hören, dass sie sich in andere einfühlen. Dabei werden die wichtigen persönlichen Fragen total ausser Acht gelassen: Was will *ich* denn, was spüre ich, wie geht es mir?

Und nun soll die Frau auf einmal wissen, was sie will, wie sie es will, wann sie es will und von wem sie es will. Und noch auf einem Gebiet, das durch höchste Tabuisierung vermint ist, das für Frauen jahrhundertelang ein Terrain war, das sie nicht ohne Sanktionen betreten durften.

Es kommt noch besser. Auch wenn sich die Frau einen Geheimweg zu ihren Wünschen offen gehalten hat, wenn sie genau spürt, dass sie erotisiert ist, dass sie gerne Sex hätte, und zwar heute mal oral und am liebsten vom eigenen Mann – auch dann ist der zweite Akt genauso schwierig: die Umsetzung dieser Wünsche. Etwas dafür tun. Jetzt braucht es eine Aktion. Es funktioniert ja auch nicht, wenn die Frau sich Pizza zum Mittagessen wünscht und der Kühlschrank leer ist. Dann muss sie etwas für ihre Pizza tun: Sie ruft den Pizzahauslieferdienst an, oder sie schwingt sich aufs Fahrrad und besorgt sich eine oder wenigstens die nötigen Zutaten. Ohne diese Handlung wird die Frau auf ihre Pizza zum Mittagessen verzichten müssen und stattdessen frustriert und unglücklich Spaghetti essen.

Und genauso wie die Tat gehört auch die Abgrenzung dazu. Nein sagen, nicht alles mitmachen, nur das machen, was stimmt. Also wenn sie dann den Pizzaservice anruft und die meinen, heute sei Prosciutto in Aktion, und sie will aber Funghi haben, dann muss sie dem netten, aber aufdringlichen Verkäufer eben sagen, ich will keine Aktion, ich will Pizza Funghi haben!

Oh weh, darüber könnte ich noch ewig sinnieren. Ich spucke jetzt die grossen Töne, dabei gelingt es mir nur in so wenigen Fällen, diese drei Dinge wirklich umzusetzen:

Spüren, was ich will.
Sagen, was ich will.
Sagen, was ich nicht will.

Aber manchmal gelingt es mir, und es bleibt mir wohl nichts anderes übrig, als diese guten Erfahrungen in all meinen Zellen zu speichern, damit ich sie bei einer nächsten Gelegenheit, sollte Christoph keine Zeit für ein Stelldichein haben, abrufen kann. Und mich darauf zu besinnen, dass ich *alle* Fäden selbst in der Hand habe. Sowohl in der Sexualität wie auch in den anderen Dingen. Und dann vorausschauend meine nächsten Schritte planen.

Und weil das wohl weder Mütter Maria noch Huren, noch Prinzessinnen tun, braucht es eine moderne neue Version für die handelnde, selbstbewusste Frau. José hat recht: Es ist die Sexgöttin.

Grenzspiel

Während ich an meinem Zuhälter-Interview herumbastle – Herr Marquardt hat den Text schon abgesegnet –, bin ich am Zweifeln. Bin ich manchmal auch eine geile Sau? Und weil ich es mir beweisen muss, schaue ich in die Agenda, sehe am Donnerstag einen freien Termin über Mittag und schreibe frech und ohne Kürzel:

Betreff: Mit ohne

Mittagessen, Donnerstag, 12 Uhr, Italiener, mit Kleid, ohne etwas darunter.

Ich starre auf den Bildschirm. Und wirklich, kaum zwei Minuten später blinkt es schon.

AW:

Dann gestalten wir das Mittagessen kürzer und trinken danach noch einen Kaffee bei mir!

Oh, Mann, das ist ja richtig anstrengend, dieses Herumzirkeln um das, was noch drinliegt und was nicht. Darum: keine Pläne für Donnerstag. *Let it flow.* Oder eben nicht.

Wenn ich daran denke, dass ich dann wieder in seinem Büro stehe, in einem Kleid ohne etwas darunter, und die Türe geht zu, und ich sitze dann da mit meinem Kaffee, dann bin ich schon wieder nervös. Und darauf habe ich zurzeit null Bock. So viel Anspannung in der letzten Zeit! Möchte gerne loslassen und entspannt sein, aber das geht dann halt am Donnerstag nicht.

Ach, eigentlich hadere ich. Kaum gebe ich den kleinen Finger, will der schon wieder die ganze Hand. Ich will kein Techtelmechtel, ich finde Philippe wunderbar und

Christoph halb so vielversprechend, wie er selbst zu sein glaubt. Was will ich eigentlich? Ich will, dass er mich begehrt, ich will, dass er mich heissssss findet, ich will es sehen, spüren von fern und mich daran ergötzen. Denn Philippe hat zwar Sex mit mir, gibt mir aber schon seit Jahren nicht mehr das Gefühl, eine begehrenswerte Frau zu sein und schon gar nicht eine Sexgöttin. Er berührt mich ohne Feuer, er sieht mich an wie ein Marmeladenglas, nichts Besonderes mehr, er bemerkt nicht mehr, wenn ich beim Friseur war, er erkennt meine neuen Kleider nicht, er zuckt mit keiner Wimper, wenn ich nackt aus der Dusche steige, es ist, als gehörte ich einfach zum Mobiliar der Wohnung.

Darauf antworte ich Christoph schlicht und einfach:

Re:

Mal sehen.

Er meldet sich nicht, wahrscheinlich ist er beleidigt , weil ich nicht gleich anspringe wie ein gut eingelaufener Motor. Die Mailbox bleibt leer. Eigentlich gut so. Vielleicht sollte ich die ganze Geschichte ein wenig unter die kalte Dusche stellen. Abkühlen, runterfahren, Stand-by.

Hat José eine direkte Verbindung zu meinen Gedanken? Weiss er so gut Bescheid über meine Gefühlsverfassung? Wie aus dem nichts, sozusagen anstatt Christophs Antwort, kommt nämlich seine E-Mail zu mir hereingeflattert:

Betreff: Christoph

Hallo mein Engelchen

Bin etwas besorgt um dich. Hey, dieser Christoph muss mittlerweile so heiss auf dich sein, dass sein ganzes Blut nach unten fliesst, wenn er nur schon deinen Namen hört.

Bitte schau doch, dass du ihn momentan nicht mehr alleine triffst … Die Geschichte wird *zu* heiss! Es ist nicht so, dass ich dir nicht vertrauen würde, im Gegenteil, ich weiss, dass du alles unter Kontrolle hast – endlich kommt wieder die Frau in dir hoch … Du bist nicht nur Mutter und Journalistin, sondern eine begehrenswerte Frau … Auf einmal merkst du, dass du doch noch gewisse Reaktionen bei den Männern auslöst … Ich finde das genial, dass du gemerkt hast, dass du eine *Frau* bist und nicht eine Maschine! Aber etwas darfst du *nie* unterschätzen: die Hormone … Der Typ mag dir optisch nicht sooo toll gefallen, aber seine Fantasien sind natürlich schon sehr nett, und der Kerl kann eines sehr gut: flirten!!! Wow …

Also, pass auf dich auf!

Dein Freund José

Das ist wirklich süss von ihm. Aber ich fühle mich zurzeit total gewappnet gegen die Flirterei! Meine Erotikgelüste sind wohl in die Ferien gefahren. Meine Sinnlichkeit ist im Koffer eingepackt. Ich verrichte einfach die alltäglichen Dinge, ohne jede Emotion. Ich spüre kein Pulsieren, keinen Drang, keine Sehnsucht, keine Unzufriedenheit. Lea hat schon Ferien und spielt mit ihrer Freundin, die beiden verstehen sich gut. Ich bin einfach da, mache Sirup und koche Spaghetti, räume die Küche auf und baue den Wäscheberg ab, ohne jede Wut und jeden Frust. Einfach, eines nach dem andern. Ganz unüblich für mich. Es fühlt sich recht gut an, so nichts zu fühlen.

Aber meine Fantasie ist nicht zu bremsen, und so stelle ich mir vor, wie Christoph vor seinem Computer sitzt und mein «mal sehen» verdaut. Er ist sauer auf mich! Weil ich ihm zuerst die Ohne-Slip-Geschichte zuspiele und er wie ein geiler Kater auf dieses Katz-und-Maus-Spiel einsteigt. Er lechzt nach mehr, er will mich endlich besitzen, er will, dass ich unter ihm keuche und jaule und ihn anbettle, es mir zu besorgen. Und dann einfach «mal sehen» – das fühlt sich an wie eine kalte Dusche auf die kochende Glut. Und er hat das «mal sehen» satt, seine Unbefriedigtheit geht ihm auf den Keks, er will sein altes Leben mit seiner Frau zurück. Aber gleichzeitig will er mit ihr auch sein neues Leben mit Kindern geniessen, in einer glücklichen Familie leben, gerne arbeiten gehen und ab und zu in die Ferien verreisen. Und all die Gelüste auf andere Speisen würde er am liebsten wie auf dem Computer löschen: *delete.* Aber dann baumelt da die ganze Zeit ein leckerer Köder mit viel Busen vor seinem Gesicht, verführerisch, heissssss, begehrenswert, und lässt seine Gedanken durch die Prärie galoppieren wie wilde junge Hengste. Und die Hengste toben, springen und haben Lust auf *mehr* im Leben, sie erwecken in ihm Begehren und Begierde, und diese Sehnsüchte nisten sich in seine Hirnzellen ein wie Parasiten, die sich an seinen Lüsten und immer neuen glutspritzenden Gedankenformationen vollsaufen und betrinken.

Ich freue mich darüber, dass er sicher fast vergeht nach mir – und ich? Nage freudlos am Fantasieknochen herum. Ich stehe unter Druck, ich gebe es zu! Wie sehr habe ich diese Ferien nötig. Der Countdown läuft, nur noch sieben Tage bis zum Abflug.

Als Philippe am Abend auf dem Balkon eine Liege herrichtet und vorschlägt, es hier zu treiben, es könne uns niemand sehen, da willige ich kraftlos ein und weiss, ich muss wohl noch einen langen Weg zurücklegen. Aber Philippe hat sich offenbar nicht auf den langen Weg eingestellt. Etwas bemüht und gelangweilt streichelt er mich, dann küsst er meine Vagina, und ich merke ganz genau: Das ist zu früh, ich brauche mehr Zeit, ausserdem macht es mir keinen Spass, wenn er so direkt aufs Ziel losgeht. Überhaupt habe ich mit dem Oralsex noch meine Mühe und weiss nicht, woran es liegt: An den Männern, die einfach meinen, wenn sie meine Klitoris saugen, dann sei dies das Maximum, weil sie die Klitoris in ihren Köpfen mit ihrem Schwanz gleichsetzen? Oder an mir, weil ich noch nicht weiss, was mir gefällt? Philippe hat es schon ein- oder zweimal geschafft, dass der Oralsex wirklich gut war. Aber das hatte immer mit viel Zeit zu tun, er schleckte alles *ausser* meiner Klitoris. Liess dabei auch meinen weichen Seidenslip am Ort und arbeitete sich unter dem Stoff mit seiner Zunge langsam vorwärts. Das war hot. Weil bei diesem Vorgang die Fantasie in das Geschehen mit eingebracht wurde.

Wenn ich ganz ehrlich bin, dann habe ich trotz meiner Hitzewallungen und meiner neu entdeckten Sexualität weiterhin Blockaden. Die altbewährte Scham hockt noch in mir drin, und da hilft auch das Buch *Feuchtgebiete* nicht weiter. Obwohl Charlotte Roche darin aufräumt mit all den Ängsten und Hygienetabus und, was die olfaktorischen Möglichkeiten eines weiblichen Körpers angeht, provokativ jegliche Fantasiegrenzen sprengt: Ich kann mich bei der Schleckerei trotzdem nicht recht entspannen. Das hiesse nämlich für mich: mich ganz hingeben, meinem Körper, meiner Sinnlichkeit. Es hiesse auch: mich zumuten, mit meinem Intimsten, was ich bieten kann, mit meinen Gerüchen, meinem Schleim, meiner Feuchtigkeit, mit meinem Tempo, das ich brauche, um richtig warm und dann heiss zu werden. Es würde heissen, dass ich ganz eintauche in meine eigene

Lustwelt, den anderen und seine Anliegen nicht mehr beachten, sondern mich wie eine Göttin verwöhnen und verführen lassen würde. Und dass ich, obwohl ich gerade weich und offen geworden bin, immer noch einen starken, inneren Wächter hätte, der gut auf mich aufpassen und bei jedem Fehltritt oder unguten Gefühl sofort einschreiten würde.

Es würde heissen, dass die heisse, verführerische Alé, die draufgängerische, unverfrorene und unerschrockene Sexgöttin, auf einmal die Krallen einzöge, weich und samtig würde, sich auf den Rücken legte, alle Abwehr in Form von Forschheit und Frechheit beiseite schöbe, und den Wunsch nach etwas ganz Sanftem äusserte. Ihr weibliches Zentrum würde auf einmal zum zartgliedrigen, warm pulsierenden Schmetterling, der unsicher und kurzatmig ganz fein die Flügel bewegte. Und nun käme da diese Zunge, die sich ganz anschmiegsam und weich dem ängstlichen Schmetterling annäherte. Sie müsste zuerst sein Vertrauen gewinnen, indem sie ihm zeigte, dass sie seine vielfach kunstvoll zusammengelegten Zauberseide-Flügel ganz sorgfältig anginge, sie liebevoll und geduldig umwörbe, bis sich der Schmetterling ganz von alleine behutsam öffnete, Ein- und Durchgänge freigäbe, sich wohlzufühlen begänne, sich reckte und streckte und merkte, wie ihn Leben durchflutete, wie wohlige Wärme sich ausbreitete, die in jede Ritze stiege, wie aus Wärme Hitze würde, wie das Herz pochte. Und immer noch wäre die Zunge fein und sanft, streichelte, küsste und liebkoste den ganzen Schmetterling, sparte sich den Kuss auf seine Fühler auf, bis sie merkte, *jetzt* wäre der Zeitpunkt dazu.

Etwa so müsste das wohl sein. Dazu bräuchte es Musse, Zeit, Vertrauen, Ur-Weiblichkeit, dazu bräuchte es die Fähigkeit, sich vollends gehen zu lassen. Gedanken wie: Rieche ich okay? Ist das hygienisch? Gefällt meine Vagina dem Mann? Bin ich auch sauber überall? Gefällt ihm meine Intimrasur? Macht ihn das an? Ist es ihm wohl schon langweilig? Müsste ich nicht bald schon kommen, damit er auch zum Zug kommt? Solche Gedanken wären total ausgeschaltet, damit genügend Raum für das Empfinden bliebe.

Puh, wenn ich das so für mich aufgliedere, dann ist die Sache ganz schön kompliziert. Wie viel einfacher ist es doch, sich nehmen zu lassen im Sex, als sich mit seinem Innersten preiszugeben. Wie viel einfacher ist es, eine mechanische Sexabfolge Punkt für Punkt abzuhaken: ein bisschen küssen, nicht zu lang, weil auch beim Kuss das Innerste berührt wird, ein bisschen Fummeln, nicht zu lang, weil der Mann ungeduldig ist und die Frau nicht jeden Griff gutheisst, ein bisschen Vorbereitung für die Penetration, nicht zu lang, damit es nicht peinlich wird, dann ein bisschen Stellungen, nicht zu lang, damit der Mann nicht kommt und die Frau nicht in Unbequemlichkeit erstarrt, dann *ihre* Stellung, damit sie kommt, dann *seine* Stellung, damit er kommt, und voilà, beide im Ziel, die Leistung ist vollbracht!

Eigentlich traurig, solcher Sex. Zwar den westlichen Wertezielen entsprechend (beide sind gekommen), aber so unbefriedigend wie ein Light-Dessert. Denn wollen die Frauen und die Männer sich nicht wirklich begegnen in dieser Vereinigung von Mann und Frau, wollen sie nicht in ihrem Innersten erkannt und geliebt werden, allumfassend begriffen und vollends wertgeschätzt werden im Liebestanz? Ach, was soll das alles, das Ganze ist utopisch, so ein paar Tantrafreaks erreichen dieses Niveau vielleicht, aber wir Alltagsmenschen mit Alltagsstress und Alltagsfantasien haben im Alltagssex keine Höhenflüge. Basta!

Philippes Bart kitzelt mich in die Gegenwart, auf den Balkon und die Liege zurück, seine Haare irritieren meine feine Haut, ich breche das Vorspiel ungeduldig ab.

«Komm, leg du dich hin», meine ich gönnerinnenhaft und lutsche ihn mit grosser Inbrunst und Freude an seiner Lust. Für mich stimmt es so, ich brauche heute keinen Sex. Meine Seele muss erst all die Eindrücke verdauen …

Immer noch schwebt der Donnerstag und das Kleid ohne Slip und der Kaffee in seinem Büro über mir. Dankbar, von Christoph zu hören, öffne ich seine E-Mail:

Betreff: Entscheidung
Dass du diese Geschichten nicht verträgst, hätte ich nicht gedacht.
Gerne treffe ich mich mit dir im Restaurant, und gerne können wir auch dort einen Kaffee trinken.
Dann aber bitte nicht mit «nichts drunter an» und so. Das kam von dir.
Entscheide selber.

Ohne zu überlegen, schreibe ich zurück:

AW:
So schlimm ist es nun auch wieder nicht! Vertrage diese Geschichte schon, aber dieses Zirkeln ist anstrengend. Was sagen, was denken, was tun? Nichts drunter an oder doch was drunter an, Kaffee ja oder nein, Türe zu oder auf … Das ist anstrengend – und macht ja auch Spass! Also mute mir das nur zu, bin ein grosses Mädchen! Kein Schonprogramm. Freue mich auf deine Zumutungen.

Ich blöde Kuh, wieso kann ich sein Zurückkrebsen nicht einfach akzeptieren? Mir ist ja gar nicht danach. Warum muss ich immer weitermachen, immer neuen Zündstoff liefern, ihn immer weiter kitzeln? Alé, irgendwann bekommst du die Rechnung dafür präsentiert.

Er lässt mich zappeln, ganze dreissig Minuten, dann endlich die Antwort.

RE:
Ich bin ein Mann, und du hast mir für Donnerstag eine Abfuhr erteilt, weil ich wohl zu weit gegangen bin.
Entweder sind wir ab sofort anständig, oder wir bringen es hinter uns, damit der Druck nicht mehr da ist.
Jetzt kommt von Frau: Danach ist der Druck doch noch grösser.
Dann sagt Mann: Keine Verpflichtung – kein Druck.
Frau: Also doch fremdgehen.
Mann: Natürlich nicht.
Ein endloses Spiel. Manchmal macht es Spass, manchmal auch nicht.
Bin im Moment auch nicht so sicher, was ich denken, tun oder lassen soll.

Mir bleibt der Atem weg. Jetzt will er eine Entscheidung. Aber ich verstehe seine E-Mail nicht wirklich. Welche Abfuhr? Dass ich nicht unbedingt Kaffee trinken will in seinem Büro? Der Ausdruck «hinter uns bringen» ist auch ziemlich aussagekräftig. Es ist einfach zu viel Druck da. Ich sehe das ein. Am besten ist, ich antworte gar nicht. Lea steht in der Türe, mit gepackter Badetasche. Ich gehe jetzt einfach aus dem Haus und lasse ihn schmoren. Ehrlich gesagt, ich weiss gar keine Antwort!

Und während Lea badet und eine Schulfreundin trifft, aale ich mich in der Sonne und lasse verschiedene Szenarien vor meinem inneren Auge abspielen.

Szenario 1:
Ich schreibe ihm eine nette E-Mail, dass wir ab sofort anständig sind, dass mir am Donnerstag etwas dazwischengekommen ist und wir uns deshalb frühestens in

einem Monat sehen können. Nach unseren Ferien. Dabei spüre ich meine Angst vor dem Neinsagen, vor dem Absagen, vor seiner Frustration. Nach dieser Mail bin ich nicht mehr die tolle, begehrenswerte heissssse Alé, sondern nur noch eine blöde Zicke, die ihn zuerst anmacht und dann den «Schwanz» einzieht und nicht ihre Frau steht. Wenn er schon wegen des Kaffeetrinkens in seinem Büro (das war ja keine wirkliche Abfuhr) so saublöd tut, wie reagiert er dann erst auf diese Absage? Ich trete aus seinem Leben und er somit auch aus meinem, und alles kann wieder zur Normalität zurückkehren, sich dort einklinken und vor allem *abkühlen.* Und genau das macht mir Angst. Scheisse. Ich will nicht in meinem Zustand von vorher zurück, diesen Alltagstrott ohne Leidenschaft und ohne Vulkan, will nicht wieder unter der erstarrten Lava liegen und kaum atmend dahinvegetieren. Aber führt das eine zum andern? Wenn ich Christoph aus meinem Leben werfe, werde ich dann automatisch zur frigiden Oma? Hört dann das Leben auf zu pulsieren? Nein! Das hat doch alles nichts mit ihm zu tun. Er war ja nur der Starter. Bin doch selbst verantwortlich für mein Leben und meine Vitalität! Also Szenario 1 durchaus denkbar.

Szenario 2:
Ich lasse mich mit ihm ein. Das muss ich nicht weiterdenken! All meine Haare sträuben sich dagegen. Denn erstens will ich um keinen Preis Philippe betrügen! Schon gar nicht mit einem Mann wie Christoph, da müsste wirklich der Pharao persönlich vor mir stehen! Da würde ich ein Techtelmechtel anfangen. Vielleicht ist der Mann eine Liebhaberniete. Alles leeres Gerede, so eine Bumsmaschine, die einen zum Gähnen bringt. Unromantisch, ungekonnt, steif, zu geil, zu schnell. Und was wäre danach? Ich würde umkommen vor Gewissens-

bissen. Ich würde vielleicht den Druck nicht aushalten. Und dann? Obwohl er schreibt, kein Druck danach, die Frage würde doch ständig im Raum stehen. Nochmals? Wobei wir beim Ursprungsdilemma wären: dem sexuellen Überdruck.

Also dies ist keine Option!!!!!!!!!!!!!!!!!!!!!!!!!!!

Szenario 3:
Weiter so auf der Gratwanderung zwischen Höllenschlund und Paradieswiese. Und dabei jeden Schritt abschätzen: Geht der zu weit? Fortwährend ausbalancieren, spüren, ob die nächste Bewegung das Gleichgewicht stört, das Kartenhaus zum Einsturz bringt und es ans Scherbenauflesen geht. Irgendwie habe ich das satt. Ausserdem merke ich an seinen Mails, dass er langsam unwirsch, ungeduldig, fordernder wird. Der Weg wird steiler, schwieriger. Und eigentlich bin ich ein bequemer Mensch. Also auch dies keine ernst zu nehmende Lösung.

So wie es aussieht, wird es das erste Szenario sein. Nur, wie sage ich es meinem Kinde? Mal sehen, was mir heute Abend dazu einfällt.

Aber wie ich mich wieder an meine Kiste setze, ist schon wieder eine Nachricht von ihm da.

Betreff: Fantasien

Nochmals ganz langsam ohne Gefühlsduselei.
Was genau macht dir Sorgen? Du bist eine gestandene Frau und weisst, was du willst. Ja – du weisst, was du willst.
Es geht dir gut, du siehst hervorragend aus, du hast Erfolg, du kannst glücklich sein, du bist unglaublich heissssss.
Freue dich an dem, was du hast, und geniesse es.

Wenn du etwas willst, dann zögere nicht. Wenn du etwas nicht möchtest, dann lass es sein. Spiele nicht mit dir selbst, sondern stehe für dich ein.
Nimm den Stift in die Hand und schreibe.
10 Minuten Fantasie.
Ein Mann sitzt an seinem Schreibtisch.
Es klopft an der Tür. Er steht auf und öffnet die Tür. Draussen steht eine Frau. Toll – heissssss – rotes Kleid – lächelnd.
1. Sein Herz fängt an zu klopfen, er bittet sie herein. Möchten Sie einen Kaffee? Sie lächelt, greift an seine Hose und öffnet ohne Worte seinen Gürtel. Sein Herz poltert. Sie flüstert ihm ins Ohr: Nimm mich – denk an nichts – tu es einfach. Er fällt fast in Ohnmacht, sein Herz steht kurz vor einer Explosion. Sie setzt sich auf seinen Schreibtisch, spreizt die Beine und zieht ihn am Gürtel langsam zu sich her. Sie öffnet seine Hose ……………………..
2. Er reicht ihr die Hand und zieht sie ins Zimmer. Ein Ruck, und sie steht mit dem Rücken zu ihm. Er schiebt seine Finger langsam unter ihr Kleid und streichelt sie. Sie wird feucht. Er streichelt weiter. Einer seiner Finger gleitet langsam in sie hinein. Sie stöhnt. Langsam kreisende und gleichzeitig streichelnde Bewegungen bringen sie zum Schwitzen. Ihr Po fängt sich langsam an zu bewegen. Sie streichelt ihre Brust. Ihre Beine werden weich, fangen an zu zittern. Langsam dreht er sie wieder um. Setzt sie auf den Schreibtisch. Er kniet sich auf den Boden, fängt an, sie mit seiner Zunge zu verwöhnen. Erst langsam, dann heftiger, heftiger, noch heftiger. Sie hält sich den Mund zu – denn sie will vor Lust schreien ………………..
3. Wow, was macht diese Frau hier? Seine Hose wird enger. Schon ihr Anblick könnte ihn zum Höhepunkt

bringen. Sie kommt herein. Langsam schliesst sie die Tür. Er steht da wie ein kleiner Junge. Sie kommt näher. Sie küsst ihn ………………… genau zwei Minuten lang.

4. Er bittet sie herein. Sie fragt nach einem Kaffee. Er bringt ihr den Kaffee. Genüsslich trinkt sie ihn und redet mit ihm über belanglose Dinge. Sie schlägt die Beine übereinander, so dass ihr Kleid kürzer erscheint. Er sieht hin. Wow. Langsam stellt sie beide Beine wieder auf den Boden. Ihr Kleid bleibt in dieser hochgeschobenen Position. Das Gespräch hört nicht auf. Seine Blicke wandern immer wieder nach unten. Es ist heissssss. Sommer. Puh, ein leichtes Stöhnen, gleichzeitig öffnet sie ihr Haar, streicht es nach hinten, so dass ihre prallen Brüste ihn schier erschlagen, obwohl er zwei Meter von ihr entfernt sitzt. «Puh, ist das warm», sagt sie. – «Brauchst du ein Glas Wasser?» – «Ja.» Er holt es ihr. Sie trinkt einen Schluck, ein paar Tropfen flutschen über ihre Lippen und den Hals hinunter. Oh. Das war zu schnell. Sie greift sich mit der Hand in die Bluse und streift das Wasser nach oben. «Brauchst du ein Tuch?» – «Ja, kannst du mir eines besorgen?» Er holt eine Serviette. Als er zurückkommt, hat sie einen Knopf an ihrer Bluse geöffnet. Langsam wischt sie sich trocken. Er schaut zu und meint: «Nächstes Mal halte ich es auf.» – «Ja?», fragt sie. – «Ja», sagt er. Sie hält zwei Finger in ihr Glas und lässt die Tropfen in ihren Ausschnitt fallen. Sie lächelt und streicht sich mit der anderen Hand langsam über den Schenkel. Er steht auf. Kniet sich hin und leckt das Wasser mit der Zunge auf. Sie öffnet noch einen Knopf an ihrer Bluse und lehnt sich nach hinten. Seine Hand verirrt sich auf ihren Schenkel. Sie hält schnell seine Hand fest. Er kann sie nicht mehr bewegen – wehrt sich

kurz und lässt seine Hand ohne Kraft auf ihrem Schenkel liegen. Seine Zunge hat alles Wasser aufgeleckt, da nimmt sie seine Hand und führt sie langsam über ihre Schenkel ………………..
Wer weiss, was da noch alles passiert?
Vier Möglichkeiten, die dich wieder auf einen Weg bringen sollen. Gib Gas.

Wow. Während ich das alles lese, wird mir wirklich ziemlich schwül. Mein Vorsatz, ihm abzusagen, verflüchtigt sich komplett. Zum Glück ist es schon spät, er ist sicher nicht mehr im Büro, ich habe eine Nacht lang Zeit, mir die Antwort zu überlegen. Und die Nacht dauert ewig!

Endlich ist es Morgen, Lea in der Schule, der Bildschirm lacht mich hämisch an:

AW:
Lieber Christoph

Jetzt bin ich doch überfordert. Von beiden E-Mails. Auf die erste konnte ich nicht antworten, weil du mich mit deinen Forderungen auf einen Entscheid ziemlich gestresst hast. Dann stand Lea in der Türe, und ich musste los. Beim Baden habe ich mir so einiges überlegt und gemerkt, dass bei dieser Flirterei auch viele Emotionen mitspielen. Mein grösster Wunsch dabei ist, dich nicht zu verletzen oder zu beleidigen. Und ich fürchte, das habe ich mit meinen Rückziehern und Ängstlichkeiten bereits getan. Du sollst deshalb wissen: Ich bin eine Frau, die weiss, was sie will und was sie nicht will. Und ich trage die Verantwortung dafür. Zurzeit ist es schwierig, denn ich will manchmal mehr als nur das, was ich eigentlich nicht will. So will ich Philippe um keinen Preis betrügen! Hörst du! Um keinen Preis!!!!! Dreizehn

Jahre Beziehung, das ist mir einfach hoch und heilig. Und doch sehe ich hinter dem Gartenzaun so vieles, was mich reizt. Aber ich kenne mich, am Ende verzichte ich auf die fetten Gräser ausserhalb und bleibe im Revier. So habe ich seit bald 38 Jahren reagiert. Die wenigen Male, wo ich es doch nicht habe lassen können – in harmloseren Varianten –, ist es mir nicht gut bekommen!

Also, wie bringe ich das alles nun auf die Reihe: Philippe nicht zu betrügen und dich nicht zu beleidigen? Ich dachte, es sei so einfach: flirten, flirten und einfach in der Fantasie neue Welten schaffen und daraus Energien tanken und diese in die Realität hineinpumpen. Absolut sauber und ungefährlich.

Doch der Druck, den du so schön beschreibst, macht das alles zunichte. Ich habe nicht mit dem Getriebe gerechnet, Überdruck mit hohem Presswert. Die Ader pulsiert, der Puls geht schneller, die Lust macht aggressiv und fordernd. Scheisse!

Aus ist es mit der Schwelgerei, Taten müssen her, denn es ist manchmal fast nicht zum Aushalten. Ich weiss nicht, wie es bei dir ist, aber ich musste mich schon ein paarmal mit Sport beruhigen! Und mit viel Sex. Nur, ich glaube, ich habe mich an diesen Zustand schon gewöhnt und kann ihn geniessen, auch wenn ich manchmal gerne einen Schalter hätte, um meine inneren Temperaturen zu regeln. Ich weiss nun aber nicht, wie es um dich steht, und schon bin ich wieder bei dem heiklen Punkt angelangt, bei den Emotionen und dem Wunsch, dich nicht zu beleidigen.

So viel zu deiner ersten E-Mail.

Zu deinen vier Möglichkeiten:
Erstens sind sie wunderbar geschrieben. Da hast du in der enormen Hitze deines Büros ja richtig die Schreibfinger sausen lassen und deiner Fantasie die Zügel gelockert. Die Frau von hinten zu verwöhnen ist unglaublich anregend. Die Vorstellung gefällt mir sehr gut. Die vierte Möglichkeit – die Spielerei mit dem Wasserglas – bietet ein ziemlich hohes Identifikationspotenzial, nur die Hand am Schluss – die auf dem Schenkel – dürfte sich dann wohl nicht weiter bewegen, wobei ich damit schon wieder Gedankenwelt und Realität verbinde. Hey, in den Fantasien darf alles geschehen. Aber in meiner Realität nicht.

Was nun?

Also, wie bringe ich Folgendes auf einen Nenner:

- Ich will Philippe nicht betrügen.
- Ich treffe dich gerne und rede mit Wollust über dies und das, hier eine Anspielung und da, präsentiere mich gerne im vielversprechenden Outfit, würde sogar auch noch mehr Haut zeigen (Knöpfe an der Bluse kein Problem).
- Ich lasse mich gerne von dir umarmen (sogar inkl. Poberührung)
- Ich spinne in der Fantasie gerne unsere Begegnungen weiter und muss danach viel Sport treiben.
- Ich muss mich durch all die Mailkontakte und Begegnungen mit dir meinen Ängsten stellen: mich zu zeigen, mich heissssss zu finden, mich selbst zu berühren, fremde Männerblicke auf mir auszuhalten.
- Ich entwickle meine Leidenschaft und Lust durch diese Mails und Begegnungen: eine neue

Erfahrung in meinem Leben und höchste Zeit, dass ich sie mache!
- Ich experimentiere (Masturbation lässt grüssen), werde mutiger (Fahrradfahren ohne Slip) und probiere Neues aus (Sex mit Philippe).
- Ich möchte dich in keiner Weise beleidigen!

Hast du die Lösung?

Was du nicht unterschätzen solltest: Du bist mein Fantasieheld, du lebst in meinen Gedanken, fütterst sie, lässt sie aufwachen und wachsen. Du bist mein Sinnesheld und der Oscargewinner im Auslösen vieler Prozesse in mir.

Alé

Oje, jetzt ist sie weg, die Antwort, und ich arbeite nun endlich am Zuhältertext weiter. Die Redaktion will ihn haben, bevor ich in die Ferien fahre. Meine Mailbox bleibt leer, morgen sehen wir uns. Was wird er sagen? Ich hole die Koffer hervor, lasse laut Musik laufen und beginne für die Ferien zu packen. Immer wieder mache ich einen Abstecher in mein Arbeitszimmer. Die Koffer sind schon fast gepackt, da endlich, seine Antwort. Ich zittere, bin nervös, was kommt jetzt?

RE:
Alé
Ich
Liebe
Dich.

Nicht auf die betrügerische Art und Weise, denn auch ich will meine Frau um keinen Preis der Welt betrügen.

Wenn die Fantasien sprudeln, dann kann es schon mal vorkommen, dass man sich selber zu sehr in dieser Rolle wiederfindet.
Du hast mich nie beleidigt – deine Angst, Philippe zu betrügen, hat dich eingeholt. Lass die Angst beiseite, denn es passiert dir nichts.
Wir bleiben bei der Fantasie und können, wenn wir es beide wollen, bis an die Grenze gehen. Die Grenze, nach der es schwierig wird – also überschreiten wir sie nicht.

Wenn die Fantasie in den Gedanken und Mails zu lebhaft wird, dann stoppen wir das Ganze.

Ich würde mich scheisse fühlen, wenn ich meine Frau betrügen würde. Da bin ich mir sicher. Also Grenzen einhalten.

Kribbeln, Gefühl, heissssss, Erotik, Gedanken, Fantasie, JA. Darüber hinaus, NEIN.

Beruhige dich und lebe.

Diese wunderbare Nachricht. So gut und liebevoll, sie hat mich richtig ins Herz getroffen, mitten hinein. Ich bewundere Christoph sehr für seine Weisheit, und ich schätze seine klaren Worte, und 10 000 Tonnen sind mir von der Seele gefallen, und ja: weiter fantasieren und in Gespinsten herumfliegen und Grenzen wahren und Ehepartner respektieren und …. er ist einfach wunderbar.

Ich bin sooooooo erleichtert. In mir ist ganz viel Herzenswärme und Glück, und ich spüre, wie sehr mich die Anspannung erschöpft hat.

Seit ich seine wunderbare Antwort auf meine Mail gelesen habe, hat sich ein neues Gefühl bei mir eingeschlichen. Es hat etwas Sanftes an sich, etwas Zärtliches, etwas Inniges, etwas ... ich kann es schwer beschreiben.

Ein neues Wort hat sich in mir eingenistet, nicht so pompös und kraftvoll wie das erste. «Heissssss» hat mich in meinen Grundfesten erschüttert, hat den Vulkan ausgelöst, hat die Lava angeheizt, hat mich beben und schwitzen lassen. Dieses neue Wort ist viel subtiler und geht wie ein feiner Nadelstich zwischen Wundnarben und Schutzmauern ins Fleisch: Alé, ich liebe dich.

«Liebe» ist das Wort, das ich mit 25 Jahren ganz bewusst aus meinem Leben gestrichen habe. Ich habe es verbannt, gekreuzigt, beerdigt. Durch mein Journalismusstudium habe ich es auch in seiner Machenschaft entlarvt: Es gibt kein Wort mit grösserer Mythosmacht als «Liebe». Alles dreht sich um dieses eine Wort. Für Liebe werden Menschen dumm und blöd, verraten ihre Werte und werfen sich zu Boden in Staub und Asche, nehmen sogar den Tod (Romeo und Julia) in Kauf, sie morden dafür (Othello), sie rauben und lügen und betrügen und lassen sich alle Laster zuschulden kommen, die Moses auf seinen Gebotstafeln aufgeschrieben hat. Es ist ein ständiges Ringen und Kämpfen um Liebe, oft ergebnislos und mit furchtbarer Pein und üblem Schmerz verbunden, wenn die Gegenliebe nicht kommt.

«Ich liebe dich» ist die Perversion des Ganzen, denn was heisst das genau? Wenn ich zu einem Mann sage, ich liebe dich, dann heisst das, ich projiziere all meine Gefühle und Ziele auf ihn, ich will ihn haben, ich will ihn besitzen, sonst bin ich untröstlich betrübt, denn nur er macht mich glücklich.

Wobei wir beim Inhalt angekommen sind. Wenn ich «Liebe» für jemanden empfinde, dann fühle ich mich gut, ich fühle mich akzeptiert, wertgeschätzt und respektiert, ich fühle mich ganz (denn wir Menschen sind alle nicht rund, haben Löcher und Ecken und streben nach der Vollkommenheit). Durch diese «Liebe» habe ich gute Gefühle: Ich bin happy, aufgestellt, zufrieden .... und das alles wird noch intensiviert durch das Gefühl, dass *er* mich auch liebt. Nur dann bin ich wirklich und vollkommen glücklich. So kann ich sagen: «Ich liebe dich», aber richtig glücklich bin ich erst, wenn der andere sagt: «Ich dich auch!» Selten ist es eine One-Way-Aussage. «Ich liebe dich» so ins Blaue hinaus, einfach weil ich mich gut fühle und ich den anderen toll finde, und wenn ich ihn sehe, dann ist es gut, und wenn ich ihn nicht sehe, ist es auch gut. Ich liebe ihn einfach. Eine bedingungslose Liebe ohne Gegenpfand und ohne Erwartungen. Nein, «ich liebe dich» hat immer mit Besitzanspruch zu tun. Es heisst auch: Ich brauche dich, um ganz zu werden. Du bist die fehlende Seite, du füllst meine Löcher, du gibst mir das Gefühl, rund zu sein. Wehe aber, die Liebe wird nicht erwidert. Der andere sagt nicht «ich auch». Dann fehlt mir die Erfüllung, die Zielrichtung ist verfehlt, die Widerhaken greifen nicht. Sofort macht sich Elend breit im Herz, Niedergeschlagenheit, Traurigkeit, Depression. Und wie wir nicht zuletzt aus der Literatur wissen, kann unerwiderte Liebe zum Tode führen.

Ich bin höchst misstrauisch! Und natürlich bin ich abgrundtief verletzt worden, mannigfaltigst, meine Gefühle wurden von meinen Liebesobjekten nicht genügend erwidert, nicht genügend wertgeschätzt, ich habe nicht bekommen, was ich wollte, habe gelitten, gesucht, verlangt, getrauert, geweint. Die ganze Palette.

Als ich mich nach fünf Jahren Beziehung von Frank trennte, weil er mich *nicht* geheiratet hat, *nicht* um mich gekämpft hat, bin ich resigniert ausgezogen und habe mir geschworen: *Nie mehr.* Warten, betteln, hoffen, immer wieder eine Breitseite kassieren. Ich werde mich selbst glücklich machen. Ich muss mich selbst glücklich machen. Erst dann, wenn ich selbst ganz bin, ich keine andere Person zur Vervollkommnung brauche, kann ich wirklich Liebe geben. Dann ist «Liebe» frei von Besitz und Anspruch auf Gegenleistungen. Das war keine bewusste Entscheidung. Als ich Monate später Philippe kennenlernte, auch er noch mit der Nachbereitung der grossen Liebe beschäftigt, die ihn betrogen hatte, haben wir einmal in einer hellen Mondnacht darüber gesprochen. Wir versprachen einander, uns mit dem Wort «Liebe» nicht in die Bredouille zu bringen. Es nicht zu gebrauchen. Einander nicht zu sagen: Ich liebe dich. Andere Varianten dafür zu finden. Aus «ich liebe dich» wurde « ich habe es gut mit dir», «ich freue mich, mit dir zusammen zu sein», «ich bin glücklich». Weit harmlosere Ausdrücke, gefahrlos.

Und dann schreibt Christoph schlicht und einfach: Alé, ich liebe dich. Und ich weiss genau, wie er es meint. Nicht wie Romeo und Julia, nicht wie Othello, er will keinen Besitz, sondern hat einfach Freude. Und ich kann diesen Ausdruck als Geschenk entgegennehmen, ohne sagen zu müssen, «ich dich auch». Und doch hat dieser Ausspruch mein Herz erwärmt und lange Begrabenes wieder aufgeweckt.

Und ich sage ihm in Gedanken: «Lieber Christoph, hab tausend Dank für deine lieben Worte. Du bist mein Wortheld und ein Meister im Auftauen von Eingefrorenem. In mir pulsiert nun neu neben der Hitzeader eine Liebesvene, die gute Gefühle, Glück und Zufriedenheit durch mich fliessen lässt, mich gut fühlen lässt, mich rund sein lässt.»

Teil 2: Magnus

Nicht küssen, nicht schlecken, nicht bumsen

Wie sehr mir Sandrine fehlt. Sapperlot, es zieht richtig in der Magengegend, weil ich sie so sehr vermisse. Warum muss sie ausgerechnet jetzt dauernd auf diesen Langstreckenflügen sein und ihre Pausen in fernen Ländern verbringen anstatt hier? Ach, wie sehr bräuchte ich ihren freundschaftlichen Rat, ein Frauengespräch, tiefgründig, stundenlang, am liebsten in unserem Lieblingsrestaurant, wo ich ihr alles haargenau und bis ins letzte Detail erzählen könnte. Klar habe ich noch José, doch der ist zwar schwul, aber eben einfach ein Mann, und ich brauche für mein Dilemma eine Frau!!!!! Und jetzt ist Sandrine einfach nicht da, und mit ihr zu telefonieren über diese Distanzen, würde mich wohl ein Vermögen kosten.

Was bleibt mir also anderes übrig, als einfach in jeder freien Minute, sobald ich nicht arbeite oder mit meiner Familie zusammen bin, die Dinge psychohygienisch aufzubereiten.

Zuerst waren da mein normales Leben, unsere kleine Familie und mein Alltag, meine Schreiberei. Meine sexuellen Aktivitäten waren oberes Mittelmass, standardmässig, mit seltenen Höhenflügen.

Dann kam das Wort «heissssss» und erschütterte mein Leben komplett. Seither ist mir heissssss, ich bin heissssss und nicht mehr abgekühlt. Davon hat Christoph profitiert und natürlich auch Philippe.

Nach jedem Treffen mit Christoph ist das Feuer der Begierde höher geflackert, und seine konkreten Anfragen haben mich verwirrt. Sofort war da der erhobene Zeigefinger, ich wollte um keinen Preis meinen Philippe betrügen, ich wollte flirten, ich wollte begehrt sein, ich wollte wissen, wie scharf ich war, aber ich wollte keine Grenzen übertreten.

Und dann kam die Sommerpause, endlich Auszeit. Und um die geht es jetzt.

Wäre es bei diesem Resümee für Sandrine geblieben, dann hätte sie gesagt: Die Sache ist doch geritzt, alles wunderbar. Alé hat dicke Lustmauern gesprengt und ihre Leidenschaft freigelegt, die sie als Aperitif-Häppchen mit Christoph geniesst, um dann den Hauptgang mit Philippe in den ordentlichen Bahnen einer Ehe auszukosten. Alles paletti.

Nein, eben nicht! Denn die Mauern waren niedergerissen, und mein inneres Feuer loderte wild weiter. Und wir fuhren also für zwei Wochen in den Süden. Ich dachte, das wäre eine Flirt-Auszeit, da ich Christoph ja in seinem Büro und meinen Laptop absichtlich zu Hause zurückliess, weil ich mir vorgenommen hatte, keine einzige Mail zu lesen oder zu schreiben. Sozusagen: Schreibpause, Mailpause, Flirtpause, Pause von allem. Ich liess zudem sämtliche Hirnzellen zu Hause, schloss meinen Intellekt quasi fein säuberlich in den Putzschrank ein und packte ein paar gute Erotikromane in meinen Koffer. Die hatten mir zwei Freundinnen überraschenderweise zukommen lassen, denen ich von meiner inneren Entdeckung erzählt hatte, von denen ich aber gar nicht wusste, dass sie solchen Lesestoff besassen …

Ein SMS kommt rein. Juhe, es ist Sandrine! Sie ist hier, ich kann sie treffen, in einer halben Stunde. Ich bin ja so glücklich. Gerade noch drohten mich die Erinnerungen zu erschlagen, und jetzt darf ich darüber reden, alles erzählen. Ich warne sie vor, es wird eine lange Geschichte, ich brauche deinen Rat. Ich stürze mich in ein nettes Sommerkleid, lege hellen Lippenstift auf und brause zu unserem Rendezvous. Sandrine lächelt mir schon von weitem entgegen, und mein Herz hüpft vor

Freude darüber, sie zu treffen. Kaum ist der Tee serviert, schiesse ich los und schildere ihr im Detail, was in den letzten Wochen abgegangen ist:

«Zuerst war der Schock perfekt. Wir sind nicht wie letztes Jahr in einem gediegenen, gepflegten Hotel mit persönlichem Ambiente und gemütlichem Sandstrand gelandet, sondern in einem riesigen Touristenkasten. Hunderte von Leuten sind durch die Gänge geströmt, haben sich in den Restaurants gedrängt, um sechs Uhr morgens die Liegestühle am Pool belegt, sich in die Lifte gezwängt und sich am Strand ausgeschüttet, der vorwiegend aus Steinen bestand. Wir sind jeden Tag hunderte von Metern gelaufen, schon der Weg zum Restaurant hat ein Extradessert ergeben. Den ganzen Tag hat es, bum bum, aus den Boxen gescheppert. Die Frauen haben ihre Körbchengrössen in aufreizenden Bikinis gezeigt. Und es hat überraschend viele gut aussehende Menschen gehabt dort. Frauen in meinem Alter mit perfekten Figuren und keinem Gramm Fett, Männer, die ihre Zeit im Fitnessclub verbracht haben, und immer wieder Trauben von allein reisenden Männern: zu zweit, zu dritt, zu viert, dazwischen Familien, gepflegt und mit allen Extras ausstaffiert. Ich war geschockt von der Menschenmenge, aber positiv überrascht vom Erscheinungsbild der Leute und etwas verunsichert über die Männerwelt dort. Im Restaurant haben nur Männer bedient, Männer an jeder Poolbar, an der Eisdiele, in den Shops. Die Bademeister der einzelnen Pools, die Animatoren, überall Männer. Dunkelhaarig, braungebrannt, meist kleiner als ich und auch jünger. Vom ersten Tag an war klar: Von Flirtpause kann hier keine Rede sein. Die Männer haben auf meinen Bikinibusen gestarrt, und ich habe es genossen.»

Sandrine nickt zustimmend, blickt auf meinen Busen und lächelt: «Ja, da hast du ja auch einiges zu bieten.»

«Und dann kam dieser eine Abend, als ich nicht schlafen konnte. Ich bin runtergegangen zur Bar, habe mir nur ein Kleidchen übergeworfen, war schon abgeschminkt und wollte noch einen Kamillentee trinken. Da sind die beiden auf mich zugekommen. Sie hatten den Tag über am Strand das Bogenschiessen und Boggia-Spiel angeleitet, sogenannte Animateure also. Ich habe noch bei mir gedacht, das ist jetzt ihr Job, mich einsame Frau an der Bar zu unterhalten, und ich bin deshalb nicht abweisend oder wortkarg gewesen, sondern offen und entspannt, es war ja schon nach zwölf. Zuerst das übliche Blabla, sie haben beide Deutsch gesprochen, der eine ein Holländer, der andere Schwede, wobei nur der Schwede blond. Woher kommst du, bist du alleine hier etc. Aber auf einmal sagt der Holländer: ‹Du machst uns unheimlich an, wir würden gerne mit dir in ein Zimmer gehen und Sex mit dir haben.› Irgendwie bin ich gut drauf gewesen und habe geantwortet: ‹Nein danke, ich habe soeben Sex mit meinem Mann gehabt.› Aber er hat nicht aufgegeben: ‹Wann machst du es am liebsten: am Morgen, am Mittag oder am Abend?› Ich wieder frech und munter: ‹Am liebsten den ganzen Tag lang.› Er: ‹Okay, könnte denn wenigstens einer von uns mit dir und deinem Mann einen Dreier machen?› Ich: ‹Ich glaube nicht, dass mein Mann Freude daran hätte.› Er: ‹Aber könnten wir euch dabei zusehen?› Ich: ‹Das überlege ich mir.›

Irgendwie ist mir dann doch mulmig geworden. Die wenigen Leute in der Bar haben mich auf den Gedanken gebracht, dass die beiden wohl gar nicht mehr im Dienst waren, und ich habe mir auf einmal die Frage gestellt, wie ich sicher ins Hotelzimmer zurückkommen würde. Als die beiden zur Bar gegangen sind, um Nachschub zu holen, bin ich zum Lift gerast. Und kaum habe ich den Lift betreten, sind sie auf mich zugekommen. Und ich habe ihnen gerade noch süffisant zuwinken können, bevor die Lifttür zugegangen ist. Gerettet, habe ich gedacht.»

«Wow, ich wusste gar nicht, dass du so mutig und schlagfertig bist», meint Sandrine anerkennend. Sie zündet sich lässig eine Zigarette an. «Aber erzähl weiter, ist es denn noch zu dem flotten Dreier gekommen?»

Ich reisse entsetzt die Augenbrauen hoch und wehre ab: «Hey, wo denkst du hin. Ich stehe doch noch ganz am Anfang meiner Flirtkarriere. Aber schon am nächsten Abend bin ich wieder über die beiden gestolpert. Als ich an der Bar die Drinks für Lea und Philippe geholt habe. Sie haben ein wenig mit mir geplaudert und mich dabei natürlich von oben bis unten gemustert. Ob ich in die Disco käme? Nein, heute sicher nicht. Aber morgen vielleicht?

Auf alle Fälle habe ich die beiden noch zwei Mal getroffen. Einmal, als ich mir etwas zu trinken holen wollte. Mein Magen fuhr Karussell, und ich lechzte nach einem Tee. Also bin ich spätabends nochmals zur Bar runtergegangen, Philippe und Lea schliefen bereits, und wer stand wieder da? Die beiden. Ich habe mich zu ihnen hingesetzt und die verrückteste Konversation aller Zeiten geführt. Begonnen hat sie ganz normal. Small Talk. Dann haben sie plötzlich das Thema gewechselt: Wie ich es denn am liebsten mit Philippe treibe? Wie es bei uns anfange? Ob wir uns zuerst küssen würden oder umarmen oder gleich ausziehen? Ob ich gerne schlecke. Ob ich gerne geschleckt werde? Wie es mit Analsex stehe. Bis zu diesem Punkt habe ich ihre Fragen freiwillig beantwortet, bin sogar etwas stolz auf mich gewesen, dass ich so offen über all das habe reden können. Die Tatsache, dass ich in meinem schwarzen Kleid und ohne Slip dagesessen bin, hat mein persönliches Vergnügen noch erhöht. Beim Analsex habe ich dann etwas abgeklemmt. Damit habe ich schliesslich keine Erfahrung, und ich wollte mir keine Blösse geben. Ob ich auch schon mal gebumst hätte, dann seinen Riemen geschleckt und wieder gebumst und wieder geschleckt? Auch hier bin ich unsicher geworden und habe nur frech geantwortet, ich würde es ausprobieren und ihnen dann erzählen, wie es war. Damit bin ich aufgestanden und aufs Zimmer gegangen, wild entschlossen, Philippe dazu zu verführen. Dieses animalische Interesse der beiden an mir hat mich so richtig angemacht. Gleich am nächsten Tag habe ich es mit Philippe ausprobiert. Im Badezimmer, weil wir uns das Schlafzimmer mit Lea geteilt haben. Wir haben einfach genialen Sex gehabt, und ich bin gleich drei Mal gekommen.»

«Na, jetzt gefällt mir deine Geschichte allmählich, Baby. Aber erzähl weiter, ich höre zu», meint Sandrine mit glänzenden Augen.

«Das letzte Mal habe ich sie dann kurz vor ihrer Abreise getroffen. Sie haben mich tagsüber aufgespürt und mich gefragt, ob ich am Abend auf einen Drink in die Réception komme und anschliessend in die Disco. Ich habe zugesagt, obwohl ich wusste, dass das keine einfache Geschichte werden würde. Und wieder das Gleiche, wir haben über Sex geredet, bis wir alle furchtbar scharf gewesen sind. Dann sind wir auf die Tanzfläche gegangen, und beide sind abwechslungsweise zu mir gekommen und wir haben Körper an Körper getanzt, wobei ich ihre Härte deutlich habe spüren können. Es ist mir dann am Ende gelungen, mich anständig aus der Sache zu verabschieden, wir haben noch E-Mail-Adressen ausgetauscht, und das wars.»

Sandrine ist erstaunt. «Na also, Alé, ist doch halb so schlimm, es ist doch nichts passiert.»

«Doch, Sandrine, *in mir drin* ist etwas passiert. Die raue Sprache der beiden, ihre Begierde nach mir, ihre blanke Lust hat in mir etwas verschoben. Es ist nichts mehr am richtigen Ort. Und der Beweis dafür ist ein Traum, den ich nach dem Abend in der Disco hatte. Der Traum ist das eigentlich Schlimme, und er ist mir noch so präsent, als hätte ich ihn vor fünf Minuten zu Ende geträumt. Ich glaube, es ist die beste erotische Fantasie, die ich je hatte.»

«Also, her mit dem Traum, ich nehme doch an ...», fordert Sandrine lächelnd, und ich lächle zurück, nicke und beende ihren Satz: »... ja, ich erinnere mich noch bis ins kleinste Detail daran!»

Ich tanze in der Disco, und ich bestehe fast nur noch aus Hüften und weichen Bewegungen, und um mich herum tanzen viele Männer. Immer wieder kommt einer zu mir, tanzt vor mir, hinter mir, neben mir Samba oder nur Anmachtanz, und ich spüre bei allen, dass sie harte Schwänze haben. Diejenigen, die nicht tanzen, sitzen mit einem Glas Whisky oder einer Zigarette in der Hand da und starren mich an, und in ihren Augen sehe ich Lüsternheit und Begierde. Irgendwann ist einer hinter mir, und er tanzt nicht nur mit mir, sondern flüstert mir ins Ohr: «Du bist unglaublich schön, ich bewundere deine Bewegungen, ich könnte die ganze Nacht so mit dir tanzen.» Wir setzen uns hin. «Was hast du an?», will er wissen. «Einen roten String», meine ich und lächle. Er sieht mich an und sagt: «Oh, Rot, wie ich das liebe. Du hast rote Lippen, und du trägst einen roten String, das macht mich an, zeig mir den String.» Und mitten im Getümmel zeige ich ihm den Stringfaden an meiner Hüfte. «Bist du rasiert? Ganz? Oder hast du noch Haare? Wie sehen sie aus?» Ich beschreibe sie, er will genau wissen, ob es nur eine dünne Haarlinie ist, oder ob sich die Schamhaare bei der Klitoris zu einem kleinen Dreieck verbreitern. «Komm, wir gehen raus», meint er und nimmt ganz selbstverständlich meine Hand. Dann wandern wir eng umschlungen Richtung Meer, wie ein Liebespaar. Dabei redet er ununterbrochen. «Du bewegst dich wie eine

Katze, das macht mich an. Du ziehst dich so jung an, aber ich weiss, du bist eine erfahrene Frau. Ich bin sicher zehn Jahre jünger als du, du wirst mir noch einiges beibringen können.» Und ich antworte ganz unromantisch darauf: »Ich bringe dir gar nichts bei, ich bin verheiratet und meinem Mann gegenüber sehr loyal.» – «Deine Haare sind ganz weich, und beim Tanzen habe ich die ganze Zeit auf deine Lippen gestarrt, sie sind so schön, und ich habe mich gefragt, ob deine anderen Lippen auch so schön sind.» Bis dahin war er in Führung – oder besser gesagt: Verführung. «Komm, wir gehen schwimmen», schlage ich dann vor. Er traut seinen Ohren nicht, aber ich meine es ernst und ziehe ihn bis zu einer Stelle am Strand, die nur schwach beleuchtet ist. Ich ziehe mich aus bis auf den roten String und wate in das dunkle Wasser, während er noch seine Kleider ordentlich auf einen Liegestuhl legt. Er rennt hinter mir her, und ich erwarte, dass er seinen Slip ebenfalls angelassen hat. Doch er ist nackt, und sein Ständer sticht steil und weiss in die Höhe. Wir versuchen zu schwimmen, aber die Wellen sind hoch und werfen uns immer wieder zurück. Wir legen uns romantisch an den Strand, und er will gleich meine Brüste küssen, aber ich wehre ihn ab: «Hey, ich sagte doch, nicht anfassen, ich bin verheiratet.» Seine Versuche, mich zu umarmen, misslingen, weil die Brandung uns erreicht. Wir retten uns zu unseren Kleidern zurück. Hier umarmt er mich und versucht mich zu küssen. Ich wehre mich, flehe, bitte nicht, bitte nicht küssen, wenn ich dich küsse, dann schlafe ich mit dir. Bitte nicht. Er lässt nicht locker. Nicht küssen, nicht schlecken, nicht bumsen, wiederhole ich in einem fort. Bitte, bitte, bitte. Endlich lässt er mich los aus der Umarmung. «Du kannst mich anschauen», schlage ich vor, um mich zu retten. Also zeige dich, stell dich dort ins Licht. Ich trete ins spärliche Licht und drehe mich um die eigene Achse. «Schön, sehr schön», raunt er. «Komm, zieh den String aus, ich will sehen, wie du rasiert bist.» Doch jetzt werde ich verstockt und verbockt. Nein, ich will nicht. Ich setze mich auf einen Stuhl und er setzt sich mir gegenüber. Hast du es schon einmal so auf einem Stuhl gemacht? Ich: Andauernd. Sein Glied ist unübersehbar gross und steil. Fass mich an, fordert er. Nein. Schleck mich. Nein. Zieh den String aus. Nein. Küss mich. Nein. Ich bin völlig verbockt. Er beugt sich auf einmal sehr zärtlich zu mir vor und flüstert: »Du kannst mir vertrauen, ich will nichts Böses. Komm, ich ziehe dir den String aus.» Und ganz behutsam küsst er mich auf die Nasenspitze und streift mir den String die Beine hinunter. Da sitze ich splitterfasernackt auf dem Stuhl und friere und schäme mich. Er kann in der Dunkelheit meine Vagina nicht sehen. «Ich kann nichts sehen», stellt er verzweifelt fest. Ja, lass uns wieder die Kleider anziehen. Inzwischen habe ich wie ein Schulmädchen nach einem Tuch gegriffen, das dalag, und halte es vor meine Blösse. Wir stehen auf und ziehen uns an. String und BH lasse ich in meiner Tasche verschwinden, alles ist voller Sand. Wieder gehen wir Arm in Arm zurück. Wir setzen uns auf einer Liege hin, er legt eine Hand auf meinen Bauch, die andere auf mein Knie. Er streichelt mich sanft und sieht mir tief in die Augen. «Du bist so schön, deine Augen glänzen im Mondlicht, mit dir möchte ich neu anfangen.» Er küsst mich sanft auf die Wange, streichelt meinen Bauch und meint: «Unglaublich, dass du ein Kind hast, du siehst toll aus.» Seine Hand wandert vom Knie aus höher. Und während er mir Komplimente macht, mir Honig um den Mund schmiert, gehen mir zwei Gedanken durch den Kopf: Ach ist das schön! Aber auch: Achtung, das ist eine Masche. So wird Verliebtheit erzeugt, die keine ist.

Auf einmal befürchte ich, Philippe könnte aufwachen und sich fragen, wo ich bleibe. Ich bekomme Angst und sage: «Lass uns ins Hotel zurückgehen.» Er begleitet mich wortlos bis kurz vor meine Tür. Dort presst er mich gegen die Wand, ich spüre seine Lust, er küsst mich auf die Schulter, und ich spüre ganz deutlich, jetzt dann, in drei Sekunden, ist es vorbei mit mei-

nem Widerstand. Vor lauter NEIN, NEIN, NEIN, vor lauter Abwägen zwischen Gefahr und Gefährlichkeit habe ich bisher keine Begierde verspürt. Aber jetzt, bei der Wandpresserei spüre ich das Verlangen, mich gehen zu lassen, ihn zu küssen. Also drehe ich mich um und gehe einfach davon.

Sandrine schaut mich mit einer hochgezogenen Braue an. Das macht sie immer, wenn sie etwas hinterfragt. Langsam bläst sie den letzten Rauch aus und drückt mit einer geübten Bewegung die Zigarette aus. Oje, ein Zeichen für mich. Jetzt kommt es dick.

«Liebe Alé, ich muss dich rügen. Aber es ist keine moralische Rüge, wie du sie wohl von mir erwartest, sondern eine Freundinnenrüge. Glaubst du wirklich, du kannst mich reinlegen? Mich auf eine falsche Fährte lenken mit deiner Traumgeschichte? Das ist doch alles passiert! Ich kenne dich gut genug, um zu wissen, dass du zu so etwas Verrücktem fähig bist. Und du willst es dir einfach nicht eingestehen, dass die brave Alé, die seit x Jahren – wie viele sind es eigentlich? – verheiratete Alé, die treue Alé dermassen ausgebrochen ist.»

Ich möchte sofort mit einer Rechtfertigung loslegen, aber Sandrine hebt die Hand und macht eine ruckartige Bewegung, die mir klar macht, dass sie noch nicht fertig ist. Ich klappe den Mund wieder zu, und Sandrine fährt fort:

«Aber langsam, eins nach dem andern. Ich habe es dir ja schon immer gesagt: Du siehst klasse aus, und wenn ich ein Mann wäre, ich würde mich Hals über Kopf in dich verlieben. Eigentlich bin ich richtig froh, dass du diese innere Verschiebung erlebst. Das heisst nämlich: *das Leben spüren.* Jetzt erlebst du, wie es ist, wenn du dein Blut in den Ohren rauschen hörst und es zwischen den Beinen pulsiert. Dass du wie nach einem langen Dornröschenschlaf ausprobieren willst, wie du wirkst, ist doch nur normal. Und ich finde, du hast zuerst ganz schön viele Aufwärmübungen gebraucht. Prinz Christoph hat sich ja wirklich durch viele Rosen und Hecken und Dornen durchkämpfen müssen, ist immer wieder von dir zurückgewiesen worden, bis er dir endlich mal an den Arsch langen durfte, der Arme, ein karger Lohn für seine Gier.

Und jetzt ist eben in den Ferien die Post abgegangen. Ich kenne diese Atmosphäre gut: Es ist heiss, alle haben fast nichts an, die Luft ist förmlich geschwängert mit Erotik, Leidenschaft und Begierde, die Stimmung wird durch Musik und Blicke noch aufgeheizt. Als ich vor drei Jahren einmal auf den Kanarischen Inseln war und mich im Meer abgekühlt habe, ist auf einmal ein Typ neben mir aufgetaucht. Wir haben zu quasseln begonnen, und plötzlich fragt er mich: ‹Ist irgendetwas Spezielles an deinem Körper? Ein Tattoo, ein Piercing, lange Schamlippen, irgendetwas?› Kannst du dich noch an meinen Ex, Rodriguez, erinnern? Wir waren ja schon halb am Auseinandergehen, diese Ferien waren sozusagen der letzte Kittversuch. Er hatte sich mit Kopfschmerzen ins Bett gelegt, also war ich unbeobachtet und irgendwie in einem Romantik- und Sexmanko. Also habe ich dem Typen verraten, dass ich neben der Brustwarze ein Tattoo in Form einer Tigertatze habe. ‹Zeig es mir›, hat er lüstern verlangt und ist auf mich zugekommen. Ich habe ein paar Sekunden gezögert – du weisst ja, wie viel Überwindung ich immer dazu brauche, meine Brüste zu zeigen – aber dann habe ich mein Bikinioberteil runtergezogen, alles unter Wasser. ‹Oh mein Gott›, hat er ehrlich erstaunt und begeistert gesagt, und das war wie ein Schmetterlingskuss auf meine Seele. Wir haben noch über dies und das geplaudert, dann sind wir rausgegangen aus dem Wasser. Ich habe gefroren, und er hat es gemerkt und nochmals gefordert: ‹Zeig mir, wie sie aussehen, wenn du frierst!› Und mitten am Strand unter der Süsswasserdusche habe ich nochmals am Oberteil gezupft, so dass er einen Blick erhaschen konnte.»

Nun kann ich mich nicht mehr zurückhalten und platze los: «Aber jetzt bin ich an der Reihe, dich zu rügen! Nur für ein Detail. Aber bei deiner Busen-Zeige-Story ist mir wieder einmal aufgefallen, wie du dich selber runtermachst. Ich finde, du hast den schönsten Busen aller Zeiten, ja, er ist speziell und deshalb umso schöner und begehrenswerter. Du sollst ihn zeigen, wann immer du willst. Was fällt uns Frauen überhaupt ein, uns selbst wegen vermeintlicher kleinster körperlicher Mängel so niederzumachen? Hier ein Speckröllchen, da ein Tränensäckchen, dort ein Fältchen, hier ein Härchen. Und obwohl wir eigentlich wunderschön sind, jede Frau in ihrer Einzigartigkeit, lassen wir uns von den Medien die ganze Zeit einreden, dass wir es nicht sind. In den Ferien habe ich am Dessertbuffet ganz zufällig eine Dora kennengelernt. Sie hat sich die Lippen spritzen lassen, und sie musste jeden Abend schon um 18 Uhr vom Strand aufbrechen, damit sie um 19 Uhr topgestylt zum Essen erscheinen konnte. Jeden Abend mit einer anderen Frisur. Ihre Nägel waren aufgeklebt und toll verziert, ihre Füsse feinsäuberlich bei der Pediküre aufgemotzt. Und ihr nächstes Projekt ist die Operation der Schlupflider. Mein Gott, die Frau hat eine tolle Ausstrahlung, und gibt ihr ganzes Geld für diesen Schönheitswahn aus. Du kennst mich, ich habe auch gerne schöne Kleider und gesunde Haare, ich finde es ist zu früh, meine grauen Haare in aller Pracht zu demonstrieren, und ich probiere gerne ein neues Make-up aus. Aber ich finde, ich bin auch ungeschminkt und ohne alle Töpfchen ein Rasseweib. Und du erst. Eine Traumfrau. Sportliche Figur, strahlende Augen, toller Busen, geniale Ausstrahlung und ein Riesenhirn! Gut, Ende der Moralpredigt.»

Meine ich es nur, oder sehe ich eine leichte Röte über Sandrines Wangen huschen?

Aber der Schelteschock hält nicht lange an, sie holt aus: «Wenn wir schon bei den Moralpredigten sind, dann mache ich gleich weiter. Aber zuerst: Danke, Alé, das hat wieder mal gut getan, die Wahrheit über meine Perfektion zu hören. Aber jetzt hör du mir gut zu:

Du beschreibst bei all deinen Erlebnissen, wie dich die Männer bewundern, wie sie jede deiner Bewegungen als grosses Wunder erleben, auch was du anhast, wie du geschminkt bist, wie du dich präsentierst. Das ist einfach ein geniales Gefühl, und eigentlich kommt es ja nur in der Verliebtheitsphase vor. Deshalb verliebe ich mich so oft, ich kann nicht genug kriegen von dem Gefühl, einmalig zu sein. Dann sagt da einer auf einmal: ‹Es haut mich um, wie du nach dem Wasserglas greifst. Diese Handbewegung ist so voller Grazie, und dann funkelt der Stein auf deinem Fingerring und alles an dir fängt an zu strahlen und zu glitzern.› Zwei Monate später sagt er dann, deine Hand sieht toll aus, hast du schon mal versucht, rote künstliche Nägel aufzukleben, das würde deine Finger noch schlanker machen. Und schon sitzt du in der Falle und kaufst am nächsten Tag die falschen Nägel, obwohl du damit überhaupt nicht mehr tippen kannst und dir persönlich eigentlich nur farblose Nägel gefallen. Und so geht es weiter. Zuerst ist dein Hüftschwung bezaubernd, aber noch schöner wäre es, wenn drei Kilo weniger drauf wären. Deine Unterwäsche macht ihn heiss, aber Strapse würden alles noch viel delikater präsentieren. Und ehe du dich versiehst, stehst du da, eine aufgedonnerte billige Schlampe, die ihren eigenen Geschmack wegen *ihm* vergessen hat, die im Fitnesszentrum für *ihn* leidet und ihr gesamtes Geld für *seine* Extrawünsche ausgibt. Sorry, das ist jetzt etwas pessimistisch. Und wahrscheinlich habe ich genau darum keine langen festen Beziehungen, weil ich nur hören will, dass mein Leberflecklein auf dem linken Ellbogen das Nonplusultra ist und die Art und Weise, wie ich ‹Whisky› ausspreche, einfach bezaubernd.»

Ich muss laut lachen, das hat Sandrine süss gesagt. «Bitte sag noch mal ‹Whisky›, nur noch einmal für mich», bettle ich in meinem Übermut.

«Whisky», murmelt sie zuerst, dann seufzt sie es, dann stöhnt sie es. Und als der Kellner vorbeikommt und kurz innehält, winken wir beide lachend ab und bestellen stattdessen noch eine Runde Tee.

«Aber jetzt nochmals zu dir», nimmt Sandrine den Faden wieder auf, als wir uns beruhigt haben. «Ich finde das alles halb so schlimm. So an den Grenzen herumzukratzen, herauszufinden, ob ein sanfter Kuss auf das Ohrläppchen nun schon unter Betrug fällt oder nicht, ist sicher sehr anstrengend, und ich verstehe, dass dich diese Grenzwanderung krank macht. Wobei ich selbst natürlich, was die moralischen Normvorstellungen betrifft, unter verantwortungslos und schamlos laufe, wie du weisst. Und ich denke ja auch nicht daran, in eine der Liebesfallen zu taumeln, zu heiraten oder Kinder zu bekommen. Ich will leben und das Leben in vollen Zügen geniessen.

Was mich krank macht, ist diese Monogampolitik der Kirche. Dabei ist es wissenschaftlich erwiesen, dass nur zehn Prozent der Spermien in einem Spermaschuss für die Fortpflanzung gedacht sind. Die restlichen neunzig Prozent sind Kämpferspermien, welche die anderen Spermaherde, die schon vorher da waren oder nachher kommen, natürlich von einem anderen Absender, niedermachen müssen. Das habe ich im Fernsehen gehört, und dein Christoph hat das ja auch bestätigt. Die Natur hat sich uns Frauen also polygam ausgedacht. Ich finde, es ist eine Schöpfungskränkung, das nicht zu berücksichtigen.»

Ich nicke nur und erinnere mich an das Interview mit Christoph, während ich genüsslich in das Amaretto beisse, das der nette Keller, wohl durch unser Whisky-Gestöhne positiv auf uns eingestimmt, dem Tee beigelegt hat.

«Ausserdem will ich das Subjekt sein und nur dann und wann das Objekt», ergänzt Sandrine ihre Ausführungen.

«Wie meinst du das mit dem Subjekt und dem Objekt?», frage ich nach.

«Die ganze Anmacherei, die du mir vorhin beschrieben hast, ist von den Männern ausgegangen. Du warst ihr Objekt. Das Objekt ihrer Geilheit und Begierde, Projektionsplattform für ihre Pornofantasien. Da war null Interesse an dir als Subjekt, als denkender Mensch mit Gefühlen und Wünschen. Sie berühren dich, sie schauen dir auf den Arsch, sie tanzen mit dir und lassen dich ihre Lust spüren, und du bist die ganze Zeit Objekt. Nur einmal, in deinem ‹Traum›, übernimmst du kurz die Initiative und schlägst das Baden im Meer vor. Aber auch danach ist alles auf dich als Objekt ausgelegt. Der Mann stellt Forderungen: Küss mich, greif an mein Lusthorn, lutsch mich, zieh den Slip aus. Kein Wunder, verkrampfst du dich, du hast in diesem Setting ja nichts zu melden. Du bist einfach nur das Objekt. Cool wäre gewesen, wenn du gesagt hättest: Stell dich auf den Stuhl und hol dir einen runter, und wenn du gekommen bist, dann zeichnest du mir mit deinem Samen ein Herz auf den Bauch. Ich glaube, der hätte das kaum überlebt. – Ach, Alé, jetzt überlegst du es dir sicher dreimal, mich weiterhin zu lieben …»

Ich falle ihr um den Hals, drücke sie an mich und flüstere ihr ins Ohr: «Oh, Sandrine, so eine gute Freundin zu haben, ist einfach toll, und ich bin so dankbar dafür. Bitte rede immer so mit mir, ich liebe es.»

Sie streichelt mir übers Haar und flüstert zurück: «Hey, ich kenne dich, jetzt sind die Ferien vorbei, und du findest den Rank nicht mehr nach all der Erotik. Du checkst deine E-Mails und bist enttäuscht, dass nichts von den beiden Anmachern in der Mailbox auf dich wartet, E-Mails mit lüsternen Fragen wie ‹Masturbierst du gerne?› oder ‹Wie tief kannst du einen Schwanz in den Mund nehmen?› Du hast doch ihre E-Mail-Adressen, worauf wartest du noch, schreib doch einfach.»

Wie gut, dass Freundinnen die innersten Nöte erspüren. Und so eine Erlaubnis ist wie eine Erlösung.

Auf dem Nachhauseweg lasse ich mir unser Gespräch durch den Kopf gehen. Sandrine hat völlig recht: Ich bin dauernd Objekt. Schon beim Mailen mit Christoph war ich es mehrheitlich, aber in diesen Ferien war ich es fast zu hundert Prozent, und das ist zu viel. Da werde ich auch irgendwie Opfer. Zum Opfer fremder Gelüste und Fantasien statt zur Hüterin und Göttin meiner eigenen.

Das Leben spüren und geniessen, das will ich mir zu Herzen nehmen. Was ist so schlimm daran, dass ich gerade jetzt meine nymphomanische Ader entdecke? Ich muss einfach meine Grenzen so ziehen, dass ich Subjekt bleibe und dass es für mich stimmt. Also tippe ich mein erstes Mail an Magnus123@hotmail.com. Magnus, der Schwede! Er ist wirklich ein Riese, obwohl ich mich heimlich natürlich schon gefragt habe, ob mit seinem Namen wohl ein anderer Körperteil gemeint ist. Aber auf alle Fälle hat er schöne blaue Augen und dichtes Flachshaar, das ihm wild ins Gesicht fällt, volle Lippen und eine Vorliebe für grüne Oberteile. Magnus, derjenige, der mir gefallen hat, der sehr gut Deutsch spricht und hoffentlich auch schreibt und wohl auch der Hellere der beiden ist. Und er ist ja weit weg, es kann mir also nichts passieren, wenn ich mit ihm ein wenig technisch verkabelt flirte. Oder?

Pussytalk

Betreff: Hallo
Hi Magnus

Ich wundere mich, warum du mir noch nicht geschrieben hast. Ich habe mir – mit einem Schuss schwarzem Humor gemischt – folgende Erklärungen dafür zurechtgelegt:

a) Du hast mich mit meiner Familie beobachtet und dir gesagt, dass du dieses Glück und diese Harmonie nicht weiter mit ungehörigen Fragen und heissen Blicken trüben willst.
b) Du hast eingesehen, dass ich mit meiner Hartnäckigkeit (nein, nein, nein, ich bin verheiratet!) ein zu schwieriger und aufwändiger Fall bin, und du hast die Akte geschlossen.
c) Du hast meine Adresse verloren und bist untröstlich darüber, und gerade eben, als du meine E-Mail bekommen hast, hast du einen Luftsprung gemacht.
d) Du wartest immer noch auf die Fotos und den Film, die dein Freund aus Holland von uns gemacht hat, als wir uns näher gekommen sind, um mich damit zu erpressen.
e) Du hast mir schon Tonnen von E-Mails und Liebesschwüren geschrieben, aber mein Spamfilter hat sie gleich aussortiert.
f) Du hattest nie vor mir zu schreiben, Grösse 40 und viel Brust ist nicht dein Stil.

Auf alle Fälle würde es mich interessieren, welche Antwort die richtige ist. Auch wenn du mir nicht schreiben willst, wäre es wichtig für mich zu wissen, warum du nicht schreiben willst. Also schreibe mir doch.

Alé

Kaum habe ich die Send-Taste gedrückt und mir einen neuen Tee gebraut, habe ich auch schon seine Antwort auf dem Rechner. Er freut sich offenbar, dass ich schreibe, gibt mir alle seine Koordinaten an samt Handynummer und Privatadresse und bittet mich, ihn am Abend nicht per Mail zu treffen, sondern direkt auf Messenger, das sei schneller und unkomplizierter. Er sei jetzt wieder in Schweden, sein Saisonvertrag sei abgelaufen. Leider keine Antwort auf meine etwas komplexe Frage, vielleicht überfordere ich ihn mit so vielen Gedankengängen. Vielleicht ist er im Sommer Animateur und sonst Bauarbeiter oder Taxichauffeur oder Automechaniker oder Postbote? Nichts gegen diese Berufe, aber vielleicht ist er einfach kein Denker.

Ich bin nervös wie vor einem Date und sitze schon eine halbe Stunde vorher am Computer. Lea liest noch in ihrem Buch aus der Bibliothek, und Philippe ist an seinem Politabend.

Pling, Magnus ist online.

–

Hi Baby, wie geht es dir?

–

Gut, und wie geht es dir? Müssen wir eigentlich mit diesem Small Talk anfangen? Du willst ja in Wirklichkeit gar nicht wissen, wie es mir geht, oder?

–

Ja, du hast recht, ich will wissen, was für Fantasien du hast. Denn ich habe so einige über dich.

–

Danke – das ist ehrlich. Ich habe mir auch ein paar nette Sachen vorgestellt.

–

Sag mir bitte, was für Sachen!

–

Ich habe mir vorgestellt, wie ich dich von der Bartheke einfach in die Damentoilette mitgerissen hätte.

–

Oh, das gefällt mir. Was hättest du dort gemacht?

–

Ich hätte dich geküsst, und du hättest mich überall berühren dürfen.

–

Jetzt bin ich schon ganz hart. Ich will mich aber nicht selbst berühren!

–

Warum nicht?

–

Ich will, dass du meine Geilheit live zu spüren bekommst.

–

Beschreib mir deine Schärfe!

–

Er ist gross und steht steil nach oben. Wie gut lutschst du?

–

Mein Mann sagt, ich hätte den schwarzen Gürtel im Schlecken. Wie hast du es am liebsten?

–

Oh mhmmm, schwarzer Gürtel klingt verlockend. Am liebsten habe ich es, wenn das ganze Teil im Mund der Frau verschwindet und sie dann meine Eier schleckt.

–

Jetzt bin ich frustriert. Ich dachte immer, ich sei gut im Blasen, aber jetzt habe ich wohl doch nur den braunen Gürtel.

–

Warum?

–

Ich glaube nicht, dass ich das schaffen würde. Ausserdem habe ich den Verdacht, dass du das gar nie erlebt hast und das nur eine Fantasie ist. Also hätte ich den schwarzen Gürtel wieder. Oder du hast es wirklich erlebt, aber dann bei einer professionellen Schwanzschleckerin, die du dafür bezahlst und die jeden Tag übt. Und somit hätte ich den schwarzen Gürtel in der Laienliga, damit wäre ich auch zufrieden.

–

Nein, nein, Alé, sorry für den Frust, aber meine Ex hat mich so geschleckt. Hast du eigentlich Bilder von dir? Worte allein genügen mir nicht. Bin schon extrem steif. Hast du ein Bild, auf dem du nackt bist?

–

Zwei Minuten Pause.

–

Hier hast du ein Foto, aber mit Kleidern. Hat etwas Zeit gebraucht, bis ich eines gefunden habe, auf dem ich rote Lippen habe. Wie kommst du dazu zu denken, ich würde dir ein Nacktfoto von mir senden? Ich kenne dich doch kaum. Woher soll ich wissen, dass in einer Woche nicht plötzlich eine neue erotische Webpage existiert mit einer Sammlung schöner Bilder von mir? Und wenn mein Mann mal was im Netz sucht, um sich zu erfreuen, sieht er seine Frau vom Bildschirm lächeln. Dafür müsstest du mir zuerst deine absolute Vertrauenswürdigkeit beweisen. Ich warte auf überzeugende Argumente.

–

Das Foto ist wunderschön. Deine roten Lippen sind zauberhaft, und du siehst einfach gut aus. Du gefällst mir sehr. Aber noch lieber hätte ich ein Bild von dir nackt ... Zeig mir doch wenigstens deine Pussy.

–

Danke für das Kompliment – kein Bild ohne Vertrauensbeweis.

–

Du kannst mir vertrauen, du hast mir auch schon in der Disco und bei unserem Spaziergang am Meer vertrauen können. Ich habe dein Nein immer respektiert, obwohl ich fast umgekommen bin vor Lust nach dir. Aber wenn du mir nicht vertraust, dann schalte doch deine Webcam ein, dann siehst du meine Augen und merkst, wie ernst es mir ist.

–

Sorry, ich habe keine Webcam.

–

Wie schade. Aber dann kauf dir doch eine. Nein, besser, ich kaufe dir eine.

–

Vergiss es, ich lasse mich nicht kaufen!

–

Schick mir doch in der Zwischenzeit ein Bild von dir, am liebsten mit deiner Pussy drauf.

–

Du wiederholst dich! Nein.

–

Du wiederholst dich auch! Bitte!

–

Nein.

–

Bitte, deine Pussy, bitte.

–

Sorry, ich muss aufhören, mein Mann kommt bald heim. Und ich werde natürlich gleich Sex haben. Morgen Abend, gleiche Zeit.

Ich bin froh, dass Philippe bald kommt. Es ödet mich so richtig an, dass der gute Mann einfach nur meine Muschi, meine Traumhöhle, meine Sehnsuchtsgrotte, mein verwunschenes Tor zu Lust und Leidenschaft, sehen will. Wie ein Stier, der nur noch das rote Tuch sieht. Bestehe ich denn nur aus dieser einen Öffnung? Bin ich reduziert auf das eine Loch? Ich kann es schon nicht mehr hören. Pussy, Pussy, Pussy, hau ab mit deiner Pussy. Ich bin doch mehr als das. Aber das soll mir eine Lehre sein. Diese Männer wollen nur das eine, und dafür bin ich mir zu schade. Also, morgen Abend vertrödle ich noch ein wenig Zeit mit dem Pussy-Hirschen, dann beende ich die Sache für meinen Seelenfrieden, denn das ist mir nun wirklich zu blöd, dieses Pussy-ja-Pussy-nein-Spiel. Verdammt, bin ich enttäuscht. Kein Schmus, keine Wortspielereien. Okay, für einen Ausländer ist sein Deutsch wirklich fantastisch. Aber seine Intelligenz reisst bei der Scham der Frau einen jähen Stopp und löst sich dann in Luft auf. Wirklich, Alé, du bist schön doof zu meinen, du könntest irgendeinen Gewinn ziehen aus diesem Messenger-Verkehr. Er ist reduziert auf Pussys, Schwänze, Lutschen und Bumsen, und du bist die Muschi zeigende Motivatorin seiner Sexgier und Triebe. Und das ist einfach nicht das, was mich interessiert. Da müsste noch Sahne darüber, Emotionen, Hingabe, verbale Kunstfertigkeit, so dass auch noch ein paar Gehirnzellen zum Tanzen aufgefordert werden. Da lob ich mir Christoph, der war zwar auch nicht gerade ein Poet, aber dennoch kam da mehr als einfach nur Pussy, Pussy, Pussy.

Apropos Christoph, wie es ihm wohl geht? Soll ich mich bei ihm melden?

Es ist, als wäre in meiner Welt eine neue Türe aufgegangen. Ich sitze am Tisch mit Lea und Philippe, und wir essen Pizza. Aber eigentlich sitzen auch noch Christoph und Magnus da. Wobei ich sagen muss, dass Christoph meistens einfach ruhig an seiner Pizza knabbert und mich begehrlich ansieht, während mein innerer Blick jetzt ständig auf Magnus fällt. Obwohl er mich genervt hat mit seinem ewigen Pussy, Pussy, Pussy – Möse, Muschi, Höhle, Rille –, stelle ich mir vor, wie ich ihn anmache, wie ich ihn zu meinem Sexobjekt mache, wie er vor mir, von Gier gepeinigt, von Wollust durchdrungen, vor überschäumender Geilheit wimmert, und ich stelle erstaunt fest, dass ich eine kleine Machtdomina bin. Am liebsten mit Peitsche und in geilem, schwarzem Lackkostüm. Er soll leiden, stellvertretend für alle lustgeilen Männer, die Frauen nur als Objekte betrachten, er soll mein Spielzeugjunge sein, er soll wimmern und jammern und mich begehren und überhaupt.

«Lea, willst du noch ein Stück Pizza?», frage ich mütterlich und liebevoll. Wie schnell ich in diesen Welten herumflitzen kann: von Mama zu Domina, von Ehefrau zu Lustsubjekt.

Hi Baby, wie geht es dir? Hast du jetzt eine Webcam? Dann kannst du mich sehen und ich dich!

–

Nein, weiss gar nicht, wie so was geht, bin technisch unbegabt.

–

Schau, ich schicke dir gleich einen Link, dann kannst du mich sehen. Du musst nur anklicken, der Rest installiert sich dann selbst.

–

Drücken Sie hier, um Webcam Magnus zu aktivieren.

–

Wow, jetzt sehe ich dich, das haut mich um!

–

Warum?

–

Weil ich das unglaublich finde, dich auf einmal so vor mir zu haben.

–

Wie gefalle ich dir? Ist es nicht zu dunkel?

–

Ich sehe dich gut. Du siehst gut aus in dem weissen Shirt.

–

Danke.

–

Zieh es bitte aus, und zieh ein grünes an.

–

Warum?

–

Weil du jedes Mal, wenn ich dich gesehen habe, ein grünes Oberteil anhattest.

–

Okay, warte. – Wie gefalle ich dir jetzt?

–

Gut, Grün steht dir!

–

Was hast du an?

–

Ein Shirt.

–

Und was darunter?

–

Nichts.

–

Wow, du machst mich an! Zu schade, dass ich dich nicht sehen kann. Willst du nun nicht doch eine Webcam?

–

Du hast mich überzeugt, das ist toll, sich so anschauen zu können!

–

Wann besorgst du sie, morgen?

–

Hey, nicht so schnell, morgen arbeite ich, da habe ich keine Zeit.

–

Was arbeitest du?

–

Ist doch unwichtig, darüber will ich nicht reden.

–

Okay, du lebst wohl lieber mit mir in der Fantasie.

–

Genau!

–

Als ich dich das letzte Mal gesehen habe, warst du am Tanzen mit deiner Fantasie.

–

Aha, das hast du also gesehen.

–

Ja, ich habe dich schliesslich angestarrt und konnte meine Augen nicht mehr von dir abwenden.

–

Danke fürs Kompliment. Sag mal, trägst du nie Halsketten?

–

Nein, wieso?

–

Solche aus einem Lederband?

–

Nein, wieso?

–

Das gefällt mir an Männern, das macht mich an.

–

Leider nein. Aber ich zeige dir was anderes.

–

Wow, das ging zwar nur eine Sekunde, aber ich habe schon gesehen, dass dein Perlenstab unter dem Slip gross und hart ist.

–

Ja, du bist unglaublich heiss.

–

Wow, du siehst gut aus, wenn du eine Banane isst.

–

☺

–

Schleck sie, hey, schleck sie genüsslich, so wie du wolltest, dass ich deine Liebesfackel schlecke … Warum schleckst du nicht? Schleck die Banane, komm schon … Okay, ich bin zu weit gegangen, ich sehe, dass du auch ein wenig Scham hast, wenn ich Forderungen stelle, was die Männer üblicherweise tun.

–

Ja, ist ein komisches Gefühl, eine Banane zu schlecken, das kann ich nicht.

–

Und von den Frauen wird das die ganze Zeit verlangt.

–

Schleckst du auch gerne Bananen?

–

Nein, lieber Schwänze.

–

Du machst mich scharf.

–

Das habe ich auch beabsichtigt. Du hast keine Freundin? Wie gehst du mit deiner Lust um? Zufallssex, Masturbation, Prostitution?

–

Masturbation.

–

Wie?

–

Wie Männer das eben so tun.

–

Wo? Dusche, Bett oder Toilette?

–

Überall!

–

Wie oft am Tag?

–

Nicht jeden Tag.

–

Warum?

–

Ab jetzt jeden Tag!

–

Zeig mir doch, wie du es machst!

–

Warte lieber, bis du deine Webcam hast, dann machen wir es zusammen, okay?

–

Okay!

–

I love you.

–

Sag das bitte nicht, das finde ich sehr gefährlich! Sag lieber: Ich mag dich.

–

I love you.

–

Nein, nein, das meinst du nicht so! Ausserdem muss ich langsam Schluss machen.

–

Sehen wir uns morgen Abend, mit deiner Webcam?

–

Nein, morgen kann ich nicht, da ist mein Mann zu Hause, und die Webcam kann ich frühestens am Wochenende besorgen. Hetz mich nicht.

–

Wann sehen wir uns wieder?

–

Übermorgen. 21 Uhr.

–

Okay, kann es kaum erwarten, und nochmals: I love you.

Er meldet sich ab, sein Bild verschwindet von meinem Computer, und ich fühle mich innerlich aufgekratzt. In meinem Hirn schimpft es: So ein Blödsinn! Da sind wir schon wieder: von Pussy zu wahrer Liebe. I love you. Das sagt er einfach so! So einen hochexplosiven Satz schreibt er einfach so. Doch da ist er bei mir an der falschen Adresse, ich bin eine Liebesworteverächterin. Tausend Minuspunkte. Und gleich nochmals tausend Minuspunkte für die Pussy-Story. Was habe ich denn eigentlich von dem Ganzen?

Aber noch während mein Hirn das alles fein säuberlich seziert und analysiert, haben sich Magnus' Worte in mein Inneres vorgegraben, sich zwischen den Gedankengitterstäben durchgeschoben, die messerscharfen Analysestoppschilder umgangen und wider Erwarten ein Glücksgefühl ausgelöst. Er findet mich toll, er will mich sehen, er hat Gefühle für mich, das fühlt sich einfach gut an. Gerade dieses stupide «I love you» fühlt sich verdammt gut an. Kann mich nicht erinnern, wann Philippe das zuletzt gesagt hat. Meine Emotionslandschaft ist ausgetrocknet, die Gefühlsblüten lassen die Köpfe hängen, Lea und Sandrine und José wässern ein paar Ecken, aber das Mann-Frau-Terrain liegt vertrocknet, öde, staubig vor mir, und da kommt dieser Magnus, ein einfacher Mann mit brachialen Lüsten, und sagt einfach «I love you», und ob ich will oder nicht, ob es vernünftig ist oder nicht, giesst er damit kübelweise Wasser auf einen kleinen, verkümmerten, vertrockneten Samen. So wie es auch Christoph vor den Ferien getan hat. Muss ich eigentlich externe Gärtner für die Bewässerung anstellen? Geht das nur so?

Eines ist klar, ich will so eine Webcam, ich will gesehen werden! Das muss her.

Philippe versteht nicht, warum ich auf einmal eine Webcam brauche. Aber er ist zurzeit sehr mit sich selbst beschäftigt. Er nimmt zwar wahr, dass ich mehr Sex will – hoffentlich nimmt er das wahr. Aber er hat sich schon daran gewöhnt, dass ich dauernd scharf bin auf ihn, und sein aktuelles Projekt im Geschäft beschäftigt ihn bis in seine Träume. Also: Irgendwie komme ich mir ziemlich alleine vor mit meiner Grenzarbeit. Wenn ich wenigstens einen eifersüchtigen Ehemann hätte, der jeden Schritt von mir überwachen würde, das gäbe mir das Gefühl, ich hätte einen Wert. Doch er lässt mich machen und tun, interessiert sich kaum für meinen Tagesablauf, und somit habe ich die Narrenfreiheit für meine Fantasiebeschäftigung. Gleichzeitig erfüllt mich eine tiefe Traurigkeit. Je mehr ich mich mit Christoph oder Magnus abgebe, desto mehr entferne ich mich von ihm. Wo ist die Leidenschaft geblieben, die tiefen Blicke, das zärtliche Streicheln, wenn wir uns in der Küche kreuzen? Unser Abschiedskuss ist schon wie in den Filmen: ein Zusammenziehen der Lippen und eine kurze Berührung zweier zugespitzter Lippenpaare, kaum eine Sekunde lang, und der Geist ist schon vor der Türe. Das sind keine Abschiede mehr, das ist Routine, das ist Küssen ohne Sinn.

Liegt es nun an mir, dass ich mich entferne, oder gibt es diese Distanz schon lange zwischen uns? Verbindet uns zurzeit vor allem noch der Sex, und der Rest liegt im Tiefkühlfach der Vergangenheit? Wahrscheinlich stürze ich mich in diese Gespräche und diese Fiktionen hinein, träume wirres Zeug und male mir tolle Fantasien aus, um den Schmerz nicht zu spüren. Den Schmerz über die Erkenntnis, dass unsere Ehe einfach noch ist, nur noch funktioniert, eine Zweckgemeinschaft mit regelmässigem Austausch von Körperflüssigkeiten. Wir sichern uns gemeinsam finanziell ab, bilden eine Vertrauens- und Erziehungsbasis für Lea, und das wars? Und so soll ich versauern? In meinen besten Jahren? Wären diese Fehlgeburten doch alle da, in Fleisch und Blut, sässen mit mir am Tisch und würden mich fordern, wir wären eine grosse Familie, und ich hätte drei Gründe mehr, in meiner Situation auszuharren, nichts ändern zu wollen, keine Grenzen zu überschreiten. Wären sie doch alle da und wollten mit mir spazieren gehen und Geschichten hören und die Nägel geschnitten bekommen. Stattdessen ist meine Lea schon so gross und selbstständig, geht nachmittags zu Freundinnen, und kein Hahn kräht mehr nach mir. Philippe ist im Geschäft, Lea bei ihren Freundinnen. Aber es krähen ja Hähne nach mir: Christoph, Magnus und, wenn ich wollte, noch andere. Aber ist das der Sinn des Lebens? Oje, wenn ich beim Sinn des Lebens angekommen bin, sollte ich besser aufhören nachzudenken. Besser sollte ich nachrechnen, ob ich wohl wieder prämenstruell bin? Dann packen mich immer diese Elendsfragen, dann hinterfrage ich Sein und Nichtsein.

Ich möchte Sandrine sehen und ihr stolz erzählen, wie ich bei Magnus versucht habe, nicht nur Objekt zu sein. Ich war zwischendurch Subjekt und habe ihn zum Objekt gemacht: Zieh dich um, leck die Banane, zeig es mir etc. Da war ich in der Subjektposition, was eigentlich nichts anderes heisst, als dass ich in der Machtposition war! Da wären wir doch wieder beim Grundthema: Alles geht um Macht. Es geht nicht um Sex. Es geht um Macht. Ach, das beelendet mich noch mehr. Wie kann ich nur aufhören, darüber nachzudenken?

Und Philippe vergisst bestimmt unseren Hochzeitstag. Ich habe ihm mein Geschenk ja schon vor Wochen gekauft. Aber so wie er herumgeistert, in seine Geschäftsgedanken verwickelt, bin ich mir sicher, ihm ist nicht bewusst, dass übermorgen unser Hochzeitstag ist. Noch ein Grund mehr, depressiv zu werden. Dagegen gibt es nur eines: Arbeit!

Ich schaue ständig auf die Uhr. Dass Christoph sich inzwischen gemeldet hat und mich für den nächsten Tag zum Essen einlädt, zählt nicht. Ist unbedeutend. Dieser Magnus sitzt jetzt in meinem Hirn, in meinen Fantasien, und obwohl ich weiss, dass sein «I love you» nur so dahergeplappert war, ist dabei ein sanfter Hauch über meine Seele geweht. Ein Anflug von Romantik, von Sehnsucht nach Romantik.

Endlich 21 Uhr. Magnus meldet sich pünktlich, und innerlich bin ich auf ein Sexgespräch vorbereitet, meine Abwehrmechanismen für den Pussytalk stehen aufgerichtet bereit. Aber das Gespräch nimmt einen ganz anderen Verlauf. Er erzählt mir von seiner Ehe und wie es zur Scheidung kam, ich erzähle ihm von meiner Einsamkeit, wir sprechen über Hoffnungen und Zukunftsvisionen. Ich bin bass erstaunt: Aha, so geht es also auch.

Ha, das hat doch gutgetan. Einfach so plappern. Das Pussygespräch habe ich ihm verziehen. Er ist doch ganz nett und einfühlsam und liebevoll. Fast ein wenig zu gefährlich romantisch. Da muss ich aufpassen, dass mich das nicht reinnimmt. Ich merke, dass ich die Pussyforderungen sehr gut abwehren kann, aber bei dem romantischen Gesülze geht das wie kleine feine Nadelstiche unter die Haut und gefährlich nah ans Herz. Wie wird das wohl, wenn ich dann diese Kamera habe? Habe Philippe gesagt, ich bräuchte eine für Telefonkonferenzen mit dem Büro. Fühle ich mich schlecht? Fühle ich mich als Betrügerin? Als Lügnerin? Also, nach diesem Gespräch kann ich mir wirklich nichts vorwerfen. Das war doch absolut clean. Und ab und zu eine kleine Notlüge schadet doch nicht. Oder?

Am nächsten Tag überfällt sie mich, die unsägliche Lust, shoppen zu gehen. Sandrine hat keine Zeit, aber José ist abkömmlich. Ich muss etwas Neues haben, ich finde, meine gesamte Garderobe, mein Schuhwerk, mein Make-up, mein Outfit passen nicht mehr. Wie eine zu kleine Hose klemmt es überall. Es ist zu brav, zu bieder, zu klassisch, zu unattraktiv. Und ausserdem: Bald habe ich eine Webcam.

Auf einmal betrachte ich diese billigen Fashion Stores für Jugendliche mit anderen Augen: der optimale Ort, um sich billig in etwas Billiges zu verwandeln. José ist ein Ästhet und unerbittlich, er lässt nicht jeden Fummel durchgehen. Er kennt meine Schwachstellen (den Bauch) und meine Stärken (mein Busen, meine Beine), und so erstehen wir weisse Shorts und ein schwarzes Gilet, für den Ausschnitt eine lange Silberkette, eine silberne Jacke mit passendem Hut und weisse, strassbesetzte Stiefel. Einen pinkfarbenen Push-up-BH mit passendem String. Alles spottbillig. Für das gleiche Geld habe ich mir früher ein einziges Jackett gekauft. Dann noch einen dunkelroten Nagellack mit passendem Lippenstift. Ich bin glücklich und hebe fast ab vor Begeisterung. Ich fühle mich sexy, heissssss, hot, gestylt, in und freakig. Jetzt kommen wir der Lava schon näher.

Zu Hause mache ich vor Philippe die Show. Nachdem ich Nagellack und Lippenstift aufgetragen habe. Ich stolziere vor ihm her, strecke meinen Po nach hinten, mache Kussmündchen und benehme mich wie ein Teenager. Er schaut mich befremdet, ja fast angewidert an: «Was ist denn mit dir los, du siehst ja aus wie eine Nutte von der Strasse», meint er unwirsch. «Und mach bitte diesen Nagellack weg, das sieht aus wie Blut!», setzt er noch einen obendrauf.

Mein Höhenflug ist wie weggeblasen. Ich bin ernüchtert, frustriert, aggressiv. Darf ich mit 38 nicht mal wieder wie mit 18 sein? Darf ich nicht die grösste 38-jährige Sexbombe sein? Nutte sagt der zu mir! So eine Frechheit. Aber während ich mich im Bad wütend abschminke, gestehe ich mir ein, dass er recht hat. Sex ist zwar in. Sex sells. Die versteckte Botschaft dahinter gilt für mich aber wohl nicht mehr: Sei sexy, dann wirst du begehrt, dann kannst du dich fortpflanzen, sonst nicht. Und ich habe mich schon fortgepflanzt, okay, nicht mehrfach, aber immerhin. Wenn ich mich aber nicht ausrangiert fühlen will wie eine alte, verbrauchte Lokomotive, dann gibt es doch nur diesen einen Weg: Bleib sexy, bleib hipp, bleib nuttig, bleib in.

Sexlos, ungestylt, ungeliebt, frustriert gehe ich ins Bett, ohne Gutenachtkuss. Ich werde mich rächen, Philippe. Es gibt noch Männer, die auf so was stehen!

Hi Sugarbaby, hast du die Kamera?

–

Ja, siehst du mich jetzt?

–

Wow, ja, ich sehe dich, das haut mich fast um, du siehst so gut aus. Und ich sehe deine roten Lippen.

–

Ja, ich trage ja auch ein rotes Kleid. Du hast mich erwischt.

–

Wie erwischt?

–

Ich wollte nur mal ausprobieren, ob die Webcam funktioniert, und jetzt siehst du mich im Arbeitsoutfit.

–

Das gefällt mir aber gut.

–

Danke. Wenn ich Lea ins Bett gebracht habe, ziehe ich mich um.

–

Kann es kaum erwarten. Am besten, du ziehst gar nichts an.

–

Dazu bin ich zu verklemmt.

–

Das glaube ich dir nicht.

–

Ist aber so.

–

Zeig mir, wie du wohnst.

–

Aha, ich sehe dein Arbeitszimmer, sehr schön.

–

Mein Kabel reicht nicht für mehr.

–

Es sieht belebt aus bei dir. Meine Zimmer sind leer.

–

Ja, bei mir liegen überall Kindersachen herum. Manchmal wünschte ich mir wenigstens zwei Quadratmeter ohne ein Kinderspielzeug.

–

Hey, jetzt wirst du melancholisch.

–

Ja, manchmal habe ich den Wunsch, einfach davonzulaufen und alles liegen zu lassen.

–

Triff mich in Stockholm.

–

Nein.

–

Paris?

–

London?

–

Nein.

–

Zürich?

–

NEIN!

–

Komm zu mir?

–

Nein, nein, nein, vergiss es!

–

Ich gebe auf. Also, du willst dort bleiben.

–

Ist keine Frage des Wollens, ist einfach so.

–

Warte.

–

Hier, schau, dieses Essen habe ich mir gerade gekocht.

–

Dann lass ich dich mal in Ruhe essen, bringe mein Kind ins Bett und bin in 45 Minuten wieder zurück. Guten Appetit.

35 Minuten später.

Hier bin ich wieder.

–

Wow, siehst du gut aus!

–

Danke.

–

Steh mal auf, damit ich dich ganz sehen kann.

–

Diese weissen Shorts stehen dir gut, und die weissen Strassstiefel sind scharf, wow, das Gilet zeigt ziemlich viel Busen? Ist das neu? Ist das alles für mich?

–

Ja.

–

Ist dir kalt? Ich sehe deine Nippel.

–

Ja, es ist kühl geworden.

–

Deine Nippel sehen geil aus.

–

Was soll ich dazu sagen?

–

Sag nichts, zeig sie mir.

–

Nein.

–

Ich möchte so gerne sehen, wie deine Brüste aussehen.

–

Ach hör auf, ich ziehe mich hier doch nicht aus.

–

Schau, ich mache es auch.

–

Ja, aber nackte Männeroberkörper sind etwas anderes. Wobei – du siehst so oben ohne gar nicht schlecht aus.

–

Warum werden deine roten Lippen feucht? Bist du unten auch feucht?

–

Nein, ich habe wohl eher Lust auf etwas Süsses!

–

Wie zum Beispiel?

–

Schokolade, oder eine Banane.

–

BANANE!

–

Warte.

–

Wow, wie du die Banane schälst, das sieht grossartig aus, bei mir wird schon alles hart … Bitte binde dir die Haare zusammen.

–

Warum?

–

Weil ich dein Gesicht ganz sehen will, wenn du die Banane in deinen Mund schiebst.

–

Also warte.

–

Gut so?

–

Perfekt.

–

Du machst mich fertig, wie du diese Banane isst … Und wenn du sie so langsam im Mund drehst, dann wünsche ich mir, mein Ali Baba wäre darin.

–

Das ist ja der Sinn dieser Drehbewegung.

–

Schau dir das mal an. Einfach mit Doppelklick.

–

Warum schickst du mir einen solchen Film?

–

Gefällt er dir?

–

Nein, ich mag Pornos nicht. Und wie die Frau seinen Kolben schleckt, das ist für mich nichts Erregendes, ich mache das lieber selber.

–

Okay.

–

Du hast wohl keine Ahnung von der weiblichen Libido. Frauen sind nicht scharf auf Pornos. Die sind von Männern für Männer gemacht.

–

Sorry, ich habs kapiert. Kommt nicht wieder vor.

–

Was jetzt?

–

Zeig mir deine Brüste. Ich sehe schon die ganze Zeit, wie sie unter deinem Gilet hervorquellen.

–

Das kann ich doch nicht machen.

–

Doch, doch, du kannst es … Ich weiss was, hier hast du Musik.

–

Was muss ich jetzt tun?

–

Doppelklicken und runterladen. Die Musik wird dich in Schwung bringen.

–

Das dauert aber lange.

–

Ich warte gerne … So, und jetzt ganz langsam bewegen, bitte, damit ich keine Sekunde verpasse.

Drei Minuten später.
Ich bin verrückt, so was zu tun.

–

Du hast grossartig ausgesehen, wunderschöne Brüste, und der schönste Striptease, den ich je gesehen habe.

–

Ich fühle mich ziemlich komisch.

–

Bist du scharf geworden?

–

Nein.

–

Dann zeige ich dir was.

–

Wow, du gehst aber ran.

1 Minute später.

Zeig mir deine Pussy.

–

Bitte nicht schon wieder.

–

Bitte, ich habe dir auch alles gezeigt.

–

Nein, das kann ich nicht, bin wirklich zu scheu.

–

Brauchst du Musik dafür?

–

Vielleicht.

–

Hier.

–

Ja, Baby, schön langsam bewegen, ich sehe deinen String … Zieh den String aus, zeig mir deine Pussy.

–

Warum hörst du auf?

–

Ich kann nicht, ich kann einfach nicht.

–

Oh Mann, ich bin jetzt so geil, und du hörst einfach auf.

–

Dann onaniere doch einfach, ich schau dir gerne dabei zu … Und warum hörst du jetzt auf? Das ist für mich sehr speziell, einem Mann dabei zuzusehen, wie er seinen Prinzen so liebkost.

–

Ich kann so auch nicht, ich will dich bei mir haben.

–

Geht aber nicht.

–

Stockholm?

–

Vergiss es.

–

London?

–

Hör auf damit! … Wow, jetzt sitzen wir da wie zwei begossene Pudel, wenn der Sex nicht geklappt hat.

–

Ja, ausserdem bin ich müde.

–

Ich auch, ist ja schon fast Mitternacht.

–

Also, gehen wir schlafen?

–

Gute Nacht.

–

Wann sehe ich dich wieder?

–

Ich glaube, erst in fünf Tagen, vorher habe ich keine Möglichkeit.

–

Heisst das, dein Mann ist zu Hause?

–

Ja.

–

Und ihn bumst du dann?

–

Wahrscheinlich.

¬

Nachdem du dich bei mir aufgegeilt hast. So benutzt du mich?

–

Ich benutze dich nicht !!!!!!!!!!!!!!!!!

–

Okay, du benutzt mich nicht. Ich würde dich immer respektieren und nicht wie eine Hure behandeln.

–

Wie meinst du das?

–

Dass ich dich küssen würde, schlecken und in deinen Arsch ficken, und trotzdem würde ich dich anständig behandeln, nicht wie eine Hure.

–

Na, danke, dass du mich so «nett» behandelst.

–

Jetzt bist du sauer.

–

Ein wenig.

–

Sex ist nicht alles.

–

Einverstanden.

–

Sex und Gefühle, das ist schön, und das weisst du auch.

–

Ja, das weiss ich.

–

Es war schön, die *echte* Alé zu sehen.

–

Wie meinst du das denn nun wieder?

–

Eben die echte Alé.

–

Okay, bin wohl zu müde, lass uns schlafen gehen.

–

Schlaf gut.

–

Schlaf auch gut.

–

Träum süss.

–

Du auch.

Ich fühle mich beschissen. Was ist nur in mich gefahren? Wie komme ich dazu, so etwas zu tun? Spinne ich eigentlich? Ziehe mich halb aus vor einem Mann, und der onaniert dabei vor der Kamera? Wie konnte ich mich nur auf so etwas einlassen. Scheisse. Scheisse. Scheisse. Jetzt fühle ich mich wirklich saumies und betrügerisch. Klar, war alles clean. No kissing, no licking, no fucking. Aber trotzdem, ich bin zu weit gegangen. Und das Gerede von der Hure und der Pussy und überhaupt. Entschuldige mal, das sprengt doch jede Anstandsgrenze. Der Typ hat doch eine Schraube locker. Hockt da wohl jeden Abend vor der Webcam bei solchen Chats und verpasst dabei das richtige Leben. Zudem hat er ein Sexproblem. Wahrscheinlich ist drum seine Ehe in die Brüche gegangen. Der Mann ist ja total auf das weibliche Unterteil fixiert. Und das bin ich nicht. Also ginge es mit uns sowieso nicht gut. Pfui, Alé, daran darfst du nicht mal ansatzweise denken. Da gibt es kein Uns, kein Treffen, nichts. *Nichts*, hast du mich verstanden? So ein psychisch labiler, paranoider Sexfreak kommt doch niemals an Philippes Werte und Eigenschaften heran. *Niemals*. Und der Sex mit ihm wäre auch nicht besser, weil er ja nur ein Ziel hätte: dein Unterteil.

Und was nun? Wie weiter? Ich sollte diesen Kontakt sofort beenden. Sofort. Und trotzdem sitzt der Typ in meinem Hirn drin. Er hat ja auch die andere Seite, die feine, liebe I-love-you-Seite. Scheisse, da habe ich mich in was reingeritten.

Hochzeitstag

Er hat wirklich daran gedacht. Eine Rose steht auf dem Frühstückstisch und eine Karte. Ich bin sehr gerührt und verzeihe ihm sogar die Aversion gegen meine roten Fingernägel und die neuen Klamotten. Für den Abend hat er einen Tisch in unserem Lieblingslokal reserviert. Das freut mich sehr. Und es macht mir überhaupt nichts aus, dass ich zum Mittagessen mit Christoph verabredet bin. Um nervös oder aufgeregt zu sein, habe ich keine Zeit.

Natürlich ziehe ich die weissen Shorts an, aber unter dem Gilet trage ich noch ein weisses T-Shirt. Die Stiefel lasse ich zu Hause. Dunkelroter Lipliner und schimmernder pinkfarbener Lippenstift. Ich muss an den Zuhälter denken. Sehe ich jetzt säuisch aus, wenn meine Lippen einen dunklen Rand haben?

Ich erzähle Christoph ein paar Takte von den Ferien und meinen Flirtereien.

Zum Abschied faselt er ein wenig herum: «Falls du etwas tun möchtest, was du nicht tun möchtest, dann such dir einen, der … Ach, was, dann nimm doch einfach mich.»

Ich lache auf und schüttle den Kopf. «Kommt nicht in Frage, ich bleibe schön brav!»

«Komm, betrachte es wie das Rauchen. Leg das Laster zur Seite und denk nicht darüber nach. Dann kommst du auch nicht in Versuchung. Und wenn doch, dann nimm mich», flüstert er grosszügig.

«Okay, falls ich rückfällig werden sollte, gedenke ich deiner …» Und damit verlasse ich das Restaurant.

Als ich zu Hause den Computer anstelle, steht da von ihm nur:

Betreff: heissssss
Lass mich das Feuer deiner Zigarette sein.

Die Antwort habe ich schnell:

AW:
Lieber nicht, Waldbrandgefahr.

So, jetzt brauche ich aber einen Szenenwechsel. Das schlechte Gefühl nach meinem Webcam-Striptease, die schöne Rose von Philippe, die Anmache von Christoph – langsam kriege ich ein Emotionschaos. Darum schön langsam entwirren. Heute Abend ist jetzt erst einmal unser Hochzeitstag dran. Morgen Abend kläre ich die Sache mit Magnus und dem Striptease. Eine neue Angst befällt mich. Was ist, wenn er meinen Striptease heimlich aufgenommen hat? Ich habe nämlich entdeckt, dass die Webcam eine Aufnahmetaste hat. Was ist, wenn er den Film jetzt bei Chips und Bier zusammen mit seinen Freunden anschaut? Was ist, wenn ich seine Schwanzturnerei aus Versehen aufgenommen habe und Philippe mal die Webcam will und dieser ganzen Geschichte auf die Spur kommt? Ich versuche mich zu beruhigen, indem ich nochmals Philippes Karte lese. Da steht das Gleiche drin wie jedes Jahr: dass ich eine tolle Mutter bin, eine gute Partnerin und Gefährtin, dass er mich immer noch sexy findet und froh ist, mit mir verheiratet zu sein. Einerseits freut es mich, dass er das schreibt. Andererseits beelendet es mich auch. Wo ist die Leidenschaft geblieben? Wo unsere Abenteuerlust von früher? Ich versuche mich in Stimmung zu bringen und hole das Hochzeitsalbum hervor. Oh là, là: Da habe ich einen schön flachen Bauch. Philippe hat noch viel mehr Haare auf dem Kopf. Und hier lächeln wir uns ganz verklärt an, so verklärt wie schon seit Jahren nicht mehr. Ich klappe frustriert das Album zu, setze mich an den Computer, und meine Finger fliegen über die Tasten:

Lieber Ehemann

Es wird wohl Zeit, dass ich dir erzähle, was seit Monaten in mir passiert und was ich im stillen, geheimen Kämmerlein zu regeln versuche.

Seit einiger Zeit spüre ich, dass sich meine Mutterrolle verändert. Ich werde von Lea nicht mehr so gebraucht wie früher. Es ist nicht mehr das hundertprozentige Zeit- und Energiepensum, das ich geben muss. Lea ist schon so gross, sie hat ihre Freundinnen, will mich immer weniger, die Angespanntheit, in der ich jahrelang gelebt habe, das Nonstop-Programm hat sich entspannt, ja ist fast vorbei.

Und es ist jetzt so, als wäre eine lange in mir eingesperrte Tigerin aufgewacht, und diese Tigerin rüttelt an den Gitterstäben, brüllt laut und will raus. Aber was will diese Tigerin genau?

LEBENDIG sein:

- *lebendig sein heisst geliebt werden, Romantik erleben*
- *lebendig sein heisst begehrt werden*
- *lebendig sein heisst Sexualität ausleben*
- *lebendig sein heisst geniessen*
- *lebendig sein heisst Abenteuer erleben*
- *lebendig sein heisst spontan Verrücktes tun*
- *lebendig sein heisst auch mal unkonventionell sein*
- *lebendig sein heisst etwas intensiv erleben.*

Die Tigerin in mir ist gefangen von:

- *Routine*
- *Leistung*
- *Zeitfenstern*
- *Kontrolle über alles*
- *Mass halten*
- *konventionell, bürgerlich leben.*

Dem Kontrollfreak in mir, den du so oft anprangerst und blöd findest, kannst du zurzeit sehr dankbar sein. Er verhindert, dass diese Tigerin ausbricht und Schäden anrichtet.

Ich will kein neues Leben. Ich will keine Affären. Ich will keinen anderen Mann.

Ich will das alles mit dir erleben und merke plötzlich, dass du auf einem anderen Planeten zu Hause bist. Du bist auf einmal so weit von mir weg. Wenn ich einmal spontan nach Paris will (Abenteuer, Romantik), dann wehrst du total ab. Wenn ich unablässig Erotik und Sex will, dann hisst du die rote Fahne: zu viel, zu stressig, bitte nicht jetzt. Wenn ich einen Strip für dich machen will, dann rollen deine Augen Hilfe suchend zum Himmel: nur das nicht.

Oh, das tut unheimlich weh! Ich fühle mich dann extrem gekränkt, und diese Zurückweisung lässt einen Gitterstab des Tigerinnenkäfigs brechen.

Ich versuche meine Energien zu kanalisieren und umzuleiten. Aber die innere Tigerin ist nicht unbemerkt geblieben von der Männerwelt. Ich bekomme allerhand Angebote, die mein Tigerinnen-Bedürfnis genau abdecken: Komm, wir hauen zusammen ab (Abenteuer), ich würde dich sexuell extrem glücklich machen (Sexualität), ohne dich ist mein Leben sinnlos (Romantik) etc.

Und ich kämpfe gegen diese Angebote und gegen die innere Tigerin, ich will das alles doch mit dir erleben. Ich will nicht 13 Jahre Ehe und Treue über Bord werfen, nur weil da jetzt eine Tigerin aufgewacht ist. Ich will sie in unserem Ehebett haben.

Das bedingt aber, dass wir UNS einmal genauer und näher anschauen.

Ich habe immer gedacht, uns würde das nie passieren. Wir hätten vorgesorgt durch unsere Vereinbarung, einander immer gut zu schauen. Du hattest deine Hobbys, ich meine. Wir lassen einander viel Freiheit. Aber was wir übersehen haben, sind WIR als Paar.

Ich halte inne, lese nochmals durch, was ich da in einem Zug geschrieben habe. Nein, das geht nicht, das ist eine Krisenerklärung, kein Hochzeitsliebesbrief. Ich weiss, ich muss das alles sehr ernst nehmen. Ich lese nämlich jetzt schwarz auf weiss, dass ich nicht einfach so weitermachen kann mit meinen Fantasien, mit meinen Wünschen Christoph betreffend, meinen Webcam-Treffen mit Magnus. Mit jedem Klick auf dem Computer, mit jedem Mittagessen, mit jeder Träumerei rücke ich ein Stück weiter weg von Philippe. Es liegen schon ein paar Meter zwischen uns.

Ich zerreisse den Brief und schreibe einen neuen. Denselben, den ich seit 13 Jahren schreibe. Dass er ein toller Vater ist, dass ich ihn dafür bewundere, was er in seinem Job alles leistet, dass er mich sehr liebevoll und rücksichtsvoll behandelt und ich das sehr schätze, und dass ich ihn immer noch sehr attraktiv finde. Es ist nichts gelogen in diesem Brief. Es ist einfach nur die halbe Wahrheit, und mein Sehnen nach dem anderen schiebe ich weit weg.

Switch-Meisterin

Etwas beunruhigt mich. Ich bin gleichzeitig wahnsinnig erleichtert und zutiefst verunsichert über mein Geschick, von einer Sekunde zur anderen von einer Männergeschichte in die andere zu wechseln. So drücke ich die Send-Taste und schicke eine schwülstige E-Mail an Christoph los, und drei Sekunden später steht Philippe in der Tür, und ich kann ihn liebevoll anlächeln und dann mit ihm ausgehen und mich angeregt mit ihm über seine neusten Jobpläne unterhalten. Und als ich auf die Toilette gehe, um den Lippenstift nachzuziehen, schreibe ich noch schnell ein SMS an Magnus. Und das alles mache ich mit einer gefährlichen Kaltblütigkeit, ohne schlechtes Gewissen, einfach so: switch hier, switch da. Und natürlich mit allen Sicherheitsmassnahmen: sofort SMS löschen, sofort «send» und gleich «delete». Immerzu. Keine Spuren hinterlassen. Es macht mir Sorgen, dass ich das so gut kann. Ist das normal?

Gleichzeitig möchte ich mein altes Leben zurück. Ohne Vulkan. Ohne heissssss. Ohne Männer. Ich versuche die niedergerissenen Barrieren wieder aufzubauen, mische energielos Beton, um die Stützstangen zu verankern, aber wie ich es auch anstelle, der Beton trocknet nicht, die Stangen kippen um, die Schranken liegen halb zerbrochen am Boden. Es fehlt nicht mehr viel, dann überschreite ich die berüchtigte Treuelinie. Ich fühle es, ich bin nahe dran. Oh, Hilfe, wer kann mich stoppen? Philippe nicht! Er ist in seiner Welt, begreift nicht, was in mir vorgeht. Denkt, alles ist in Ordnung. Ich bin wie immer. Vielleicht etwas aufbrausender. Vielleicht etwas lustbetonter. Vielleicht sogar ein wenig nuttig. Aber er kapiert es nicht.

Obwohl ich null Bock habe, Loulou zu treffen, um mir wieder stundenlang ihr Gejammer über Werners neue Liebesaffäre anzuhören, bringe ich es nicht übers Herz, ihr Angebot auszuschlagen. Und Lea ist begeistert von der Idee, denn Loulous zwei Jungs haben es ihr angetan, nicht zu vergessen «la Lune» – der freche kleine Cockerspaniel. Kaum sind wir also bei dem schon fast luxuriösen Einfamilienhaus angekommen, sind Lea, die Jungs und der Hund schon auf irgendeinem Spielplatz verschwunden, und ich sitze mit Loulou ungestört auf der Gartenveranda.

Ich bin erstaunt, dass sie nicht wie üblich die Leidensmiene aufsetzt und mit dem Satz beginnt: «Weisst du schon das Neueste, jetzt hat er doch tatsächlich ...» Nein, sie rührt ein wenig in ihrem Café herum, wir reden uns mit Smalltalk warm, zuerst die Kinder, dann der Job – und dann bringt sie auf einmal diese famose Überlegung:

«Weisst du, ich habe mir viele Gedanken gemacht über meine aktuelle Situation. Und ich kann es Werner im Nachhinein eigentlich nicht verübeln, dass er mich für diese Elisabeth verlassen hat. Er ist bei mir einfach zu kurz gekommen, in verschiedenen Bereichen, nicht nur sexuell. Und wenn ich ganz ehrlich bin, dann bin ich selbst auf verschiedenen Gebieten einfach verhungert: Meine ganze Leidenschaft für Poesie, Kunst und Romantik war einfach total unterversorgt. Früher habe ich ihm am Abend vor dem Schlafengehen noch ein Gedicht vorgelesen. Er ist ab und zu mal an eine Ausstellung mitgekommen. Es gab zärtliche Momente. Aber das ist uns alles abhanden gekommen, so wie der wilde, unzensurierte Sex und die jährlichen Segeltörns, die für ihn so wichtig waren. Wir waren also wie zwei Verhungerte am gedeckten Tisch, auf dem einfach nicht die richtigen Speisen stehen.»

Ich bin sehr berührt von Loulous Offenheit. Wir reden noch lange über ihre Erkenntnis, dass ein Seitensprung immer auch etwas mit Angst vor Nähe und Intimität zu tun hat und dass bei einer Dreiecksbeziehung eben alle Angst davor haben: Elisabeth, weil sie sich durch Werners Ehe ja nicht auf etwas wirklich Ernstes und Verbindendes einlassen musste. Werner, weil er vor Loulous Nähe fliehen konnte. Und eben auch Loulou, die irgendwie noch nicht bereit war, den Abstand, der über all die Ehejahre zwischen ihr und Werner entstanden ist – sei es durch die Geburt der Kinder, wegen Routine, Enttäuschungen, Verletzungen und Kränkungen –, abzubauen und sich wieder neu auf ihn einzulassen.

Auf einmal poltern die Kinder zurück, la Lune ist total verdreckt, und im Badezimmer entstehen grosse Aufregung und lautes Gekreische. Nach einem üppigen Imbiss fahren Lea und ich wieder heim. Lea träumt vor sich hin und schaut gedankenverloren zum Fenster hinaus. Ich bin ganz aufgewühlt, Loulous Erklärungen und Gedanken haben in mir so vieles in Bewegung gebracht. Ich stehe mit Christoph doch auch kurz vor so einem Seitensprung. Wie steht es denn mit meiner Angst vor Nähe? Und wer verhungert hier an welchem Tisch? Ein neues inneres Bild taucht auf. Ja, auch ich bin verhungert, mein Magen knurrt nach Aufmerksamkeit, danach, gesehen und gehört zu werden, begehrt zu werden. Philippe betrachtet mich als gegebene Variable in seiner Gleichung. Ich gehöre einfach zum Mobiliar in seiner Wohnung. Wir haben Sex, der zum Lustabbau dient. Aber sieht er mich als Frau? Mit all meinen Facetten? Wann hat mich sein Blick das letzte Mal bewundernd gestreift? Wann wollte er das letzte Mal genau wissen, was ich denke und was ich fühle? Mir scheint, es ist eine Ewigkeit her.

Und was tue ich? Ich kämpfe nicht darum, gesehen zu werden, ich stelle nur das Manko fest und teile es ihm nicht einmal mit. Ich ziehe mich innerlich zurück und eröffne klammheimlich eine Nebenschaubühne in meinem Leben. Zutritt nur durch die unsichtbare Geheimtüre in meinem Hirn. Ich hänge an mein Realitätshaus einfach noch einen Fantasie- und Gedankentrakt an, dort kommen all meine Hoffnungen, Sehnsüchte und Erwartungen hinein. Dort lebe ich das Leben, das Alé eigentlich haben will. Dort ist der Tisch jeden Tag mit genau den richtigen Speisen gedeckt. Und in diesen Trakt gehe ich ganz allein, lasse Philippe einfach vor der Türe stehen und verbringe viele Stunden darin. Plane einen realen Besuch bei Magnus in diesen geheimen Fantasiegemächern.

Ich fühle mich schuldig und schlecht. Ich bin nicht aufrichtig Philippe gegenüber, erzähle ihm nichts von meinen Nöten und meinen Wünschen. Und dann bin ich auch noch sauer auf ihn, wenn er sie nicht errät.

Und während ich im Abendstau nur ruckweise vorankomme und Lea inzwischen eingedöst ist, spüre ich mit aller Deutlichkeit, wie verdammt einsam ich bin.

Am Abend will ich die Dinge mit Magnus klären. So eine Webcam-Niederlage darf nicht mehr vorkommen.

Aber unser Gespräch geht total in die Hosen. Er war im Ausgang, und ich bin sofort eifersüchtig. Dabei war er nur saufen, weil ich nicht verfügbar bin für eine echte Beziehung. Ich kontere, dass ich auch eine Verantwortung für mein Kind hätte, worauf er das Gespräch abbricht, um sich einen Pornofilm aus der Videothek zu holen.

Ich bin frustriert. So wollte ich dieses Gespräch nicht. Ich wollte irgendwie Schluss machen, und irgendwie war ich eifersüchtig, und irgendwie beelendet mich seine Einsamkeit. Ich hocke hier mit meiner Familie, und der Mann sitzt einsam in einem anderen Land und sieht sich jetzt Pornos an. Verdammt noch mal.

Alé, schalte deine Hirnzellen an, was macht das alles mit dir? Magnus, Christoph?

- Es schmeichelt mir. Gut, das ist klar.
- Es verunsichert mich: Habe ich etwas Spannendes, Tolles verpasst in all meinen Ehejahren?
- Es macht mich wütend: Lasst mich in Ruhe mit euren Sexgelüsten. Haut ab. Ich will wieder meinen Frieden, vor mich hindümpeln, wursteln, im Alltagsleben und in meinem Sexleben.
- Es macht mich lüstern: Ja, ja, ja, ich würde so gerne von der verbotenen Speise kosten. Vielleicht ist sie süsser als diejenige, die ich seit Jahren zum Nachtisch zu mir nehme.
- Es macht mich vorsichtig: Hey, worauf lässt du dich da ein? Welchen Weg schlägst du ein, wohin führt dieser Weg? Direkt in die Hölle? Sozusagen die Versuchungsgeschichte in moderner Aufführung.

Und dieser Gefühlsmischmasch *macht mich fertig*. Es ist wie Sauna im Achterbahntempo: heiss, kalt, tropisch, eiszapfenunterkühlt, Gänsehaut und Schweisstropfen im Sekundentakt. Da kann ich mich ja nur noch wahnsinnig machen, mich tausendmal hintersinnen, an meinem Verstand zweifeln.

Na ja, es geht mir nicht wirklich besser nach dieser Analyse.

Während ich noch vor mich hinstarre, blinkt es wieder. Magnus ist offenbar aus der Videothek zurück.

Hi Alé, fühle mich wie eine ungemolkene Kuh. Mmhhh, könntest du mich nicht melken?

–

Hast dich wohl an den Pornobildern aufgegeilt. Hattest wohl keinen Sex in der letzten Zeit. Wie wäre es mit Masturbation?

–

Nein, ich mag Frauen, die so schwierig und kompliziert sind wie du. Das törnt mich an.

–

Also ich mag es eigentlich lieber einfach und unkompliziert. Aber dieser Fall ist wirklich schwierig.

–

Welcher Fall?

–

Dieser Fall: Ich bin eine verheiratete Frau und lebe hier, und du bist ein lüsterner Single-Mann und lebst in einem anderen Land, wir mögen uns und schreiben E-Mails und haben beinahe Sex vor der Webcam miteinander oder, besser gesagt, jeder für sich und so weiter und so weiter.

–

Vermisse dich!

–

Hör auf, ich muss jetzt weg. Tschüss.

–

Bye-bye, Baby.

Es stimmt gar nicht, ich muss nicht weg, aber ich schalte einfach den Messenger aus. Ich mag nicht mehr. Es macht mich fertig. Kann ich nichts anderes machen, als mit einem pornoaufgegeilten 30-Jährigen Webcam-mässig erotisch herumzulabern? Ein Unglück kommt selten allein: Kaum beginne ich die Recherche für mein neues Interview, kommt eine Mail von Christoph rein.

Betreff: ungestörter Ort
Liebe Alé
Wann sehen wir uns wieder? Habe gerade an dich gedacht! Wäre es nicht schön … An einem ungestörten Ort, nur wir zwei?
Gruss Christoph

Aber ich bin in guter Abgrenzungslaune, die Antwort geht schnell:

AW:
Hey Christoph
Angesichts meiner Barrierenreparatur stehen ungestörte Orte auf der schwarzen Liste! Sorry. Aber gerne wieder zum Essen.

Er lässt nicht locker.

RE:
Hey Alé, bist wohl schlecht drauf.

Jetzt ärgert er mich:

RE:
Was soll das denn nun schon wieder heissen?

Er hat es wohl begriffen:

RE:
Uups.

Danach ist Sendepause.

Ich bin wirklich ganz durcheinander. Wie ist das nur möglich, dass ich zwischen zwei Welten so herumswitchen kann. Da bin ich ausgelassen mit Philippe und Lea, lache mit ihnen, aber immer, wenn das Hirn nicht gerade gefordert ist, denkt es: Was ziehe ich das nächste Mal vor der Webcam an? Und, vor allem, was aus? Da lese ich Lea eine Geschichte vor, und während sie kurz aufs Klo muss, schaue ich mir in den Ausschnitt und frage mich, ob Magnus diesen Anblick mögen würde. Ich kann mühelos zwischen diesen Welten hin und her schlüpfen. Schwierig wird es nur, wenn Magnus romantisch wird. Ich glaube wirklich, dass ich das Kapitel romantische Liebe und Hoffnung auf ihre Unendlichkeit damals mit Frank erledigt und begraben habe. Endgültig. In den fünf Jahren unserer Beziehung haben wir zehn Mal am Tag «Ich liebe dich» zueinander gesagt. Und haben uns dabei tief in die Augen geschaut. Es hat getrieft vor Romantik und starken Gefühlen. Jeder Abschied war mit vielen Tränen verbunden. Und doch – eines Tages sind wir auseinandergegangen, als wäre nie etwas gewesen. Ohne Szene, einfach so, beide einverstanden, es ist nicht mehr gut zwischen uns. Dieses Liebesgetue habe ich dann auch mit Philippe nie wieder auferstehen lassen. Es gab kurze Anflüge rund um die Hochzeit herum oder um die Schwangerschaft, die Philippe aber meist unerbittlich abgeklemmt hat mit seinem Objektivismus und seiner Beschäftigtheit. Also keine Chance für Rückfälligkeit.

Ich brauche einen Aufsteller. Ich treffe mich mit José zum Tanzen. Zuerst gehen wir, wie immer, essen. José freut sich darüber, dass ich unser gemeinsam erstandenes Outfit angezogen habe.

«Super, du hast die Pants an. Das ist sicher bequem dann beim Tanzen. Obwohl ich immer noch das Bild von dir vor Augen habe vom letzten Mal, du in diesem schwarzen Kleid … hmmmmm … die heisseste Frau im Dance-Club – eine Venus-Göttin.»

Natürlich freuen mich solche Sprüche von José extrem. Das ist jetzt genau das Richtige. «Du bist einfach meine positive Goldmine! Ich bin mir zurzeit aber nicht so sicher, ob Philippe in mir die Venus-Göttin sieht … Bin etwas gefrustet diesbezüglich …», erwidere ich erfreut und nachdenklich zugleich.

José umarmt mich, er weiss schon, wo der Hund begraben liegt, bei Philippe nämlich. Er versucht mich zu trösten: «Spätzchen, guck, du bist eine Venus-Göttin, und leider sind Männer einfach Gewohnheitstiere!!!! Ein Mann, der einen Ferrari fährt, ist am Anfang megastolz und fährt dauernd in der Gegend herum. Nach einiger Zeit ist es für ihn normal, und er fährt ihn nicht mehr so oft ... Der Ferrari bleibt meistens in der Garage. Und wann merkt er, was er da eigentlich hat? Wenn er nur noch Fiat und solche Schrottkarren sieht, denkt er wieder an seinen heissen Ferrari, der in der Garage fast eingerostet ist. Dann wird er wieder gepflegt, eingeölt, poliert und herumgefahren. Dann kommt er wieder in die Garage. Die Story beginnt von neuem, und genau deswegen ist es wichtig, dass du mit mir ausgehst, damit du nicht das Gefühl kriegst, du seist eine Rostkarre, sondern damit du siehst, dass du immer noch ein megarassiger, frisch gewaschener und glanzpolierter Ferrari bist. Die Ausstrahlung, die du zurzeit hast, ist nicht dieselbe wie vor zwei Jahren. Du strahlst Weiblichkeit aus, und beim Tanzen kommt deine Leidenschaft zum Vorschein!»

Ich glaube, das war Josés längste Rede überhaupt, und ich sitze einfach neben ihm, glutrot im Gesicht, und mein Herz hüpft, weil ich so viele Komplimente bekommen habe.

Ich umarme José und höre mich sagen: «Das geht runter wie heisse Schokoladensauce auf Vanille-Eis. Give me more, baby.»

Zurück zu Philippe?

Ich bin wieder gut drauf. Es ist, als hätte mich die Tanzerei mit José wieder zu mir selbst geführt. Ich summe «Ich bin ein Ferrari» vor mich hin, und als Sandrine sich spontan zum Kaffee anmeldet, kann ich mein Glück kaum fassen.

Wir plaudern über dies und das, und auf einmal lächelt Sandrine süss. Wenn sie ihren Mund so zuspitzt, dann weiss ich, jetzt kommt ein Thema, das ihr am Herzen liegt: «Hast du eigentlich Kondome in der Handtasche?»

Ich bin völlig erstaunt darüber, dass sie mich so etwas fragt. «Nein», stammle ich verwirrt, «wieso?»

«Weil es bei dir langsam brenzlig wird. Eines Tages kommt die Situation, wo die Überwacherinnen ihre Hellebarden niederwerfen, die Barrieren von Lust und Leidenschaft überschwemmt werden und du nur noch eines willst: dich mit Christoph oder Magnus oder XY paaren. Und dann kommt der Moment, wo es peinlich wird. Wer hat ein Kondom dabei? Und weil niemand sich eingestehen will, dass dieser Moment im Leben kommen könnte, hat auch niemand ein Kondom dabei, und dann wird es eben saugefährlich. Für mich ist der wichtigste Begleiter neben Tampon und Geld deshalb das Kondom. Es lebe das Kondom. Aber ich habe diesbezüglich auch so einiges erlebt. Je südlicher die Männer, desto wahnwitzigere Konzepte habe ich da angetroffen. Einmal hatte ich einen Türken, der setzte alles daran, nicht zu kommen. Ich sage dir, das war eine Pein, als der so an mir herumrüttelte und einfach nicht kam. Ich wollte wissen, was los sei, denn innerlich langweilte ich mich bei der Hopplerei. Er meinte dann, erstens hindere ihn das Kondom daran zu kommen, weil diese

Haut dazwischen einfach die Gefühle töte. Und das sei gut so, denn so verliebe er sich auch nicht in mich. Sozusagen das Kondom gegen Verliebtheit. Aber er versuche auch, so wenig Orgasmen wie möglich zu haben, weil er sonst zunehme. ‹Du nimmst dabei zu?›, frage ich ihn total verwirrt. Ja, denn die Energie, die er da so herauspuffe, die müsse er ja dann nachher wieder zu sich nehmen. Ich versuchte ihm verzweifelt zu erklären, dass so ein Schuss ja wohl nicht mehr als fünf Kilokalorien hätte. Aber er beharrte auf seiner Idee.»

Ich lache auf, so etwas Verrücktes. Mir ist, als würde ich wie ein Fisch im Wasserglas durch die Scheibe das Treiben da draussen betrachten. Alles so verrückt, so fremd, so weit weg, so schwer nachvollziehbar manchmal. Da sitze ich in meinem Ehe-Aquarium und habe keine Ahnung von der wirklichen Welt.

Sandrine hat sich eine neue Zigarette angezündet und fährt fort: «Was mir immer wieder auffällt, ist, dass *ich* jedes Mal die Kondomdiskussion auf den Tisch bringen muss. Die Männer würden ihr Teil einfach reinschieben, ohne viel zu überlegen. So als würde der millimeterdünne Plastik ihre Männlichkeit beleidigen. Ganz speziell sind die Moslems, vor allem die gläubigen. Obwohl sie mehrere Frauen haben dürfen, müssen sie doch mit ihnen verheiratet sein. Einmal habe ich auf einer tunesischen Airline ausgeholfen und einen jungen knackigen Typen kennengelernt. Wir hatten fantastischen Sex, aber um fünf Uhr morgens erklang ein komischer Rufton aus seinem Handy. ‹Zeit zum Beten›, meinte er und verschwand. Nachher erklärte er mir, dass er für sein Vergehen mit mir beten musste. Hätte jemand davon gewusst, dann hätte er zur Strafe noch mehr beten müssen. Es gebe eine genaue Ordnung und Verordnung für die verschiedenen Vergehen, aber mit Beten könne man das alles wieder richten. Und schon stürzte er sich wieder auf mich und wollte mich erobern – ohne Kondom. Ich bestand auf dem Plastikteil und hatte fast Streit mit ihm. Doch er wollte nichts wissen von all den Krankheiten. Sein Gott beschütze ihn schliesslich. Also das war mir dann doch zu viel Dummheit: Die denken, sie beten ein bisschen und bumsen dann fleissig herum, und Allah bringt schon alles in Ordnung. So ein Leichtsinn. Nach dem Türken und dem Tunesier habe ich eine westeuropäische Liebhabersaison eingeleitet.»

Von dieser Saison kann sie mir allerdings nichts mehr erzählen, denn Lea kommt zur Türe herein und plappert munter drauflos, erzählt von der Schulreise und von den Hausaufgaben und, und, und. Sandrine wird das Familiäre zu viel, sie hat noch andere Termine, wirft mir eine Kusshand zu und braust davon. Meine gute Laune hat einen Dämpfer gekriegt durch Sandrines Sermon.

Als ich die Theaterkarten für das Kindertheater besorgt habe, das ich mit Lea besuchen will, ist mir ein Erklärungsmodell eingefallen, das mich ein wenig beruhigt und wenigstens den psychotischen Teil ein wenig lindert.

In mir ist jahrelang derselbe Theaterakt abgelaufen: Mutter Alé versucht auch noch arbeitstätig zu sein, ihr Mann Philippe unterstützt sie dabei theoretisch, praktisch nicht. Für diesen Akt brauchte es verschiedene Hauptdarstellerinnen. Übermutter Courage war die Regisseurin. Zuvorderst auf der Bühne waren: Arbeitstier, Leistungstochter, Amazone, Organisationsgenie, Top-Journalistin, Blitzschnellhaushaltmeisterin, überforderte Mutter und noch zahllose andere. Auf der Hinterbühne dann die Darstellerinnen zweiter Wahl, die nur Nebenrollen hatten und in seltenen Momenten einen kleinen Dialog sagen durften: Joggingfrau, Sportfan, Geniesserin, Kinofreak, Venus-Göttin und Romantikerin.

Und jetzt: Lea braucht mich von Tag zu Tag weniger, der Job geht einfacher von der Hand, die Jongliererei wird langsam überschaubarer, es gibt sogar Leerzeiten und Müssigrunden. Und nun gibt es eine Revolte auf der Bühne. Die Nebendarstellerinnen sehen nicht mehr ein, warum sie so wenig zu melden haben. Die Hauptdarstellerinnen können ihre Hauptrollen nicht mehr begründen. Es braucht keine Mehrfachbesetzung mehr für die mannigfaltigen Mütterrollen, die Zweitbesetzungen können auf einmal Hauptrollen übernehmen, und die in die Kerker verbannten Rollen rütteln an den Gitterstäben: Nasty Girl will raus, Pornoqueen brüllt im Verlies herum, die Exhibitionistin sieht die Kamera und wird gleich total aufgedreht.

Ein Gesamtbühnenschauspielwechsel ist im Gang. Die Rollen wollen neu verteilt werden. Es sind keine neuen Rollen. Es sind keine neuen Schauspielerinnen, sie alle gehören zu mir, waren immer schon da und hatten einfach je nach Lebensphase ihren Platz auf dem Bühnenset: Hauptrolle, Nebenrolle oder Verlies. Und dieser Umbau auf meiner Bühne, der zurzeit stattfindet, ist eben sehr aufregend und laut und hat wie jeder Umbau mit viel Neuem und viel Umdenken zu tun. Dieses Modell beruhigt mich irgendwie und gibt mir das Gefühl, dass ich nicht so ganz verkorkst bin.

Auch am nächsten Tag bin ich aufgedreht. Ich treffe mich mit Sandrine zum Shoppen. Unser Vorhaben: Plünderung des Ausverkaufs. Irgendwie spült es uns in die Unterwäscheabteilung, und ich denke natürlich an die bevorstehenden Webcam-Meetings und an Christophs prüfenden Slipblick. Und so erstehen wir zu Spottpreisen Strings in allen Formen und Variationen, mit passenden BHs und auch nicht passenden BHs.

Gut gelaunt komme ich heim, Philippe hat schon das Abendessen vorbereitet, und Lea umarmt mich stürmisch, sie freut sich auf das Kindertheater.

Als Lea endlich schläft, baue ich mich vor Philippe auf und sage zu ihm: «Entspann dich, jetzt gibt es gleich eine Supershow: Erotikkönigin Alé mit ihrem wunderschönen Körper zeigt dir die neuste Unterwäsche, die von jetzt an dein Herz erfreuen wird.» Ich will in diesem Moment einen Schlussstrich ziehen unter die Geschichte mit den anderen beiden Männern, möchte mich ihm zuwenden und meine innere Bühne so besetzen, dass die Hauptrollen nur von Darstellerinnen gespielt werden, die Philippe zuträglich sind. Es sollte mein Neuanfang als heissssse Ehefrau sein, es sollte … ja, es sollte so vieles sein.

Philippe hebt gereizt den Blick von der Computerzeitschrift, in die er vertieft ist, und meint nur: «Oh, bitte nicht, heute nicht, bitte keine Show, bitte keinen Sex.»

Dieser Hammer sitzt. Ich höre die Splitter fliegen, ich höre, wie mein inneres Hoffnungskartenhaus zusammenbricht, ich spüre einen Schmerz im Herz, diese Absage ist eine Ohrfeige, eine Schmach, eine Beleidigung. Wie kann er mich, diesen tollen Ferrari, einfach so zurück in die Garage stellen?

Rache 1–3

Rache Nummer eins: Christoph. Noch am selben Abend schreibe ich ihm, damit meine E-Mail die erste ist, die er am nächsten Tag auf seinem Rechner vorfindet:

Betreff: Uups

Hey guter Freund

Vermisse dich und deine flotten Sprüche. Kannst du mir was Nettes schreiben? Das würde mich sehr freuen. Kannst mir auch was Unnettes schreiben, Hauptsache, du schreibst und lässt mich nicht mit deinem «Uups» von letzter Woche stehen, auch wenn du eine neue Jagdsaison eröffnet hast …
Alé

Nach einer schlechten Nacht, in der ich träume, dass ich auf der Bühne einen Striptease tanze und das Publikum mich mit Tomaten bewirft, setze ich mich verkatert an den Computer. Zweiter Anlauf für mein nächstes Interview. Vielleicht antwortet Christoph ja rasch? Und wirklich, bling, seine Antwort ist schon da:

AW:

Eigentlich ist es ja die Jagdsaison nach dir, aber wenn du mich in einen Krater schubst, dann hörst du nur noch Uuups von mir. Jetzt bin ich wieder hochgeklettert, war ein weiter Weg! Habe neue Energie getankt und kann wieder jagen.

Was hast du heute an? Erzähls mir langsam und genussvoll.

Natürlich entschuldige ich mich für die Kraterschubserei und beschreibe ihm genüsslich, dass ich ein schwarzes, eng anliegendes Oberteil anhabe, darunter einen braunen Spitzen-BH. Dazu weisse Jeans mit glitzernden Blumen auf den Pobacken, die dazu einladen würden, draufzuklatschen, was meine Freundin Loulou auch getan habe, das letzte Mal, als ich diese Jeans angehabt hätte. Darunter einen meiner brandneuen Strings: mit Tigermuster.

Ich muss nicht lange warten, bis seine Einladung zum Mittagessen folgt. Und ich sage zu und freue mich schon darauf, wie er die Glitzersteine auf meinem Allerwertesten anschaut.

Beim Essen erzähle ich ihm natürlich – Rache Nummer zwei –, wie Philippe die Modeschau abgesagt hat und wie absolut frustriert ich bin. Da würde ich – zugegeben, nicht besonders erfolgreich – sämtliche falschen Fahrbahnen mit Barrieren zumauern und meinen, in der privaten intimen Autobahn gelte freie Fahrt, und genau dort tauchten laufend Temposchwellen auf. Während auf den verbotenen Nebenstrassen die Anzeigetafeln aufblinken würden: «Geschwindigkeit ohne Begrenzung». Eine verkehrte Welt sei das, und genau dieser Mann, der Auserwählte fürs Highspeed-Rennen, halte mir dann auch noch die Hand auf den Mund, wenn ich ins Stöhnen komme: «Nicht so laut, Lea könnte aufwachen», na bravo, das solle er mir doch bitte einmal erklären mit einem seiner männlichen Konzepte.

Ich habe Christoph mit dieser Schilderung sichtlich in Fahrt gebracht, er legt sich ins Zeug mit einer Jägererklärung: «Der Mann ist der Jäger, schon seit der Steinzeit. Er jagt mit Freude, Genuss und Hingabe. Wenn er seine Beute erlegt hat, dann hat er ein Hochgefühl. Auch dein Mann ist ein Jäger. Er freut sich, die Beute zu jagen und schliesslich zu erlegen, und was machst du? Du schlägst von Anfang an Sex vor. Lass doch deinem Mann die Möglichkeit, dich zu erobern. Sag nicht gleich ja, sag aber auch nicht nein. Lass ihn mit dir spielen, und er wird dich jagen. Du hast es in der Hand. Wenn das Wild sich vor die Flinte des Jägers stellt und zu ihm sagt: ‹Erschiesse mich!›, dann wird er es vielleicht tun, aber er wird kein Hochgefühl dabei empfinden.»

Ich schlucke den in mir aufkeimenden Ärger herunter, spüle mit Evian nach. Dieser ewige Biologismus, ständig sind die Frauen die Opfer, die braven Lämmer, die Sammlerinnen, die Lieben, die Braven, die zu Jagenden. Voilà. Schon wieder die Objektgeschichte. Ich möchte einmal erleben, dass ich ein Subjekt bin. Ich bin sicher, die Amazonen haben sich nicht jagen lassen. Die haben selbst gejagt, auch Männer.

Da übernehme ich einmal die Initiative, will die Objektrolle schizophrenisieren, also zwar Anschauungsobjekt sein für Sexgelüste, das Zepter aber immer noch in der Hand halten, mit meinem Striptease selbst bestimmen, wie viel ich zeige, was ich zeige und wann ich mich auf ihn setze. Und prompt macht der Mann nicht mit. Er spürt die Gefahr, selbst zum Objekt zu werden.

Danke, Christoph, du hast mir weitergeholfen. Aber nicht mit dem, was du dazu sagst, sondern mit dem, was ich darüber denke! Genau: Ich denke! Und zwar selber! Und ich habe es satt, mich auf dem Silbertablett zu servieren und mein Mann sieht den Sexhappen nicht, weil er gerade an einem Geschäftsprojekt herumkaut. Er jagt nach neuen Kunden, nach Lob und Anerkennung im Büro, nach neuem Wissen über Programmiertipps, nach Erfolg im Volleyballclub, nach Leas Anerkennung, nach allem möglichen, nur nicht nach mir! Ich habe es satt, nicht sagen zu dürfen, was ich eigentlich will beim Sex. Klar gefällt das den Herren der Schöpfung nicht, wenn ich nicht mehr brav das Objekt sein will, wenn ich aussteige und mitbestimme.

Das alles denke ich bei mir, lächle Christoph dabei aber mit glänzenden Glosslippen an und meine süffig: «Na schön, du darfst gerne weiter nach mir jagen. Du gefällst mir in der Vorstellung des Steinzeitmenschen mit Lendenschurz.»

Und während wir uns verabschieden, drücke ich mich an ihn, spüre seinen steifen Schwanz, seinen Zauberstab, seine Zuckerstange ... und ganz langsam nehme ich seine Hand und lege sie direkt auf die Glitzersteine auf meinem Po. Diesmal bin ich die Initiantin, nicht er. Ja, Schatzi, du schönes Objekt, träum süss vom Jagen, ich gehe jetzt nach Hause und schalte mich online! Rache Nummer drei:

Hy Magnus, möchte dich einladen auf meine Fantasiereise durch die Lust. Lass uns ein Szenario entwerfen. Ich fange an, du machst weiter. Okay?

–

Okay.

–

Wir treffen uns in Stockholm in einem schönen Hotelzimmer.

–

Ich würde dich zuerst einfach nur küssen, ganz sanft.

–

Oh ja, am liebsten habe ich es im Nacken.

–

Nicht so schnell, bin immer noch beim Mund.

–

Okay, ich bin geduldig.

–

Dann küsse ich deine wunderschönen Augen, deine

süsse Nase, deine kleinen Ohren, dann den Hals und deinen Nacken, ganz sanft.

–

Das klingt wunderbar.

–

Dann würde ich dir ins Ohr flüstern: Heirate mich.

–

Das wird schwierig sein, bin ja schon verheiratet.

–

Okay, dann sage ich eben: Ich liebe dich.

–

Das geht.

–

Und dann wirst du gleich nass.

–

Das geht mir zu schnell! So schnell werde ich nicht nass.

–

Okay, dann streichle ich ganz sanft über deine Lippen.

–

Schon besser!

–

Und dann mit langsamen Strich den Rücken hinunter bis auf deinen Po.

–

Eine Bemerkung dazu: Der Po macht vor allem dich an, mir gefällt die Rückeneinheit sehr gut.

–

Können wir ein wenig abkürzen? Und zur Sache kommen?

–

Meinetwegen, war aber ganz schön romantisch.

–

Wir küssen uns leidenschaftlich, und du nimmst meinen Ständer ganz tief in deinen Mund!

–

Das geht doch gar nicht gleichzeitig.

–

Sei doch nicht so pingelig. Zuerst küssen, dann schlecken, okay?

–

Okay, sei nicht gleich beleidigt, wenn dein Szenario etwas holpert.

–

Ja, okay. Sag mal, kannst du mir deine Pussy zeigen? Bitte!

–

Wie bitte?

–

Genau, wie ich es sage, zeig sie mir, nimm die Kamera und halte sie ganz nah an deine Pussy!

–

Etwa so?

–

Genau so.

–

Und jetzt steck einen Finger hinein, ganz langsam.

–

Hmmmm, das sieht super aus. Kannst du noch einen Finger hineinstecken?

–

Oh ja, das ist klasse. Noch einen?

–

Warum hörst du auf?

–

Weil ich auch was sehen will. Zeig dich mir!

–

Nein.

–

Warum nicht?

–

Weil er noch klein ist.

–

Du meinst deinen Entdecker?

–

Ja.

–

Bist du gestresst?

–

Ja.

–

Zeig ihn mir trotzdem, als Vertrauensbeweis!

–

Ich weiss nicht.

–

Komm schon, wenn wir miteinander Sex hätten, würde er danach auch wieder klein, also kannst du ihn mir auch jetzt zeigen … Das nennst du klein? Danke!

–

Gerne geschehen.

–

Zeigst du mir nochmals deine Pussy?

–

Ein andermal, wir müssen ja nichts überstürzen. Ausserdem ist es schon spät. Bin todmüde, muss ins Bett.

–

Ja, Liebling, schlaf gut.

–

Du auch. Kiss Alé

Das glaube ich nicht!!!!! Ich bin so eine dumme Nuss! Da lass ich mich von dem ganzen Sexgetümmel vor der Kamera weich klopfen und masturbiere halbwegs vor ihm, und er kriegt ihn dabei nicht mal hoch!!!!! Da frage ich mich echt, ob ich einfach zu alt und zu faltig und zu unattraktiv bin – und diesmal bin ich nett zu mir: Nein, das kann es nicht sein! *Er* hat ein Problem. Er hat Stress. Und er hat einen Riesenstress mit Sex. Ich glaube, der hockt jeden Abend vor dem Computer und lädt sich Pornos runter, schaut sich stundenlang das Hin und Her der Löcher an. Frauen bestehen ja nur aus drei Löchern und Titten, der Rest ist unwichtig. Und das geilt den Typen auf, er holt sich einen runter, und sein Hirn ist schon total auf diese Leitung umgepolt: rein und raus und geil und fotzig und nichts weiter, und wenn er dann eine *echte* Frau mit Hirn und Gefühlen und allem Drum und Dran vor sich hat, die ähnliche Bewegungen macht, dabei aber nicht nackt ist, sondern den String nur zur Seite geschoben hat, und die er nicht hören kann und die ihm nicht zuruft: «Hey, gibs mir, besorgs mir, fick mich!», dann bleibt der Flieger am Boden. Wobei die Herren der Schöpfung sich wohl noch nie Gedanken gemacht haben über diese Wortwahl. Ficken ist durch das «i» spitz und schnell, nähmaschinenmässig und ratternd. Bumsen ist rund, guttural, etwas langsamer wohl in den Bewegungen durch das «u» und gebremst durch das «s», dafür hat es etwas Tiefes an sich, und es gibt dumpfe Töne. Währenddessen Poppen schon fast fröhlich klingt, federballleicht, rund, und immer gibt es einen lustigen Laut beim Zusammenkommen der Geschlechter. Aber was tut das jetzt überhaupt noch zur Sache – ich bin wütend!

Der Mann ist gestört! Der hat Riesenprobleme! Und ich bin an so einen Psychopathen geraten (ist wohl das falsche Wort, aber ich bin gerade so aufgeregt, dass mir das richtige dazu nicht einfällt)! Und da habe ich mir doch ernsthaft einen Moment lang überlegt, ob ich die ganzen Fantasien in die Tat umsetzen sollte. Bewahre! Der wird mich nie zu greifen kriegen, das wäre der programmierte Super-GAU. Da würde ich ihn heftig küssen und ihm tolle Sachen ins Ohr flüstern, und die Hose bliebe unbewegt. Und dann würde ich strippen und müsste den Junior mit der Zunge kräftig bearbeiten, damit er wächst, und kaum würde ich mich erheben und vielleicht den BH öffnen, wäre die ganze mühsame Arbeit umsonst, und er würde zusammenfallen wie eine Kartenpyramide, nur weil ich nicht pornolike daherkomme. Arme Sau. Überhaupt arme Männer, die sich von dieser Pornokultur sämtliche Fantasien und Feinfühligkeiten versauen lassen. Die immer abhängiger vom Cybersex werden und die Realität nicht mehr ertragen: richtige Frauen mit allen Drum und Dran, wo man beim Sex auch was liefern muss und nicht nur einfach konsumiert. Ach herrje, und an *so* einen bin ich geraten!

Ich kann mich beim besten Willen nicht beruhigen. Nicht einmal José schafft es, der meint, alle Männer hätten mal Erektionsprobleme, und der Typ sei doch sicher gestresst gewesen, dass er sich vor mir so habe produzieren müssen, und deshalb solle ich doch nachsichtig sein.

Es nervt mich schon genug, dass ich mit einer normalen Unterhose out bin, sogar Männern wie Christoph entgeht das nicht, und nur noch Strings und Tangas sind sexy genug, um Gelüste nach mehr zu entfachen. Flache Schuhe rufen in der Männerwelt Empörung hervor, nur Kleinwüchsige freuen sich über High-Heels-Verweigerinnen. Wenn ich für Lea kinderadäquate Kleider kaufen will, muss ich weite Shoppingmeilen abklappern, weil die Hosen nur die Hüftknochen bedecken und auf den Shirts irgendeine idiotische Mitteilung in Strass gestanzt ist: Sexy Girl oder so ein Stuss. In den Kleinstädten lernen biedere Hausfrauen Pole Dancing, und in jeder Frauenzeitschrift gibt es Tipps und Nachhilfe, wie frau sich schnell zur angetrauten Nutte macht. Also, der erste Schritt über den ganz normalen Alltag hinaus zum Nuttendasein ist schon gemacht. Nichts Neues!

Ich wühle in meinem Zeitschriftenarchiv, ach, da ist sie, diese «Emma»-Ausgabe über Pornografie. Ich habe sie damals einfach achtlos zur Seite gelegt, was geht mich das an?, dachte ich wohl. Nun will ich es aber genau wissen.

Dass sich auf den Webpages hunderte von jungen Mädchen tummeln, alle halbnackt mit kleiner Brust, kann ich emotional noch irgendwie verkraften.

Dass es im Filmbusiness in Sachen Sex verschiedene Unterteilungen gibt, wusste ich nicht so genau. Also vom Sexfilm zum Pornofilm und weiter zum Hardcorefilm, in dem Sex und Gewalt zusammengehören. Und dann gibt es da noch die Sluggys, Filme, in denen Frauen und Kinder getötet werden, um sie vorher oder nachher zu missbrauchen. Das haut mich um.

Sex sells: Die Industrie ist drastisch gewachsen. Deutschland ist der zweitgrösste Pornomarkt, gleich nach den USA. Allein in Deutschland erscheinen monatlich mehr als 1000 Porno-DVDs und der Jahresumsatz wird auf 800 Millionen Euro geschätzt. 2006 wurde in den USA nur mit Pornofilmen ein Umsatz von 9–12 Milliarden Dollar gemacht. Im Vergleich dazu: Hollywood setzt jährlich 9 Milliarden um. Der allergrösste Pornomarkt ist aber das Internet. Unter dem Stichwort «Sex» gab es bei Google im März 2007 377 Millionen Links, bei Yahoo 499 Millionen.

Nur der DVD-Industrie geht es zurzeit saumies, der Websex, leicht erhältlich über kostenlose Downloads, verdirbt ihnen den Brei. Das «Adult Movie Business» wird durch die «Quick Fix»-Möglichkeiten untergraben, darum muss die Sexfilmbranche zu neuen Ideen greifen. Fertig lustig mit den Billiggeschichten, jetzt werden 10-Millionen-Dollar-Sexfilme gedreht, technisch auf Topniveau.

In der Popszene sind Sex und Gewalt längst ein und dasselbe. Zum Beispiel Sidos Arschficksong: «Katrin hat geschrien vor Schmerz, mir hat's gefallen/ihr Arsch hat geblutet, und ich bin gekommen.» Während des Konzerts feuert Sido das Publikum an: «Aua, aua, aua» und als Refrain: «Arschfick».

Und was stellt der Konsum mit der Adressatengruppe «Männer» an? 40 Prozent aller Sexsüchtigen verlassen den Partner, 58 Prozent haben finanzielle Einbrüche, zwischen 27 und 40 Prozent verlieren ihren Job. Nach exzessivem Pornokonsum können die Männer nicht mehr mit ihren Frauen schlafen, da ihr Körper sie nicht mehr erregt. Es geht ihnen zu lange, bis sie zum Orgasmus kommen. Resultat: Erektionsstörungen. Gemäss Hirnforschungen reagiert das Gehirn mit Abstumpfung auf Gewalt und Pornografie. Das allgemeine Einfühlungs- und Mitleidensvermögen sinkt bei den Pornokonsumenten rapide.

Je mehr ich lese, desto leerer wird es in mir. Klar habe ich von dem Ganzen irgendwie gewusst, ohne mich damit auseinanderzusetzen. Habe mit Philippe auch schon mal so einen Film angesehen, es hat mich auch etwas erregt, aber vor allem die Brüste der Frauen und nicht das Rumgehample. Dass hinter all dem noch so viel steht, das wusste ich einfach nicht.

Alice Schwarzer macht wirklich einen monumentalen Job, wenn sie in ihrem Heft so viel gut recherchiertes Material zusammenstellt, damit wir Frauen uns der Lage bewusst werden. Ich bin sicher, die knallharten Wahrheiten dieser frauenverachtenden Weltindustrie sind den wenigsten Frauen in dieser Bandbreite klar. Wenn ich Lea manchmal von der Schule abhole und zu früh dran bin, beobachte ich jeweils die anderen Frauen in ihren Blumenröcken und Rüschenblüschen, mit ihren niedlichen Stirnfransen oder der lieb gewonnenen Batiktasche. Die hätten wohl den Schock ihres Lebens, wenn auf ihrem Nachttisch anstatt dem Arztroman auf einmal diese «Emma»-Ausgabe liegen würde. Aber auch die aufgestylten Frauen, die in den engen Glitzerjeans und dem geschickt geschnürten Top, mit ausgefeiltem Make-up und künstlichen Fingernägeln, wissen wohl ebenso wenig über diesen riesigen Markt mit Frauenfleisch.

Dass es auch Gegenbewegungen gibt, beruhigt mich nicht wirklich. Anti-Porno-Allianzen verhindern, dass Grossbanken mit der Pornoindustrie Deals abschliessen, dass an den Universitäten Babe-Kalender produziert werden oder in Warenhäusern Playboy-Hasen auf Kinderklamotten gedruckt werden. Gut, das ist ein Anfang, aber nur ein Tropfen auf den heissen Stein. Ich muss wieder an mein Interview mit Herrn Marquardt denken. Und die Zahlen reden eine deutliche Sprache. Jeder 4. bis 5. Schweizer bucht Sexdienste, jeden Tag gehen von Kunden 9 Millionen Franken als Entgelt für sexuelle Dienste über den Tisch. Und da denken doch die Frauen tatsächlich, *ihr* Mann tue so was nicht. Blödsinn. Woher kommen denn all die Männer, die sich die Schwänze lecken lassen, die sich von Dominas auspeitschen oder anpissen lassen wollen, die eine Prostituierte von vorne und hinten durchrammeln wollen? Das sind nicht die komischen Männer mit langen Lodenmänteln, die sich in Clubs und Hinterhöfen herumdrücken, es sind nicht per se die Ausländer – auch ein beliebtes Klischee, um die Wahrheit zu übersehen –, es sind der Primarschullehrer, der Notariatsschreiber und der Gemeindepräsident, der Fitnessinstruktor, der Automechaniker und der Architekt, die alle ihr Doppelmoral-Spielchen treiben, denn wie viel Wahrheit ertragen die Frauen? Wie viel authentische Triebkraft und Wünsche seitens der Männer? Die Frauen, die zuerst Liebe wollen, bevor sie mit dem Mann ins Bett gehen. Dic Frauen, die Gefühle wollen, denn ohne diese bleiben ihre Tore vor der Einfahrt verschlossen? Eines muss nämlich deutlich gesagt werden: Männer können gut trennen zwischen Sex und Liebe, sie brauchen die Liebe nicht unbedingt für den Sex. Und wer den Wunsch hat, einfach unkompliziert den Trieb abzubauen, der landet oft auf dem Strassenstrich, denn die Frau, die im Zimmer nebenan ihren Roman liest oder mit der Freundin telefoniert, am Laptop den nächsten Tag vorbereitet oder das Kinderzimmer aufräumt, lebt mit ihren Gedanken und wohl auch mit ihrem Hormonhaushalt auf einem anderen Planeten!

Wirklich etwas ändern können die Frauen wohl nur, wenn sie ihre eigene Sexualität entdecken, Freude daran haben und sie fantasie- und lustvoll ausprobieren wollten. Wenn Christa ihren Ehemann Oliver am Abend schon freudig erwartet, ihn zum Dessert verführt oder sich verführen lässt. Wenn sie ihm am Morgen, wenn er aus der Dusche steigen will, noch schnell einen bläst, nicht um ihm zu gefallen, sondern weil sie einfach Bock darauf hat, seine Schärfe zu spüren. Und wenn er am Sonntag die Augen aufklappt und ihre schwingenden Brüste über sich sieht, dann bleibt Oliver wohl keine Zeit und auch keine Energie, sich extensivem Pornokonsum hinzugeben oder Pamela einen Hunderter zuzustecken für ein kurzes Stelldichein. Wenn Zeta ihre Freude an ihrem Körper mit Freund Tim zelebriert, ihn auch mal auffordert, dies oder das auszuprobieren, weil sie noch nicht weiss, wie sich ein kühler Löffel in ihr anfühlt oder seine Zunge unter der Achsel, dann hat Tim alle Hände voll zu tun, diese neuen Erfahrungen zu verarbeiten. Ich stelle mir vor, wie auf Kommando bei allen Frauen auf der ganzen Welt ein Befreiungsknopf gedrückt würde: fertig mit der Scham da unten rum, Schluss mit Keuschseinmüssen und ständiger Lustlosigkeit. Frauen hätten ab sofort Zugang zu ihren sexuellen Energien und würden sie ohne Moral und Scham ausleben – wow, da ginge wohl die Post ab. Die Männer wären so beschäftigt, all die fröhliche Weiblichkeit mit Männlichkeit zu bedienen, dass die ganze Pornoindustrie ihre Zelte abbrechen müsste. Der Umsatz würde rapide einbrechen, die häufigen Orgasmen von Frauen und Männern in ausgewogenen Partnerschaften würden die Gier nach heimlichen, schwarzen Pfuhlsünden in Vergessenheit geraten lassen. Anstelle der grossen Erotikzelte und Hintertürvideotheken, der tausenden von Dirty Movies im Web, der langen Strassen mit den Damen in Lack und Leder, in hochhackigen Stiefeln und mit aufgeschnürter Brust, anstelle der blinkenden Rotlichtlämpchen am Eingang irgendwelcher Häuser gäbe es wieder ein Bedürfnis nach Intimität und Sex in den eigenen vier Wänden. Das ständige Aufreizen, Ausreizen, Anmachen und Aufgeilen auf Plakatsäulen, Heftchen, Filmen, Computern oder auf der Strasse wäre lächerlich und unnötig. Und das alles, wenn die Frauen wollten und könnten.

Und schon wieder bin ich bei der Macht angelangt: Während die Frauen im Porno Sexobjekte sind, die verachtet, missbraucht und zum Teil auch geschändet werden, haben die Pornoqueens die Zuschauer in ihrem Bann, wenn sie mit glasigen Augen verblöden und sich triebgesteuert einen runterholen …

Und Magnus ist also auch so ein Idiot. Oder muss ich bei ihm diese versöhnliche Theorie von Peter A. Schröter und Charles Meyer anwenden? Die beiden haben ein Buch geschrieben, das ich mal zu Weihnachten geschenkt bekommen habe: *Die Kraft der männlichen Sexualität.* Wie so oft spielen Mutter und Vater eine entscheidende Rolle bei der Entwicklung der männlichen Sexualität. Sie beschreiben die männliche Begeisterung für Pornos und Nutten und den entsprechenden Konsumwahn als Gottesdienst an die grosse Mutter. Im Porno feiern die Männer die namenlose Göttin der Wollust, die Frau ist Traumfrau, weil sie genau das tut, was der Mann will. Sie ist wie die Mutter in der Babyzeit, vollkommen in ihrer Hingabe, aber die Pornofrau ist noch besser: Sie stellt keine emotionalen Ansprüche, sie frisst den Mann nicht auf. Darin bestehe die Macht der Pornografie: Sie nimmt die Angst vor der realen Frau. Und wenn im Porno die Frauenverachtung, ihre Unterwerfung, ja auch die Erotisierung von Gewalt vorkomme, dann, weil der Mann der ersten Frau seines Lebens machtlos ausgeliefert war, seiner Mutter, und je nach Symbioseenge, will er es ihr stellvertretend durch inszenierte Erniedrigung zurückzahlen. Ein bisschen kompliziert, aber auch einleuchtend. Wahrscheinlich ist mir der Inhalt dieses Buches darum in den Hirnzellen hängen geblieben.

Ich zögere lange, mich online zu melden. Ich bin in Kampfhaltung, denke, dass er nach so einem Pornofilm leer und emotionslos ist, und staune deshalb nicht schlecht, als wir diesmal zwanzig Minuten lang einfach so über dies und das plaudern, hie und da eine Anspielung auf Mann und Frau, immer wieder mal streut er sein «I love u» ein, was ich innerlich mit «Ich will dich …» ersetze. Ich verstehe die Welt nicht mehr: Ist er nun ein Pornocrack oder einfach ein Mann mit Trieben und Gefühlen und Wünschen und Träumen und ganz einfachen Kommunikationsstrategien?

Ich merke, wie sich da etwas Unerwartetes durch abgedichtete Ritzen schleicht: Spass an dieser Plattform. Ein virtueller Nebenschauplatz in meinem so normalen Alltagsleben. Ein ungefährliches Stelldichein, wo ich meine unausgesprochenen Wünsche und Ideen ausprobieren kann, ohne Konsequenzen, wo ich meine Wirkkraft als Frau testen kann, ohne dafür mit Körperlichkeit bezahlen zu müssen. Eine neue Fluchtoase im routinierten Ehealltag: Hier kann ich alles wagen, ohne zu verlieren. Ich kann mit Magnus streiten, ohne verlassen zu werden, weil es nichts zu verlassen gibt. Ich kann mit Magnus Liebe machen, vor laufender Kamera oder einfach nur mit Worten, ohne meinen Mann zu betrügen, weil kein Hautfetzchen sich berührt und kein Flüssigkeitströpfchen den Besitzer wechselt. Ich kann Magnus meine Sorgen erzählen, ohne dass er mir helfen kann, und ich erfahre mehr über eine andere Männerwelt als diejenige in meinem Haus. Einfach wunderbar, ungefährlich, clean und spannend.

Zyklisch und hysterisch

Die Pornogeschichte geht mir nicht mehr aus dem Kopf. Sexualität wird heutzutage konsumtauglich vermarktet und einem breiten Publikum zugeführt.

Die Redaktion hat von der Leserschaft gute Feedbacks auf meine zwei Interviews bekommen, und sie spielt mir den nächsten Ball zu. Wahrscheinlich haben sich die Redakteure beim Mittagessen so etwas wie eine Sex-Serie ausgedacht, und nach der Zuhältergeschichte soll nun etwas Seriöses kommen. Also bekomme ich das Interview mit Heidi Witzig, einer Zürcher Historikerin, die ich zum Thema weibliche Sexualität aus historischer Sicht befragen soll. Ich habe sie schon mehrmals an Kongressen und Tagungen reden hören. Sie ist rhetorisch versiert, blitzgescheit und fachlich genial. Also gerne. Sehr gerne sogar.

Heidi Witzig empfängt mich freundlich und serviert mir spontan und unkompliziert einen Kaffee. Sie ist soeben aus den Ferien zurückgekehrt und erzählt ein paar Takte über die Reise und das Wetter. Sie wirkt ganz locker und entspannt und macht es mir einfach, die erste Frage zu stellen.

Was können Sie zur Geschichte der weiblichen Sexualität sagen?
Oh, das ist eine lange Geschichte: Erstens ist dazu zu sagen, dass die weibliche Sexualität fremdbestimmt ist, seit wir im Patriarchat leben. Die Männer sagen den Frauen, wie ihre weibliche Sexualität zu sein hat, und dies seit zirka 5000 vor Christus.

Bei den Griechen war es klar, dass Sexualität für alle wichtig war. Auch für die Frauen. Während die Männer aber dank dem Kontakt mit Lustknaben zu grossen Geistesleistungen fähig waren, war ganz klar, dass dies umgekehrt für die Frauen nicht galt. Weil Frauen als Geschöpfe beschrieben wurden, die biologischen Zyklen unterworfen, also unfähig zu Denkleistungen waren. Das griechische Ideal des vom Geist dominierten vollkommenen Menschen galt nur für Männer, genau gesagt für die männliche Elite in Athen. Sklaven galten als zweitrangig, wie die Frauen. Was ebenfalls wichtig war bei den Griechen: Das Schönheitsideal war männlich, nicht weiblich.

Seit dem Christentum ist es schlecht um den Sex bestellt: Alle Begierde soll verdammt werden, denn das «Fleisch» behindere den Geist auf dem Weg ins Paradies. Die Askese war und ist noch heute hoch im Kurs – also keine Bedürfnisse, kein Schlemmen, kein Trinken, keine körperlichen Freuden. Und insbesondere Frauen galten als Geschöpfe, die aufgrund ihrer Monatszyklen und ihrer Gebärfähigkeit so sehr in ihrem Körper verhaftet waren, dass sie sich seinen Begierden kaum entziehen konnten. Für einige Kirchenväter galten Frauen fast nicht mehr als Menschen, sondern eher als triebhafte Kreaturen. Und deshalb ist für die katholische Kirche auch ein Priestertum für die Frau unmöglich! Bis zum heutigen Tag!

Und natürlich galten Frauen auch als Gefährdung für den Sexualtrieb und somit das Seelenheil der Männer. Dies war das Hauptmotiv der Hexenverfolgungen und Hexenverbrennungen. Deshalb wurde von der Kirche Sexualität nur in gemässigter Form proklamiert – alles im Rahmen der Ehe, kirchlich abgesegnet, nur für die Fortpflanzung, nicht für die Lüste.

Im 19. Jahrhundert waren die Naturwissenschaften, besonders die Medizin – natürlich eine Männerdomäne –, führend in der Formulierung von Leitbildern bezüglich weiblicher Sexualität. Die Frau wurde sozusagen medizinisch wissenschaftlich neu entdeckt und wiederum aufgrund ihres Zyklus als permanent krank befunden, als das eigentlich kranke Geschlecht. Nun wurde auch wissenschaftlich bewiesen, dass die Frau nicht denken könne. Sobald sie denke, störe die Gehirnaktivität das Funktionieren ihres weiblichen Zyklus. Die Folgen seien schwerwiegend: Vermännlichung, Unfruchtbarkeit, Hysterie und so weiter.

Ebenso wissenschaftlich begründet wurde die These, dass Frauen gar keinen Sexualtrieb hätten. Sexualität war also erstens eine Dienstleistung für den Mann, um seine Triebe zu befriedigen, und zweitens diente sie der Fortpflanzung.

In dieser Zeit war die lesbische Erotik und Sexualität das sexuelle Schlupfloch für Frauen. Da Frauen per se als lustlos betitelt wurden, kam es niemanden in den Sinn, dass Frauen, die zusammen lebten, auch erotischen oder sexuellen Austausch miteinander haben könnten. Während die männliche Homosexualität stets auch gerichtlich verfolgt wurde und als Skandal galt, war lesbische Liebe nicht existent. Dies galt bis 1920, als die ersten Schreckbilder von so genannten «garçonnes» auftauchten, die Zigaretten rauchend, in Männerkleidern und mit Männergehabe junge unschuldige Mädchen verdürben.

Dann kam 1970 die Frauenbewegung auf. Das Motto «Mein Bauch gehört mir» aufgrund der Erfindung der Pille wurde ergänzt durch das Leitbild «mein Körper gehört mir». Alice Schwarzer war im deutschen Raum wichtig, weil sie sagte, wir Frauen bestimmten selbst, wie wir Sexualität leben wollen, und der Geschlechtsverkehr mit einem Mann müsste nicht unbedingt das höchste der Gefühle sein. Die Klitoris als Lustorgan der Frau war in aller Munde, und die Mediziner standen kopf. Die Devise in dieser Zeit lautete: selbst herausfinden, was Spass und Freude macht. Selbstuntersuchungen waren hoch im Kurs, ich kann mich noch erinnern, dass es in Frauengruppen fast einen Wettbewerb gab und es als Mutprobe galt, das eigene Menstruationsblut zu kosten.

Und was sagen Sie zur aktuellen Situation der Frau und ihrer Sexualität?
(Ich bin froh, dass ich mein Aufnahmegerät dabeihabe, bei so viel Wissen und Informationen wäre mitzuschreiben wohl ein Ding der Unmöglichkeit ...)

Das ist zweischneidig. Einerseits werden die jungen Frauen aufgeklärt, viele Tabus sind weggefallen, und dennoch gilt weiterhin: Die Frau muss für die Sexualität der Männer zur Verfügung stehen. Es gibt hier einen Backlash, aber auch für die Männer, nicht nur für die Frauen. Während sie weiterhin den Mann verlocken muss, muss der Mann heutzutage aber auch etwas bieten! Was sich positiv verändert hat, ist die Akzeptanz der männlichen wie der weiblichen Homosexualität.

Wie sehen Sie die Sexualisierung, ja fast Pornografisierung des Alltages? Heute gehört es dazu, sich Lackstiefel zu kaufen, sich lange Fingernägel machen zu lassen und mit Playboy-Hasen auf dem T-Shirt herumzulaufen.
(Mir fällt auf, dass Frau Witzig wohltuend normal und bequem gekleidet ist. Sie sieht frisch und hübsch aus, auch mit grauen Haaren, und ich frage mich heimlich, ob Lackstiefel und rote Fingernägel ein bestimmtes Alter einfach nicht mehr bezwingen können. Ist es mit vierzig oder fünfzig oder sechzig so weit, dass sich Glitzer, Glimmer, Strass und Ausschnitt einfach nicht mehr über die Altersgrenze hinüberschmuggeln lassen?)

Diese Sexualisierung und Pornografisierung hat – genau wie Sie sagen – etwas mit dem Konsum zu tun. Um sexy zu sein, braucht es ungeheuer viel Zubehör. Die Millionen, welche die Pornoindustrie verdient, will die Wirtschaft nicht mehr missen!

Besonders schwierig wird es, wenn Gewalt mit im Spiel ist. Also die Gewalt der Geschlechter, und da ist klar, wer gewinnt! Prostitution und Pornografie sind immer Begleiterscheinungen patriarchaler Gesellschaften gewesen, und heute sind sie via Internet auch für Kinder allseits verfügbar. Was diese permanente Berieselung mit Bildern einer kranken Männerwelt für das Aufwachsen von Kindern bedeutet, für Mädchen wie für Knaben, lässt sich heute erst erahnen.

Haben die Frauen irgendeine Möglichkeit, sich aus dieser Fremdbestimmung endgültig zu befreien?
(Ich denke dabei an Lea, die von alledem noch keine Ahnung hat, unbeschwert mit ihren Puppen spielt und gerne eine Prinzessin wäre …)

Ich denke, dass Frauen es sehr wohl schaffen könnten, vom Sexobjekt zum Subjekt zu werden, von der Fremdbestimmung zur Eigenbestimmung zu gelangen. Aber es fehlt häufig an einem guten Umfeld, die Frauen sind oft allein und können sich nicht austauschen, es fehlt an verwandtschaftlichen oder freundschaftlichen Frauennetzen, an Frauengruppen. Und trotzdem haben die Frauen heute bessere Bedingungen als noch vor dreissig Jahren. Die moderne Frau kann emanzipiert und gleichzeitig sexy sein. Sie will mehrere Rollen spielen, und manchmal gelingt das auch.

Was ich aber bei Frauen, egal welchen Alters, immer wieder antreffe, sind die Lustlosigkeit und die Null-Bock-auf-Sex-Stimmung. Wie können Sie sich das erklären?
Früher war diese Lustlosigkeit der Frau erwünscht, sie wurde erwartet und diente auch der natürlichen Gebur-

tenkontrolle. Früher hatten die Leute gar keine Zeit für häufigen Sex, denn sie hatten ein hartes Leben. Heute wird proklamiert, dass ein Paar drei-, viermal in der Woche Sex haben muss. Wie soll das gehen, wenn ein Paar kleine Kinder hat oder sich in der strengen Phase des beruflichen Engagements befindet?

Es entsteht also ein Leistungsdruck?
Genau, und die Sexualität wird durch die Medien zudem überbewertet. Früher galt es zu überleben, galt es, das Erreichte sicherzustellen, da war die Sexualität eher nebensächlich. Heute steht sie im Mittelpunkt, und das ist kein Wunder, denn dahinter steckt eine Milliardenindustrie, eine Konsumindustrie, die damit Geld verdient.

Was können wir Frauen unseren Töchtern denn mitgeben?
Wichtig ist nicht, was du sagst, sondern was du lebst. Wir Frauen sind also die Vorbilder für unsere Töchter. Wir Frauen sollten unseren Töchtern gegenüber ehrlich sein, wenn es um unsere Begrenzungen geht, um unsere Unlust oder unsere Lust. Und ganz wichtig: Wir sollten auf ihre Fragen Antworten geben. Das ist auch deshalb besonders wichtig, weil gerade auf die jungen Mädchen von der Peergroup Druck ausgeübt wird: Früher Sex sei wichtig. Diese Tendenz wird noch verstärkt durch Untersuchungen, die belegen wollen, dass Mädchen in der 6. Klasse oder in der 1. Sekundarstufe, also mit 13 oder 14 Jahren, schon ihre ersten sexuellen Erfahrungen gemacht haben. Ich glaube das nicht, ich glaube, da ist viel geschummelt und gelogen worden.

Wichtig finde ich, dass wir uns überlegen, was für ein Erbe wir der nächsten Generation überlassen! Es sind nicht die Jugendlichen, die nicht mit Pornografie und Sex und Gewalt auf dem Pausenhof und im Internet umgehen können, es sind wir «Alten», die diese Dinge überhaupt ins Leben rufen und unsere Jugendlichen damit unverantwortlich belasten! Das gibt mir zu denken!

Ich danke Ihnen für Ihre ausführlichen Antworten, Frau Witzig. Ich schicke Ihnen den Text morgen zum Gegenlesen zu.

Frau Witzig verabschiedet mich herzlich, und ich gehe sehr nachdenklich nach Hause. Wir wissen schon so vieles über die Vergangenheit, wie früher gedacht, geschrieben, geliebt wurde. Ich bin beeindruckt: Diese Frau ist ein wandelndes Geschichtsbuch, ein Stichwort, und sie weiss so viel zu erzählen. Ich hätte ihr gerne noch lange zugehört. Wie die Frauen ständig auf ihre Weiblichkeit, ihren Zyklus reduziert werden, ist ja eine ungeheure Frechheit. Krank, hysterisch, dumm. Wow. Grosse Heldenbilder werden da vorgezeichnet. Lustlosigkeit als Lebensentwurf und natürliche Verhütungsmethode, wie praktisch. Und diese über Jahrhunderte transportierten Frauenbilder, -mythen und -vorschriften hocken sicher noch wie ein unlöschbares Programm in unseren Zellen.

Bei den Fragen nach der Situation heute kommt offenbar aber auch Frau Witzig ins Schwitzen. Da hat auch sie nur Thesen, Vermutungen, Ideen, persönliche Meinungen. Das ist noch ein unbeschriebenes Blatt. Ich gehe nach Hause, ratlos darüber, was zurzeit gerade programmiert wird. Und vor allem: von wem? Sind es die Frauen, die ihr Frausein und ihre Sexualität neu entwerfen, erotisch, kreativ wie Modedesignerinnen, hier ein bisschen kürzen, da etwas ansetzen, dort eine Masche, hier ein Knopf? Oder sind es die Männer, die für die Frauen die Kostüme schneidern nach dem Motto: Korsett, eng, unbequem, aber sexy, verrucht, pornografisch? Ich weiss es nicht, und Frau Witzig wohl auch nicht.

Fuck you

Es ist unglaublich, was mir heute alles passiert ist. Die *pure Zurückweisung* auf der ganzen Linie. Da habe ich mich heute Morgen im Bett eindeutig zu Philippe geräkelt, habe Lea schon zum Frühstück geschickt, damit wir noch eine kleine Morgennummer schieben können. Es ist inzwischen richtig schlimm mit mir, ich rolle mich, kaum aufgewacht, zu ihm hin, nehme ihn wahr, ohne ihn zu berühren, und noch im Halbschlaf spüre ich, wie meine Sensoren den Befehl ans Hirn geben: körperliche Lust. Ich berühre ihn am Rücken, streichle über seinen Po und wünsche mir nur noch eines: Er möge in mich dringen. Und was macht der Mann? Er dreht sich ab, nimmt meine Hand weg, als ich seinen Freudenschweif anfassen will. Er *will* nicht. Er will *mich* nicht? Das war wie eine Faust in den Magen.

Ich ertrage diese Zurückweisung nicht. Auch wenn sie im Halbschlaf nicht bösartig gemeint ist. Schon gar nicht, wenn es um Sex geht. Irgendwie kämpfe ich ja immer noch, wortlos, aber mit Taten, um die Treue in unserer Ehe. Obwohl ich es nicht verhindern kann, dass ich, wenn er in mich dringt, nicht mehr ganz sicher bin, ob ich nun Christoph oder Magnus vor meinem inneren Auge sehe.

Wenn ich so verunsichert bin und gleichzeitig frustriert, dann muss ich das kompensieren. Ich kenne mich. Es gibt verschiedene Varianten: Sport (zu müde), Musik und Tanz (keine neue CD und kein José in Sicht), Shopping (die Tiefschläge bezüglich Unterwäsche und sexy Pornoklamotten sitzen noch), Sex (keine Aussicht) oder Komplimente von anderen Männern. Ich entscheide mich für Letztgenanntes und schreibe Magnus per SMS, dass ich am Abend online sein werde. Am liebsten hätte ich auch noch Christoph zum Mittagessen getroffen, aber der ist an irgendeiner Tagung in Amerika, also nicht zu haben für einige Tage.

Magnus macht brav mit und kreiert mit mir eine nette Sexfantasie, wie er mich verführt und küsst, und dann auf einmal insistiert er darauf, dass er mir die Finger rein und raus schiebe. Offenbar hat er nicht begriffen, dass die wenigsten Frauen nur vaginal stimulierbar sind, den Orgasmus holen sie sich oft über die Klitoris. Also rein und raus mit dem Finger oder Schwanz ist ja ganz nett, aber das bringt die Frau nicht unbedingt zum Höhepunkt. Aber das will er nicht begreifen. Ich tue ihm den Gefallen und komme in unserer Fiktion dadurch zum Höhepunkt, obwohl ich diesen im realen Akt wohl vortäuschen müsste.

Ich kann mir nicht helfen, aber seit einiger Zeit hat sich in mir ein Gedanke festgesetzt. Zuerst nur scheu, ganz klein, vorsichtig, unklar. Dann ist er gewachsen, ist voll und prall geworden und immer fantastischer, angefüllt mit allen nicht gelebten Begegnungen. Wie wäre es, wenn wir uns treffen würden?

Und was sagt der Mann auf meinen Vorschlag, mich übernächstes Wochenende in der nächstgelegenen Grossstadt, achtzig Kilometer von meinem Zuhause entfernt, zu treffen?

Ich komme nur, wenn ich mir dir schlafen kann.

–

Ja, ich nehme an, dass das passieren wird.

–

Und dann gehen wir Hand in Hand durch die Stadt.

–

Ja, wir schauen uns die Stadt und die Shops an.

–

Und du lädst mich zu allem ein und kaufst mir schöne Geschenke.

–

Wie bitte?

–

Ja, schöne Geschenke.

–

Hey, das irritiert mich total. Wieso handelst du das mit mir aus? Ist das eine Bedingung, damit du kommst?

–

Ja.

–

Hey ich glaube es nicht! Das ist doch die pure Frechheit. Du kriegst den grössten Preis: *mich,* und dann willst du auch noch Geschenke und alles bezahlt bekommen?

–

Ich fahre schliesslich ein paar Stunden Zug für dich.

–

Ich fasse es nicht. Das macht mich jetzt so richtig sauer! Du weisst gar nicht, was ich dir hier anbiete: Ich werfe dreizehn Jahre treue Ehe in die Toilette, und du verhandelst über Geschenke!

–

Sonst komm ich nicht.

–

Na, dann komm nicht! Bin sauer auf dich!

Ich raste förmlich aus. Zuerst Philippe, der nur bedingt will, dann dieser freche Hund, der mich *und* Geschenke will. Dem geht es also nur ums Geld. Ich soll seine Sugar Mama sein, ich soll ihn also aushalten, und ich muss mir das Vergnügen selbst bezahlen, weil ich schon so alt bin, weil ich nicht mehr zwanzig bin! Na, was meint der eigentlich, wer er ist! Ich kann tausend Männer haben, die liegen mir doch zu Füssen (mein eigener momentan zwar nicht …) und überhaupt!

Und wenn ich «überhaupt» sage und denke, dann steht es meist sehr schlimm um mich. Ich brauche sogar eine Tablette, um einzuschlafen, so entnervt bin ich.

Und am nächsten Tag bin ich verkatert, schlecht drauf, griesgrämig, zickig und alles zusammen. So ein verdammter Frust. Ich *muss* jetzt wirklich kompensieren. Gehe ins Fitnesscenter und renne statt wie üblich vierzig gleich sechzig Minuten auf dem Rollband. Und im Minutentakt denke ich: Fuck you, Magnus. Fuck you. Und zwischendurch denke ich: Fuck you, Philippe.

Dann dusche ich sicher fünfzehn Minuten lang, schminke mich (wohl zu stark) und rase in die Stadt. Dort erstehe ich ein Glitzeroberteil für den nächsten Ausgang mit José und eine schwarze Stretchhose. Nuttig, ja, so richtig geil und nuttig. Ich bin so sauer. Fuck you, Magnus, fuck you, Philippe.

Diesen elenden Hund lasse ich jetzt in seiner Lust-Sauce schmoren. Der kann mich mal. Der wird schon sehen, wie es ist, wenn Alé nicht mehr griffbereit ist. Verdammt. Ich leide und schmachte, möchte so gerne Komplimente hören, möchte so gerne virtuelle Sexfantasien austauschen, möchte mich gut und begehrt fühlen. Und der Typ spurt nicht – will Geld!

Am Abend zittert meine Hand. Nein, Alé, nicht den Messenger anstellen, der soll bluten. Aber wer blutet hier, wer leidet? Ich! Der andere macht sich wohl nichts daraus. Hat wohl zwanzig Miezen im Chat. Alé ist nur eine von ihnen.

In mir drin fühlt sich eine kleine Alé ganz traurig und verlassen. Ich glaube fast, ich habe so etwas wie Liebeskummer – obwohl ich eigentlich nicht gerade behaupten kann, ich sei verliebt. Dieser doofe Typ meldet sich einfach nicht. Entschuldigt sich nicht. Sehnt sich nicht nach mir. Und ich zähle die Stunden und Tage, in denen er sich nicht meldet, dabei bin ich doch eigentlich beleidigt. Ich renne mehrmals am Tag zum Computer und checke meine Mails. Nichts. Dann höre ich die Musik, die er mir für den Striptease geschickt hat, und ich muss an die Bananenesserei, den Striptease, sein Lachen, seinen Humor denken. Und der Arsch meldet sich nicht. Und es ist gut so. Trotzdem bin ich irgendwie mächtig beleidigt (zuerst) und dann sehr traurig (es kommen sogar Tränen, zeitweise). Zum Glück habe ich diese Woche ein total volles Programm! Somit kann ich gar nicht erst in Versuchung kommen, ihm doch zu schreiben.

José schreibt mir ab und zu eine E-Mail und versucht mich aufzubauen:

Betreff: Traumfrau

Und, Schatz, glaube mir, du bist die Traumfrau in Person. Du hast so viele Seiten in dir: die Sexbombe, die Intellektuelle, die Mutter, die Ehefrau, die Journalistin, die Freundin, die Tochter, das Showgirl … Und du beherrschst jede dieser Rollen perfekt. Menschen mit Menschenkenntnis würden alles tun, um dich als Freundin zu haben. Und Männer, die gute Augen haben, würden alles daransetzen, um dich ins Bett zu kriegen. Tut mir leid … mit dieser Last, *schön* zu sein, musst du leben können, Darling …

Seine Worte helfen nicht. Ich bin sehr nachdenklich. Magnus will mich nur gegen Geld. Ich allein, ich als Ferrari genüge ihm nicht.

Doch dann kommt eine SMS von ihm: Triff mich heute Abend online, Baby.

Und ich? Ich springe auf! Höre mein Herz klopfen. Vergessen sind all die Ratschläge, die mir José gegeben hat, von wegen ignorieren und schmoren lassen und drei Tage mit Antworten warten.

Ich putze mich heraus. Da hocke ich nun, völlig aufgetakelt, habe vor einer halben Stunde noch das Make-up nachgezeichnet, das ich heute sowieso nur seinetwegen aufgelegt habe (war ja zu Hause am Arbeiten, keine Termine auswärts, nichts, sozusagen Pyjamatag), trage wohlgewählte Kleider und noch sorgfältiger gewählte Unterwäsche am Leib – und schäme mich so.

Der Mann meldet sich an, begrüsst mich, ich spreche ihn auf die Geschenknummer an, und er sagt, er sei müde und müsse ins Bett, und, *klong*, hat er sich abgemeldet. Das Ganze hat drei Minuten und insgesamt fünf Sätze gedauert.

Er hat mich so richtig sitzen gelassen. Aufgemotzt. Stehen gelassen. Fuck you. Nicht mit mir. So nicht mit mir. Jetzt kannst du warten, bis du schwarz wirst, ich melde mich nie mehr. Eigentlich kommt mir das gerade recht! Ein willkommener Wutausbruch meinerseits, der heimlich ersehnte Kollaps, um dieser unsäglichen Webcam-Liebschaft ein Ende zu setzen. Jawohl, der kann mich mal. *Mich.* Einfach so im Regen stehen lassen. Mit dem ganzen Make-up und der Unterwäsche, die mich zwickt.

Und natürlich zweifle ich an mir. Frage mich, was ich wohl falsch mache, dass in so kurzer Zeit gleich zwei Männer die rote Fahne hissen: Du bist zu viel. Du willst zu viel. Du bist zu anstrengend! Das sagen sie mir, und eigentlich will ich nur leben.

Jawohl, als Philippe sich nämlich weggedreht hat am Morgen bei meinem Verführungsversuch, da war mir drei Sekunden lang, als bedeute dies den Anfang vom Ende – nämlich die Vergänglichkeit meiner Attraktivität. Die Zahl 40 schwirrt die ganze Zeit in meinem Kopf herum. Bald 40. Bald 40. Obwohl ich immer ganz cool verkündet habe: «Das stresst mich überhaupt nicht, ich freue mich, endlich 40 zu sein!», ist das überhaupt nicht wahr. Ich bin *total* gestresst! Ich habe das Gefühl, alles Tolle, alles Intensive und Lebendige kommt nicht über diese Altersgrenze. Es bleibt einfach am Stacheldraht zwischen 39 Jahren 364 Tagen und 40 Jahren hängen, schafft es nicht ins neue Jahrzehnt. Und das Aufbäumen meiner Lust, mein Verlangen nach intensivem Leben kann ich nur mit dieser Scheissangst begründen. Ich habe solche Angst, dass ich fad, alt, schlaff und freudlos sein werde. Und darum bin ich wohl in Rage. Adieu Gelassenheit. Tschüss Altersweisheit. Bin pubertär, blöd und anstrengend. Will Miniröcke anziehen und hohe Stiefel, will nonstop Sex und gut aussehen. Will begehrt sein und wild und frech und überhaupt, einfach toll sein – und *jung* sein.

Und schon kommen die wieder von der Anti-Porno-Bewegung und reden mir ein, dass ich mit diesem Bedürfnis gerade der Pornoszene einen Gefallen mache und undifferenziert schlimme Zeichen setze. Die männliche Bevölkerung darauf hinweise: Ich bin willig, ich bin billig, ich bin zu haben, ich bin euer Objekt, schaut mich an, begehrt mich. Und wenn ich gut geschminkt und eng bekleidet durch die Strassen laufe, dann bestätige ich ihr feindseliges Frauenbild: Frauen sind alle Nutten, die müssen es besorgt kriegen! Und wenn sie dann eine echte Frau vor sich haben, dann ist klar für sie: Drei Löcher und Titten, das ist die Frau, der Rest, das Drumherum um die Löcher, ist williges Fleisch. Und wenn sie ein bisschen muckt, dann ist Gewalt der nächste Akt. Ein Schlag hier, ein bisschen hart zugreifen oder reinstossen da. Ach, Scheisse, ich bin in der Zeitgeistfalle (jung und sexy) gefangen und mache voll mit. Und das Schlimmste ist: Ich weiss es.

Fuck you, Magnus!
Fuck you, Philippe.
Fuck you, Christoph.
Fuck you, Vergänglichkeit.
Fuck you, Sexiness.
Fuck you, Porno!
Fuck you …

Fuck you all!!!!!!

Teil 3: Sexgöttin

Super-GAU

Ich gebe mir extrem Mühe, meine Müdigkeit zu verbergen. Den Koffer stelle ich direkt neben die Waschmaschine, ein Ort, dem Philippe niemals zu nahe kommt. Ich will nicht, dass er sieht, was sich alles unter dem Lederdeckel verbirgt, und schon gar nicht, was im Necessaire so rumliegt.

Und während ich mit Lea und Philippe mein Willkommensdessert geniesse – Lea ist extra aufgeblieben –, erzähle ich von Stockholm, was Sandrine und ich dort alles erlebt haben. Alles erstunken und erlogen. Aber Lea ist halb am Einschlafen und Philippe etwas zerstreut. Ich lenke ab, frage, was sie denn gemacht und erlebt hätten.

Und während ich unter der Dusche stehe und versuche, seinen Geruch von mir abzuwaschen, ihn aus jeder Körperritze zu vertreiben, und mich innerlich darauf vorbereite, dass Philippe gleich Sex mit mir will und ich noch nicht weiss, wie ich das anstellen soll, meine Haut ist nämlich überall wund gescheuert, und mein Körper schmerzt beim blossen Einseifen, verwünsche ich mich selbst tausendfach. Wie konnte er mich nur weich klopfen. Ich war doch so herrlich ärgerlich! So verdammt wütend und enttäuscht, warum habe ich ihm diesen Mist bloss geglaubt: Sorry, Zuckermäuschen, ich bin eben etwas gestresst. Ich vermisse dich, ich liebe dich, ich will dich heiraten, komm und triff dich mit mir, lass mich versuchen, dich wieder gut zu stimmen, Schätzchen, schönste Frau der Welt, Sexbombe, Prinzessin meiner Leidenschaft …

Na ja, also wirklich, ich muss schon sagen, das war der Ober-Ober-Top-Super-GAU!!!

Ich hatte doch so schöne und tolle Fantasien, stellte mir das Treffen mit Magnus als das ultimative, nuklear-geile Gipfeltreffen der Lüste und Orgasmen vor. Multipel orgastisch, abgehoben, kaum Verschnaufpausen. Und so sanken wir einander im Hotel in die Arme, ich war schon feucht von all den Vorstellungen, was nun kommen würde. Schon im Flugzeug war ich im Halbstundentakt zur Toilette gegangen oder hatte mit geschlossenen Augen von all den Möglichkeiten ungeahnter Sexpraktiken, Stellungen und Orgasmusformen geträumt. Ich war mir sicher, dass Magnus es fertig bringen würde, mich kreuz und quer zu befriedigen, in meiner Sexfiktion brachte er mich vaginal, klitoral, anal und G-Punkt-mässig zum Höhepunkt. Und so küssten wir uns endlich, und er küsste fantastisch, und innerlich nickte ich mir zu und sagte mir, ja, wenn der so gut küssen kann, dann geht gleich die Post ab. Und wir küssten und küssten uns und zogen uns zwischendurch aus, und zu meiner absoluten Genugtuung entdeckte ich Speckröllchen um seine Hüften und runde Oberschenkel! Die Extrembehaarung setzte dem Ganzen die Krone auf. Da habe ich mich vorbereitet und im Vorfeld tausendmal meinen unvollkommenen Bauch betrachtet, der sich leicht wölbt und auf dem zwei quere und ein länglicher Schwangerschaftsstreifen die Geburtsstätte meines Kindes mit einem Z wie Zorro kennzeichnen. Und ich hungere vorher, um noch 500 Gramm abzuspecken, und ich gehe ins Fitnesscenter, um allfällig schlaffes Material um Beine und Po zu stählen, und der gute Mann ist selbst auffällig unperfekt und … kümmert sich einen Dreck darum.

Natürlich versuche ich während der Ausziehknutscherei eine gute Falle zu machen, ziehe den Bauch ein, drapiere mich aufreizend in die Kissen. Brav. Und er quittiert meine Bravheit: «Du bist so geil, du hast einen perfekten Körper, ich finde dich so schön …» Ja, mein Lieber, brav, brav. Und es nützt auch, ich fühle mich wohl, lasse mich gehen. Und kaum ist der BH geöffnet, nimmt er meine rechte Brust in seinen Mund und saugt daran wie an einer verstopften Babyflasche. «Hey, Baby, nicht so stark», hauche ich in sein Ohr. Er hört auf, doch kommt es ihm nicht in den Sinn, meine Brüste mit seinen Händen zu verwöhnen.

Er rutscht runter und begeht den gleichen Kardinalfehler nochmals, lutscht nicht mehr an meinen Brüsten, sondern an meiner Klitoris. Ich stöhne, ihm zuliebe, und bäume mich auf, mir zuliebe, so tut es weniger weh. Hätte uns jemand beobachtet, dann wäre das Ganze eine gelungene Darstellung von Lust und Begierde gewesen. Er steckt ihr den Finger unten rein und schiebt ihn raus und rein, und sie wirft die Haare zurück. Sie setzt sich auf ihn und wirft sich ins hohle Kreuz. Er packt sie, steht mit ihr auf und drückt sie gegen die Wand neben dem Bett, während er ihr die Zunge ins Ohr steckt. Dann dreht er sie um und drückt sich an ihr Gesäss und zieht sie an den Haaren. Und sie stöhnen beide, und es wird mal wilder, dann wieder langsamer. Und von aussen betrachtet ist es das perfekte Vorspiel.

Aber eben. Die Frau wird lediglich mit sämtlichen stereotypen Sexfantasien bedient, wohlgemerkt, männlichen Stereotypen. So bringt die Saugerei und Lutscherei in einem Anfangsstadium, wo Hitze erzeugt werden soll, herzlich wenig. Auch die Rammlerei mit dem Finger ist Blödsinn. Was passiert? Die Brust wird rot, die Klitoris überempfindlich, die Vagina wund. Und das soll ein tolles Vorspiel sein?

Nein, das war es wirklich nicht. Ich wollte ebenfalls zum Höhepunkt kommen und mich endlich entladen. Aber auch das ging nicht, obwohl ich mich redlich bemühte, war es bei all dem Geschlechtsteilgemetzel schlicht unmöglich.

Gut, im Nachhinein glaube ich, dass ich schlicht auch noch gestresst war. Ich habe versucht, gut und perfekt auszusehen, ständig den unperfekten Bauch einzuziehen, darauf zu achten, dass die Brüste vorteilhaft lagen, ich habe gestöhnt, um ihm zu gefallen, nicht weil mir danach war. Und ich habe deutlich gespürt, dass er so sehr wollte, dass ich komme – er wollte es so sehr, dass auch dieser Wunsch mich stresste.

Auch als er mich dann penetrierte, war es schön und nett und geilte mich auf – aber alles war schon so wund und überempfindlich, dass ich froh war, dass er nach drei Stellungen à sieben Stössen kam.

Dann lagen wir noch ein wenig nebeneinander. Doch ich konnte ihr förmlich zusehen, seiner Verwandlung zu einem Verhalten, das ich gut von Philippe her kannte: Die Hormonausschüttung nach dem Orgasmus lässt grüssen. Die Nähe zu mir wurde ihm zu viel. Er wollte mich nicht mehr, mich streicheln schon gar nicht, den Post-Orgasmus zusammen in inniger Gemeinsamkeit geniessen, das überhaupt in keiner Weise. Er wollte essen gehen. Nur schnell an die Bar, ein Club-Sandwich und dazu eine Cola. Was ich für eine gute Idee hielt. Ich war schweissgebadet von der Anstrengung, kommen zu wollen und dann doch nicht zu kommen. Ausserdem zitterten mir die Knie, ich wusste nicht warum. Vielleicht, weil ich Philippe nun unumstösslich betrogen hatte. Oder weil die ganze Turnerei auf und neben dem Bett auch ein Kraftakt war. Und während er sein Sandwich in sich hineinschlang, bestellte ich Kaffee und ein Stück Quarktorte. Und während ich es genüsslich ass, hat dieser Trottel zu reden begonnen. Hätte ich einen Off-Schalter gehabt, dann hätte ich ihn gedreht. Gnadenlos. Denn jetzt kam nur noch Blech raus. Seine Pläne für die nächsten Ferien, ich solle ein wenig aufpassen mit der Torte, die schade meiner Figur!!!!!!!!!!!!!!, so ein frecher

Hund, er sei schon froh, dass er dieses Wochenende mit mir verbringe und nicht zu Hause geblieben sei, weil dort hätte er sich wohl mit Azura verabredet … Ich dachte bei mir, so muss er sich wohl wieder zurückbeamen in die Realität und den Frust verarbeiten, dass er es nicht geschafft hat, *es mir zu besorgen.* Gekränktes Männerego kennt nur eine Waffe: die Frau auch kränken.

Ich mag nicht mehr an Stockholm denken. Ach, war das ein Reinfall. Natürlich verliefen die nächsten Versuche nach ähnlichem Schema. Nur je öfter, desto weniger gab er sich Mühe, durchzuhalten, sich mir zu widmen. Die Vorspiele wurden kürzer und die Stellungen und Stösse weniger. Der ultimative Schnellschuss war in der Dusche am nächsten Morgen. Er betrat das Badezimmer, stieg zu mir unter die Brause, grabschte nach meinem Busen, steckte mir die Zunge in den Hals, stiess mir seine Liebeslanze zwischen die Beine, und noch ehe er den Eingang fand, kam er auch schon …

Und obwohl ich nicht mehr an Stockholm denken mag, fallen mir jetzt lauter Details ein. Seine verkorkste Vorstellung, wie ich ihm einen zu blasen hätte. Da dachte ich immer, ich hätte den schwarzen Gürtel im Schwanzschlecken, aber offenbar ticken nicht alle Männer penisschlecktechnisch gleich. Bei Philippe, Frank und den anderen Männern rief die elegante Drehung nach links und nach rechts dem Eichelrand entlang stets Beifall hervor. Es genügte diesen Männern, wenn ich den Pimmel rein und raus schleckte, dann noch einen Lutschabzweiger zu den Hoden machte und schliesslich als Krönung den Schwanz möglichst tief in meinen Mund hineinliess und möglichst viel von seiner Raute darin versenkte. Wenn ich merkte, dass der Mann kurz zu atmen begann, dann gehörte noch die Hand dazu im festen Griff um den Steifen, um das Rein und Raus mit Härte zu unterstützen. Doch damit war ich bei Magnus an der falschen Adresse. Ich glaube wirklich, Magnus ist ein Pornoopfer. Der hat sich wohl zu oft den Pornoklassiker *Deep Throat* angesehen, denn er wollte einfach vor allem seinen *ganzen* Kolben in meinem Mund haben. Und zwar steckte er ihn senkrecht hinein bis zum Anschlag der Kehle, und er liess kein Ausweichen mit dem Kopf zu, keine drei Millimeter nach links oder rechts, damit ich seinen Luststiel in die aufgeblähten Backen hineinschieben konnte, um das Würgegefühl zu vermeiden. Er packte meine Haare, steuerte damit den Kopf, und hielt ihn absolut waagrecht, und ich sollte langsam alles schlucken und dann nur minimal auf und ab schlecken, natürlich ohne Zähne, ganz sanft, aber umso tiefer. Dass ich ab und zu fast kotzte, weil mich sein Samenspender einfach würgte, und dass meine Schleimhäute darauf reagierten, so dass mir die Tränen kamen und meine Nase zu laufen begann, kümmerte ihn nicht. Er war im Lustdelirium, und während vorher alles rasch und intensiv verlaufen war, hatte er hier eine Ausdauer, die wirklich fast zum Kotzen war. Mehrmals wollte ich aufgeben, doch er bettelte: «Baby, bitte mach weiter, es ist schon fast.» Aber dann, als auch noch meine Arme und Beine zu zittern begannen, ich kniete ja vor ihm, auf allen vieren, hatte ich genug. «Bitte bums mich jetzt», flehte ich ihn an, in der Hoffnung, er würde mein Schleckleiden beenden. «Bitte schleck mich weiter!» – «Nein, bitte bums mich jetzt.» Er lenkte ein, unzufrieden. Jetzt hätte er beim Abendessen extra auf den Fisch und den Knoblauch verzichtet, damit sein Saft besser schmeckte, und nun würde ich schlappmachen. Aber ich bin auch ein Mensch, und irgendwann geht das einfach nicht mehr.

Gut, das Einzige, was ich mir in meinem Résumé zugutehalten konnte, war die ultimative Erfahrung in meinem 38-jährigen Leben mit dem berühmt-berüchtigten

Analverkehr. Mit Philippe hatte ich schon zirka fünf Anläufe genommen. Die ersten vier etwa im Jahresabstand. Sie waren so gelagert, dass er mir einfach unglaublich wehtat und ich dermassen verspannt war, dass sogar eine Nadel zu dick gewesen wäre und wir sein Ding wohl nur einen Zentimeter weit hineinbrachten. Das war noch vor der Entdeckung der Gleitcreme. Mit Gleitcreme das jungfräuliche andere Loch endlich zu erobern, war dann unser nächstes Projekt, da war Lea aber bestimmt schon vier Jahre alt. Philippe sagte das Ganze nichts, er war ein Fan von meinem Busen, nicht von meinem Po. Ausserdem behauptete er immer steif und fest, ich würde ihm im Alter dankbar sein, dank augebliebenem Analsex nicht inkontinent zu sein. So eine Panikmache. Natürlich habe ich damals bei José nachgeforscht, und er meinte, ihm sei nicht bekannt, dass Analverkehr die Inkontinenz fördere. Und ich habe mich dann auch mal im Netz schlau gemacht. Und siehe da, kein Wort von Inkontinenz in Wikipedia, einzig der Hinweis auf eine entsprechende Untersuchung, die nichts beweisen konnte. Also schachmatt. Was ich da allerdings auch las, war, dass der Analverkehr in einigen Ländern wie dem Iran mit Todesstrafe und zum Beispiel in Saudi-Arabien, Indonesien und Singapur mit Gefängnis geahndet wird. Puh. Da lobe ich mir Europa.

Aber zurück zum Analsex mit Philippe: Nach einem weiteren schmerzhaften Versuch, bei dem er wenigstens zehn Mal «rein – raus» praktizierte, schlossen wir den Aktendeckel «Anal», und zu meinem Überdruss ist er bisher geschlossen geblieben. Aber warum? Ich werde doch nicht inkontinent deswegen. Vielleicht weil es riecht? Vielleicht weil bei spontanem Analverkehr ohne vorherige Spülung ein bisschen Schokodip mitkommt? Als ich einmal von Philippe wissen wollte, ob er sich denn ekle, meinte er: «Nein, ich liebe ja auch die Doggy-Stellung.»

– «Was hat das denn damit zu tun?», wollte ich leicht genervt wissen. «Na ja, meinst du, dass ich nichts rieche, wenn du so auf allen vieren vor mir kniest?» Das hat mich echt schockiert, das wusste ich nicht. Ich dachte immer, das wäre eine «saubere» Stellung. Philippe hat mir dann erklärt, dass, wenn ich so vor ihm hinknie und meinen Po in die Luft strecke, mein Anus ganz entspannt sei, so dass er sich öffne und somit auch Gerüche absondere. Aber dieser olfaktorische Zusatzeffekt sei in diesem Moment okay, ja sogar auch erregend. Was mich sehr beruhigt hat. Also, Philippe ist kein Po-Fan.

Doch die ganze restliche Männerwelt ist Po-Fan und analgeil. Beim spätabendlichen Durchzappen der Fernsehkanäle habe ich einmal eine wahnwitzige Theorie darüber gehört, warum zurzeit wie eine Modetrend in der Sexualität die Anuswelle vorherrsche. Die Männer masturbierten durch die Internetpornografie derart viel, dass sich ihr Glied an den starken Griff ihrer eigenen Hand gewöhne und eine Vagina danach einfach wie Flutsch sei, viel zu weich und zu weit und überhaupt nicht attraktiv. Da lobe sich der stets masturbierende Mann die Anushöhle: eng, klein, viel Druck auf den Ehrenwerten und deshalb der Oberhit.

Wahrscheinlich ist Magnus so einer. Magnus ein Po-Fan, meine Brüste einfach nett als Zubehör. Deshalb klatschte er wohl mit Vorliebe bei jeder Gelegenheit auf meinen Po. Und als ich einmal auf ihm sass und wir uns küssten, da holte er ein schlankes Tüblein unter dem Kopfkissen hervor und begann mich einzucremen. Nicht nur den besagten Eingang inklusive zwei Zentimeter rundherum, also nicht nur die Rosette, sondern den ganzen Po, bis hoch zum Rücken. Das war wohl das Geheimnis, alles wurde geschmeidig, es hatte elastische Haut überall, das Terrain war bereit. Und während ich auf ihm sass, meine Klitoris immer noch Kontakt mit seinem Bauch hatte und ich mich so stimulieren konnte, grub ich mich mit leichten Bewegungen auf seinen Lustfinger. Und es tat *nicht* weh, und es war erotisch, und es war ein anderes Gefühl von Fülle, und ich hätte mir gut vorstellen können, einen gigantischen Orgasmus zu haben – aber eben, er hielt es nicht lange durch. Und einmal mehr schloss sich die Akte «Die Analgeschichte der A.» ohne Erfolgsstory.

Je mehr ich an Stockholm denke, desto mehr realisiere ich: Reinfall. So ein Reinfall. Scheisse! Ich merke, wie ich gedanklich geschickt um die Hauptkränkung herumtänzle, mich lieber an dies oder das erinnere als an den vernichtendsten Moment. Aber er ist da, er zermürbt mich, er macht mich fertig, und ich muss ihn ansehen, damit mir so etwas *nie wieder* passiert. Da buche ich dieses Stockholm-Wochende ganz meiner inneren Gier nach immer mehr entsprechend: wenn schon, denn schon. Möglichst lange, möglichst extensiv, wenn schon fremdgehen, dann nach dem Motto «Schokoladenmousse mit viel Kalorien» und nicht «zuckerloser Getreidestängel». Also am Sonntag mit dem letzten Flug zurück, und der geht erst um 20 Uhr.

Doch was war das? Nach dem Frühstück betreten wir das Hotelzimmer, ich bereit, mir nun endlich meinen Orgasmus zu holen, endlich herauszufinden, ob der Mann vielleicht gut schlecken kann, schliesslich habe ich für «deep throat» genug gelitten. Doch was macht er? Er packt seine Reisetasche. «Was machst du da?», frage ich arglos und ein wenig irritiert, denke, er will ein wenig Ordnung schaffen, die am Boden verstreuten Kleider einsammeln, eine freie Plattform für ein neues Stelldichein schaffen. «Mein Zug geht um 12 Uhr.» Was? Der Hammer hat gesessen. «WAS!!!!!!!!!!!!!!!!», schreie ich, «das kann doch nicht dein Ernst sein! Es gibt doch sicher auch noch spätere Züge zurück in dein Schwedenkaff.» –«Ja, schon, aber ich muss zu Hause noch einiges erledigen. Sorry, es geht nicht anders», murmelt er und packt unbeirrt weiter. Ich habe kaum mehr Luft bekommen. Was sollte das? «Was musst du denn zu Hause so Wichtiges machen?», bohre ich weiter, und er antwortet mir wie ein Börsenhändler, der gleich Millionen investieren wird und keine Widerrede duldet: «Na, die sonntägliche Wäsche und meine Wohnung aufräumen. Das mache ich immer am Sonntag.»

Ich habe wirklich keine Luft mehr bekommen. Ein Zwangsneurotiker. Ein gefühlloser, sozialintelligenzgestörter Freak! Wäsche und Aufräumen sind wichtiger als das lang ersehnte Treffen mit mir, Sexbombe Alé? Ich habe zu betteln begonnen: «Bitte nimm einen späteren Zug, ich wollte dich doch noch vernaschen, ich wollte noch mit dir Hand in Hand im Park spazieren gehen.» Er – kalt wie Eis. Packt weiter, zieht die Jacke an, bestellt unbewegt ein Taxi. Mir kommen die Tränen. Abschiedstränen, Enttäuschungstränen, Wuttränen, ich weiss es nicht. Ich liege nackt vor ihm und weine, und er beugt sich zu mir runter und sagt: «Versuch mich doch zu verstehen, und sei jetzt nicht so schwierig. Du wirst mich ein paar Stunden lang vermissen, aber die Realität ist keine Blumenwiese, und ich muss eben hart bleiben.» Ein Kuss auf die Stirn, und die Hoteltüre schliesst sich. Weg ist er. Vorbei der ganze Spuk. Sex ohne Orgasmus. Schlechte Kommunikation, Alé alleine sitzengelassen in einer fremden Stadt, ihr Flug erst in acht Stunden.

Mein Gott, war ich sauer, war ich enttäuscht, ich wütete, schlug aufs Hotelbett, warf meine Sachen in den Koffer, legte mich heulend ins Bett und beschloss, diese Demütigung in den untersten Keller meines Bewusstseins zu verbannen und einfach nicht mehr daran zu denken.

Nur dummerweise geht das nicht!

Die Dusche hat kein heisses Wasser mehr. Wie lange ich wohl dagestanden und gehofft habe, dass das Wasser diese Gedanken den Abfluss hinunterspült? Keine Ahnung. Aber auf alle Fälle ist es ganz ruhig, als ich aus der Dusche komme. Philippe ist neben Lea eingeschlafen. Glück gehabt! Sexpause!

Anleitung für eine heisse Frau

Am nächsten Tag ist es noch viel schlimmer. Es ist, als hätte das Erlebte Zeit gehabt, sich in voller Grösse aufzubauen. Ich kann kaum klar denken, geschweige denn arbeiten, also lenke ich mich mit Hausarbeit ab und bügle sogar Leas T-Shirts. Und natürlich packe ich nun endlich den Koffer aus. Niemand sieht jetzt, was ich mit dabei hatte: die fünf sexy Strings, die Highheels und die weissen Stiefel, die engen Shorts und die verschiedenen BHs, kaum normale Kleider, dazwischen Strapse, ein sauberes T-Shirt und eine Ersatzjeans. Das Necessaire habe ich kaum zugebracht in Stockholm, es ist richtiggehend übergequollen mit meinen Lidschatten, sieben verschiedenen Lippenstiften mit Lipliner, dem auffallenden Goldschmuck und natürlich, nicht zu vergessen, den Kondomen und der Gleitcreme. Immer wieder kommen mir einzelne Szenen in den Sinn, und es ist eine Achterbahn der Gefühle.

Ich suhle mich im schlechten Gewissen, und die Frage, warum ich betrüge, was ich eigentlich liebe und nicht verlieren will, nämlich Philippe, pocht mit jedem Herzschlag in mir. Und mit dieser Frage im gleichen Takt pocht die Wut in mir über diesen Reinfall. Ich habe noch nicht mal einen Orgasmus gehabt. Also Betrug und noch dazu ohne Erfolg. Ich tröste mich mit dem Gedanken, dass ich mich irgendwie nicht so richtig habe gehen lassen können, etwas verkrampft gewesen bin, das ja auch zum ersten Mal gemacht habe, so einen Seitensprung. Und trotzdem, Alé, wo ist in Stockholm das Sex-Subjekt geblieben, die Sexgöttin, die durchgibt, was ihr gefällt?

Aber wie kann ich mich denn voller Spass dem Sex hingeben, wenn er einfach alles falsch macht? Er ist zwar leidenschaftlich gewesen, das gefällt mir, aber ich bin dieses Tempo nicht gewohnt. Er hat sofort meine Brüste aus dem BH geschält, dann ist im Nu sein Finger in mir drin gewesen, so unsanft, dass es fast wehgetan hat. Es war, als hätte ich uns von oben zugesehen, das Setting, diese Wildheit, seine Gier hat mir Spass gemacht. Aber seine Berührungen haben in diesem Moment null und nichts bewirkt. Wenn er mir die Blütenspitzen gesaugt hat, dann hat er sie nur unnötig aufgereizt und überspannt. Wenn er mir den Finger hineingesteckt hat, dann weil es ihn angemacht hat, meine Feuchte zu spüren, nicht weil es mir etwas bringen sollte. Und bevor ich habe überlegen können, was ich an der Situation ändern könnte, damit sie auch mir Freude und Wollust bringt, ist er gekommen. Magnus ist für meinen Geschmack *unheimlich* schnell gekommen. Da habe ich keine Zeit gehabt, mich auf Erotik und Sex einzustimmen.

Ich verstehe jetzt endlich diesen Witz: dass es für eine Frau nicht darauf ankomme, ob sie Beifahrerin oder Beischläferin sei – bei beidem schreie sie: NICHT SO SCHNELL!!!!

Als ich auf die Toilette gehe, spüre ich meine gereizte, wunde Diamantenhöhle. Wahrscheinlich ist sie rot und auch etwas wund, denn mein Pipi brennt wie die Hölle. Ich verwünsche mich einmal mehr. Wieso habe ich ihm nicht klipp und klar gesagt, was mich heissssss macht. Ich hätte es ihm vorher schreiben sollen.

Ich hätte ihm sagen sollen: Du bringst mich auf Volltouren, wenn du Vollgas gibst und dich gleichzeitig *total* beherrschst!

Und das geht zum Beispiel so:

Ich mag es,

- lange und intensiv und mit Gefühl geküsst zu werden.
- wenn deine Berührungen gleichzeitig fein sind, fast nur eine Andeutung. Du kannst mich sogar neben

meinen erogenen Zonen streicheln und küssen, und es bringt mich zum Wahnsinn. Nicht nur Brüste, Vagina und Anus sind erogene Zonen, sondern mein Nacken, meine Ohren, mein Hals, meine Ellbogeninnenseiten, meine Hüftknochen, mein Wirbelsäulenende …

- wie ein Überraschungspaket genüsslich und langsam ausgezogen zu werden.
- wenn du mit mir sprichst: Worte allein bringen mich zum Wahnsinn!!!!! Oh, Worte!

Worte wie in diesem Beispiel: Du umarmst mich inbrünstig und küsst mich zuerst voller Begierde, und zwischen Atemholen und Neuansetzen sagst du freche Dinge wie: «Ich habe mir vorgestellt, wie ich dich zum Zerfliessen bringe. Denn ich werde zuerst jeden Zeh einzeln küssen und mich dann wie ein Lustpirat an meiner Göttin hocharbeiten, jeden Zentimeter an deinem Körper zelebrieren mit Blicken, Berührungen und sanften Küssen und all die feinen süssen Härchen bejubeln, die sich auf deinem Luxuskörper vor Freude und Erregung aufstellen.» Dann bin ich schon mal gut in Fahrt.

Nun beginnst du meinen Hals, Nacken, meine Ohren zu küssen und mich gleichzeitig langsam auszuziehen. Jeden neu entblössten Flecken Haut streichelst und küsst du oder leckst ihn sanft und *sagst* etwas dazu …

So sollte das etwa tönen:

«Bevor ich mich aufmache auf meine Entdeckungsreise, nehme ich noch einen tiefen Schluck Zuneigung aus deinen lieben Augen, und getränkt von diesem Herzgefühl zu dir, beginne ich meine Reise auf deinem Körper. Ich kose ihn mit Blicken, die dich wärmen, ich vergöttere ihn mit meinen Händen. Behutsam fahre ich langsam an deinem Schwanenhals entlang, geniesse die Aussicht auf das Süssigkeitenbuffet, das sich luxuriös vor mir ausbreitet: zwei Vulkane aus Milchschokoladenmousse, die sehnsüchtig darauf warten, dass meine Zunge sie schmelzen, schmecken, vernaschen. Meine Zunge, leicht feucht, nähert sich diesem Hochgenuss ganz vorsichtig, aus Angst, die Zuckerberge könnten sonst in sich zusammenfallen. Nach einem kurzen Naschen geht es bergab über das Schmuckstück Nabel, über weichen lieblichen Bauch zur nächsten Augenweide, zum Paradiesgarten. Auf schmalem rasiertem Weg tastet sich meine Zunge über die weiche Wiese deiner Haare zur Wundergrotte, die im sanften Glanz deiner Lust erstrahlt, und oben am Torbogen thront klein, witzig und rund die liebliche Perle, die süss wie Honigmilch schmeckt und im Takt meines Herzens leicht zusammenzuckt.»

Ja, so etwa sollte das tönen. Wow, so etwas turnt mich an.

Spätestens hier hätte Magnus einsehen müssen, dass fünf Minuten für das alles nicht ausreichen! Und er müsste sich beherrschen können und gleichzeitig zwei Sachen im Griff haben:

- seine eigene Lust
- seine übliche Methode, eine Frau anzufassen: grob und auf den Punkt.

Kann er das überhaupt?

Ich hätte ihm an dieser Stelle nett, aber bestimmt erklären müssen:

«Ich weiss, wie männliches Begehren funktioniert – du bekommst einen Steifen, du bist scharf, du siehst mich und meine Reize, du siehst immer mehr davon, und du willst alles an mir haben, jetzt sofort, ohne Rücksicht auf meine Weiblichkeit, du willst mich anfassen, so, dass sich deine Geilheit noch mehr aufbäumt. Du willst mich penetrieren, und weil das nicht gleich geht, steckst du deinen Finger stellvertretend für deinen Schwanz in meine Muschi. Und anstatt deines Lustpflugs ‹bumst› mich jetzt dein Finger. Das heizt *dich* an. Und du machst all das an mir, was du gerne an dir hättest: mit Druck, unkompliziert, voller Begierde, im rasendem Tempo aufs Ziel zusteuernd! Es gibt wohl nichts Schlimmeres für einen Mann, als wenn die Frau ganz sanft und leicht seinen harten Penis streichelt, nur so ein Versteckspiel macht mit den Fingern, nie zur Eichel geht, und wenn, dann nur ganz weich, wenn sie sein Teil nur samtig langsam wie eine Anhäufung von Schlagsahne in ihre Hand nimmt. Sie macht das so, weil sie gerne selbst so liebkost werden möchte.»

Und er wäre sehr interessiert und würde mich fragen, *wie* ich denn zum Orgasmus komme.

«Natürlich komme ich nach einem Vorspiel leichter zum Höhepunkt. Aber ich weiss auch, wie ich ohne Vorspiel und rein mechanisch zum Orgasmus komme. Wie du, wenn du deinen Ständer hervorholst und ihn reibst und dann kommst, kann ich mich auch selbst befriedigen, brauche aber mehr Zeit dazu als du. Die Drei-Minuten-Nummer ist also zwecklos.

Da ich klitoral stimulierbar bin, ist vaginale Stimulation nur ein netter Zusatz, ein Supplement, das Spass machen kann. Also ein Vibrator ohne Klitorisstimulation bringt mir rein gar nichts. Dein Finger in mir bringt für einen Orgasmus nichts!

Dein Liebeszepter macht ein sensationelles Gefühl, es ist genial, penetriert zu werden. Dazu komme ich noch.

Ich brauche also Klitorisstimulation, sei es durch Fingerliebkosung, einen vibrierender Gegenstand, eine Zunge etc. Aber auch hier *Achtung:* nicht zu viel Druck und nicht auf das Ziel ausgerichtet. Und natürlich muss ich bei all diesen Vorgängen mithelfen: mit Bewegungen, mit Atmen, mit Kontraktion meines Beckenbodens und oft mit zusätzlicher Stimulation: Brüste streicheln und *Imagination.*

Es wäre also keine Kunst, mich zum Beispiel auf dich zu legen oder mich stehend an dich zu lehnen, du könntest immer noch angezogen sein, und ich wäre nackt. Und ich müsste dich mit meinem Erdbeermund so berühren können, dass die Klitoris Kontakt mit etwas bekommt: ein bisschen Jeans oder Haut. Dann könnte ich mich an dir reiben, während du meine Brüste streichelst, mir wilde Dinge ins Ohr flüsterst und mich mit viel Zunge und Speichel küsst. So könnte ich *mehrmals* kommen!»

Und er würde noch mehr wissen wollen, wäre wissbegierig, wie er mich richtig befriedigen könnte, und würde nun wissen wollen, wie das denn bei der Penetration sei.

«Von allen Seiten genommen zu werden, gehört dabei zum Vorspiel. Das macht mich an, befeuchtet mich enorm. Es hat auch etwas Spirituelles an sich, sich öffnen, sich hingeben, verschmelzen mit dem anderen. Irgendwie schwingt das wohl immer mit bei einer Vereinigung. Wenn ich zum Orgasmus kommen sollte, dann muss der Mann innehalten, in irgendeiner Position, denn wenn er Stossbewegungen macht, dann hat meine Klitoris immer zu wenig langen Kontakt mit der Haut. Auch hier, sie muss sich reiben können, je weniger Vorspiel vorher, desto länger! Und in der Zeit muss der Mann den Impuls, zu stossen und selbst zu kommen, zurückhalten. Das ist schwierig, weil die Frau ja dann Gas gibt, Laute von sich gibt, den Kopf zurückwirft, sich aufbäumt, weil der Mann sie dann überall streicheln kann, ihre Brüste schlecken, ihr auf den Po klatschen kann und sonst noch alles Mögliche.»

«Gib mir doch noch einen Tipp für Oralsex», würde er mich weiter ausfragen. Ach, er wäre ja so fantastisch interessiert an allen weiblichen Gedankengängen …

«Wenn du mit der Zunge zum Beispiel zuerst nur am Stringrand entlangfährst und sie leicht unter den feinen Stoff fahren lässt, wenn du deinen Atem über die Vulva streichen lässt und die Zunge behutsam über den Stoff streicht, dann wird es der Frau schon ziemlich heiss. Wenn sie sich dann ganz langsam vorarbeitet, den Stoff Stück um Stück zur Seite schiebt, dann beginnt die Frau vor Erwartung zu zittern. Wenn dann alles offen und feucht vor dir liegt und du dich beherrschen kannst, wenn dein Mund, deine Nässe, deine Zunge ganz fein und zart mit allem spielt, überall saugt, leckt, schleckt, kitzelt und vibriert, *ausser* auf der Klitoris, dann beginnt sich der Unterkörper der Frau zu bewegen und spätestens dann kommen die ersten Seufzer. Und während du mit deiner Zunge ganz fein und sanft alle Höhlen der Frau erkundest, streicheln deine Hände über Hüften, Bauch, Gesäss und sanft über die festen Venusnippel der Frau, dann beginnt der Puls zu rasen. Und erst, wenn sie wimmert vor Wonne und sich dir entgegenbäumt, berührt die Zunge die Klitoris, zuerst nur wie unabsichtlich und immer noch ganz fein, und sie wird tief aufstöhnen dabei. Und erst dann kannst du zum Finale ansetzen und die Perle bearbeiten, sie lutschen, küssen, rubbeln, massieren und schnelle Zungenbewegungen machen, während deine Hände ihre Brüste streicheln und auch einmal die Lustspitzen fester packen. Und vielleicht kann sie dann kommen: laut, ekstatisch und lange. Für den Mann heisst das: sich *total* beherrschen, sich nicht von seiner Triebkraft mitreissen lassen, nicht ins alte Fahrwasser, ins alte Hart-ist-geil-Muster, verfallen und *extrem* geduldig sein.»

Magnus wäre auch ein bisschen erregt von dieser Vorstellung, und er würde weiter fragen: «Erzähl mir noch mehr, ich kann mich gar nicht satt hören.»

Also würde ich weitererzählen: «Die stärkste erogene Zone einer Frau ist ihr Gehirn. Dort ist die Lustfabrik. Sie produziert dort ihre Vorstellungen und Fantasien, und ein Teil des Vorspiels und der Vorbereitung auf Sex findet dort statt. Deshalb gibt es keine allgemeinen Regeln: Wie macht der Mann die Frau heiss? Es kommt auf ihr Gehirn und ihre Stimmung und ihren Hormonhaushalt an. Ist sie in der fertilen Phase, ist sie auch hormonell bedingt und durch ihren Körper gesteuert mehr auf Sex aus. Und zwar aus biologischen Gründen. Der Körper ist auf Fortpflanzung programmiert und möchte in dieser Zeit befruchtet werden, sprich besamt. Das habe ich von Christoph gelernt. Deshalb ist die Frau in dieser Zeit leichter für Sex zu haben, leichter für einen Seitensprung zu gewinnen, auch leichter für Sex ohne Vorspiel zu haben. In dieser Zeit produziert sie in ihrem Hirn vielleicht erotische Settings und Fantasien, sie überfällt ihren Mann mit Oralsex, spannender Reizwäsche, möchte vielleicht auch mal etwas Neues ausprobieren. In der prämenstruellen Phase ist sie sensibler, romantischer, dann möchte sie Feinheiten und lange Vorspiele, möchte Komplimente hören und verwöhnt werden.

Vergleichbar ist das Ganze mit dem Essen. Im Gehirn der Frau wird ihr Sexmenü zusammengestellt. Heute sehnt sie sich nach Fondue, und wenn der Mann das weiss, ist die Käsesorte für das Fondue ganz egal. Fondue heisst vielleicht brachialer Sex, viele Stellungen mit leicht masochistischen Elementen. Ob der Mann nun auch noch Analsex will und sie in die Pobacke beisst statt in den Hals, ist in diesem Moment unwichtig. Der Mann bietet Fondue. Will die Frau aber ein mehrgängiges Menü französischer Küche mit dem passenden Landwein dazu, alles vitaminschonend zubereitet *à la manière de haute cuisine*, dann hat der Mann mit Fondueanwandlungen keine Chance. Hier will sie ein verbales Vorspiel, Musik, Kerzen, eine Massage, dann leichtes erotisches Streicheln etc. Wenn der Mann ihr dann unkomplizierten Oralsex vorschlägt, kann er einpacken! Wenn der Mann umgekehrt den italienischen Abend vorbereitet,

Salat und Pizza und einen guten Schluck Rotwein, und die Frau ist aber auf Fondue aus, dann ist die Schieflage auch hier perfekt.

Ideal wäre es, wenn sich Frauen und Männer ihre Menüideen erzählen würden. Sie könnten einander am Frühstückstisch ihre Menükarten vorstellen. Schau, lieber Mann, würde dann die Frau sagen, ich habe sechs Grundmenüs, die ich variiere, und diese Speisen fallen darunter … Und der Mann könnte dann sagen: Ich habe nur vier, und Fondue ist mein Lieblingsmenü.

Guter Sex und eine heisse Frau im Bett bedingten also zusammenfassend Folgendes:

1. Der Mann hat eine Ahnung von der Menüvorstellung der Frau.
2. Der Mann kann seine eigene Lust und seine geliebten Handgriffe beherrschen.
3. Der Mann kann sich auf feines, langes Liebkosen einstellen, ohne ungeduldig zu werden.
4. Der Mann kann sich in wichtigen Momenten, zum Beispiel, wenn die Frau auf den Orgasmus zugeht, zurückhalten, stillhalten und sich beherrschen.»

Ja, das wären meine Ausführungen für Magnus gewesen, und damit hätte er sicher auch etwas anstellen können. Natürlich hätte er nicht alles gleich umsetzen können, nicht beim ersten Mal, aber der Reinfall wäre wohl nicht so krass gewesen.

Ich erinnere mich an eine Umfrage bei 16 000 Männern und Frauen, über die ich mal bei Sandrine auf dem Klo gelesen habe. Von all diesen Befragten würden nur 35 Prozent sagen, ihr Sexleben sei sorgenfrei. Und nun wissen wir auch, warum die übrigen 65 Prozent Schwierigkeiten haben:

- Die meisten Paare reden nicht über Sex. Das hat ja auch das Zuhälter-Interview gezeigt. Nicht vor dem

Sex, nicht während, nicht nach. Sätze wie «War es gut für dich?» nach dem Sex, sind meist schon das höchste der Gefühle. Wenn sich die Paare erzählen würden, was sie sich wünschten, wenn Frauen ihre Menüvorstellungen mitteilen würden, dann wären ihre Männer bereit, ihnen bis zu 40 Prozent ihrer unerfüllten Sexwünsche zu erfüllen. Wenn die Männer den Frauen mitteilen würden, was sie gerne hätten, dann wären die Frauen bereit, ihnen bis zu 36 Prozent ihrer unerfüllten Wünsche zu erfüllen. Insgesamt würde sich der Zufriedenheitsgrad verdoppeln.

- Der Mann sollte sich Methoden aneignen, um sich beherrschen zu können. Beherrschung hat viel mit Konzentration, mit Kenntnissen des eigenen Körpers und mit Übung zu tun. Wenn wir Auto fahren wollen, dann lernen wir dies und üben es. Wir fahren mit dem L durch die Gegend und machen dann eine Prüfung. So betrachtet, fahren die meisten Männer mit einem L auf dem Rücken durch die Frauensexlandschaft und haben keine Intentionen, eine Prüfung abzulegen.
- Guter Sex für beide Partner hat viel damit zu tun, sich in den anderen einzufühlen. Und ihn kennenzulernen. Es ist idiotisch zu glauben, wirklich guten Sex hätten die Leute in einem One-Night-Stand. Guter Sex entwickelt sich meist über die Zeit hin, wenn die Partner sich gut kennenlernen und so liebevoll miteinander umgehen können, dass sie phasenweise in der sexuellen Begegnung sich und ihre Wünsche zurücknehmen. Auf beiden Seiten.
- Der Orgasmus einer Frau ist eine viel komplexere Angelegenheit als derjenige des Mannes. Da ihr diesbezügliches Sexualorgan versteckter ist und vordergründig nicht zum Fortpflanzungserfolg beiträgt,

> ist der Orgasmus einer Frau viel schwieriger zu erreichen und braucht sehr viel Raum, Zeit und liebevolle Zuwendung. Bezüglich Orgasmus kommen die Männer auf ihre Rechnung, aber nur zirka 33 Prozent der Frauen schaffen es, während des Beischlafes einen Orgasmus zu haben.

An dieser Stelle würde sich Magnus mit offenem Mund vor mir verbeugen und sich tausendmal bedanken für all die wertvollen Hinweise, die in Zukunft weiblichen Herzen Freude bringen werden. Meinem zwar nicht mehr, aber ich hätte den Frauen einen Dienst erwiesen.

Verdammt, Alé, jetzt hast du dich mit diesem fiktiven Gespräch ganz schön reingelegt. Wenn ich die Dinge so klar aufdrösle, vergesse ich dabei fast, was für ein verdammter Reinfall dieses Stockholm war, und ich vergesse fast, dass ich Philippe betrogen habe, und ich vergesse fast, dass ich mich scheisse fühle.

Und dieser Magnus hat definitiv ein L auf dem Rücken, denn ich bin ansonsten ja nicht frigide oder lustfeindlich. Mit Philippe klappt der Sex ja durchaus. Und ausserdem bin ich einfach wie ganz, ganz, ganz viele Frauen auf dieser Welt: eine Rosenknospe, sexuell bereit, willig für Hingabe und Befriedigung und erst bei lauem Westwind und angenehmer Sonne bereit, die Blütenblätter zu öffnen.

Schaumschläger und Bettsieger

Ich muss mit jemandem reden und rufe Sandrine an, zum Glück ist sie zu Hause. Treffen kann ich sie nicht, sie hat am Abend einen Nachtflug, aber sie hört geduldig zu, tröstet mich und versucht mich aufzubauen.

«Sag mal, hattest du auch schon mal so eine Niete? So einen Versager? Das kann ich mir bei dir fast nicht vorstellen», will ich dann wissen.

«Oh doch, klar hatte ich solche Sexnullen. Und ich will dir gerne die Geschichte von der Obernull, dem absoluten Sex-Schaumschläger, dem Totalversager, dem hundertprozentigen Reinfall meiner Männerbeziehungen erzählen, wobei ich dir sagen muss, das Wort ‹Beziehung› ist in diesem Fall zu hoch gegriffen, und wenn ich nur schon daran denke, packt mich die nackte Wut. Nicht nur auf diesen Loser, sondern auch auf mich, weil ich mich am Ende wie eine Nutte habe ausbeuten lassen und es nicht mal gemerkt habe.»

Sandrines Stimme klingt richtig wütend, und sie holt tief Luft, bevor sie loslegt: «Das war der Chef an der Rezeption in unserem Stammhotel bei Flügen nach New York. Er war hübsch, um die dreissig und sehr dreist. So führte er mich in mein Zimmer, fragte: ‹May I ...›, und bevor ich wusste, wofür er um Erlaubnis bat, drückte er mich gegen die Wand und küsste mich zungenfertig. Es fuhr überhaupt nicht ein, ich war derart unvorbereitet und überrascht, reagierte auch nicht, sondern erstarrte an dieser Hotelwand. Da liess er von mir ab, und im Nachhinein fand ich seine Frechheit, einfach so auf mich loszustürzen, ziemlich erotisch. Und so wollte ich es dann doch wissen und liess ihn wegen der Minibar kommen. Kaum sah er mich, bekam er eine

Beule in der Hose, stammelte etwas bezüglich Minibar und warf mich aufs Bett.»

«Was, aufs Bett, einfach so?», rufe ich entrüstet aus, wirklich ungeheuerlich.

«Ja», meint Sandrine trocken, «er beteuerte dauernd, wie toll ich sei, wie erotisch, wie sexy, und zwischen den drei Sätzen rieb er sich an mir und … kam. Sorry, es tue ihm leid, aber er sei halt so nervös, er dürfe ja nicht bei mir im Zimmer sein, sorry, das mache ihn ganz kribbelig, und weg war er. Es war ungemein schwierig, mit ihm zu kommunizieren und in Kontakt zu bleiben. Mails beantwortete er kaum, am Telefon war er immer gestresst und stammelte etwas von einer Reisegruppe und er müsse jetzt los … er rufe dann zurück, was er nie tat. Und so blieb es bei den kurzen Treffen, wenn ich jeweils in New York stationiert war. Ja, ja, der gute James, der brauchte nur meine Stimme zu hören, schon bekam er eine Latte, und oft musste er danach auf die Toilette, um sich einen runterzuholen. Manchmal schickte ich ihm ein paar nette Bilder von mir, immer ohne Kopf, von einem meiner Körperteile. Antwort bekam ich keine, aber ich erfuhr dann doch noch, dass er sie gerne als Wichsvorlage benutzte. Sandrine, das Pin-up-Girl für tolle WC-Besuche!»

Sandrine hält inne, und ich höre, dass sie schwer schluckt. Obwohl sie das alles kühl und distanziert erzählt, merke ich, dass da etwas in ihr kocht. Ich warte, bis sie fortfährt:

«Nachdem er schon vier oder fünf Mal so über mich hergefallen war, nach drei oder vier Minuten seinen Schuss platzierte, entweder noch in seiner Hose, weil er nicht mal Zeit fand, seinen Knebel auszupacken, oder einmal auch, nachdem ich ihn genau drei Sekunden im Mund gehabt hatte, wurde ich ungeduldig. Was ist eigentlich mit mir und meiner Erotik? Ich will auch befriedigt werden. Er hielt mich hin, ja, er kenne da einen Kollegen in einem anderen Hotel, da könnten wir an seinem freien Tag hin, und dann würde er es mir so richtig besorgen, er könne ja dann auch Viagra schlucken, damit sein Hammer – so nannte er dieses hysterische, nervöse Ding – stünde, auch wenn er schon gekommen wäre. Keine schlechte Idee, fand ich, denn bei diesem Tempo beginnt meine Libido nicht einmal, eine erste Fantasie zu produzieren. Und endlich kam dieser ominöse Tag, es stand inzwischen 8:0 für ihn, und ich wollte jetzt endlich auch auf meine Rechnung kommen. Das Hotel war eine furchtbare Absteige, das Bett miefig, der Raum klein, aber was solls. Der gute James hatte wohl doch kein Viagra genommen, er hielt aber immerhin zwanzig Minuten durch, bevor er kam, er schleckte auch meine Weiblichkeit genau dreissig Sekunden lang und meinte wohl, das sei genug, um mich heiss zu machen. Er stellte sich so ungeschickt an, dass ich mit Müh und Not feucht wurde, er drang in mich ein und hopphopphopp, drei Mal rein und raus, und seine Bemühung, sich zu beherrschen, nahm ein jähes Ende. Kaum abgeschossen, stürzte er in seine Kleider, und ich fand dann heraus, dass er sowieso nur eine Stunde Mittagspause hatte und wieder zurück musste. Ich fühlte mich total verarscht! Und ich dachte, jetzt können wir stundenlang rummachen. Also wieder nichts.»

«Das ist wirklich der Hammer, oh Sandrine, so ein Arsch, das tut mir so leid», meine ich. Ich kann mir so genau vorstellen, wie sich das angefühlt haben muss. Aber plötzlich muss ich auflachen, und ich entschuldige mich sofort bei Sandrine, die natürlich wissen will, welcher Gedanke mir denn durch die Hirnwindungen gerannt ist. Ich erzähle ihr kurz, aber bildhaft, wie sich meine Jugendliebe Jo jeweils vor dem Totalabsturz in seine Lustgefühle zu retten versuchte, vor lauter Angst davor, dass bei ihm alle Sexsicherungen durchbrennen könnten, er sich auf mich stürzen und vorschnell ejakulieren würde. Mitten in der Knutscherei japste er dann «Essiggurken, Randensalat, verfaulte Sardellen, pfui, igitt, pfui» und verzog dabei das Gesicht, als hätte er in eine saure Zitrone gebissen, und er spuckte sogar aus, weil sein Magen nur schon beim Aufzählen seiner Hassspeisen sofort rebellierte. Die Wirkung war frappant, sein steifer Kolben wurde sofort lämmchenklein und putzig zahm. Ich kann Sandrine mit dieser Geschichte zum Lachen bringen. Und dopple gleich nach mit Franks Technik, seine Standhaftigkeit zu verlängern: während jedes Zustossens die Steuersumme mit anderer Rate neu berechnen.

Wir lachen eine Runde, und dann erzählt Sandrine weiter: «James' Masche war seine Überfordertheit. Kaum war er etwas erkältet, klappte unser Date nicht. Und wenn er mich besuchte, dann war der Plausch nach vier Minuten vorbei. Alé, ich weiss auch nicht, warum ich nicht schon viel früher geschnallt habe, dass der Mann null Interesse daran hatte, dass ich auf meine Kosten kam. Ich war lediglich seine Wichsplattform, sein Fantasiengefäss und seine Sexpuppe bis zum Schuss. Irgendwann habe ich herausgefunden, dass er verheiratet ist und drei kleine Kinder hat. Das hat er mir bei unserem letzten Treffen erzählt, wieder in diesem verdammten Hotel, wieder mit dem Lockruf, jetzt haben wir mal so richtig Zeit, jetzt besorge ich es dir, dass du nur noch jaulst. Ich war zum vereinbarten Zeitpunkt da, frisch geduscht, nett geschminkt, schön angezogen, passende Dessous, und da stand er, stank nach Rauch, war ultranervös, sein Ober-Chef könne jede Minute im Hotel eintreffen, und dann rufe man ihn an, also wahrscheinlich komme gleich ein Anruf ... Und er stürmte mit mir ins Zimmer, umarmte mich, ein Schwall kalter Rauch kroch mir in die Nase, er zog irgendeinen alten muffigen Pullover aus, war unrasiert, auch bei der Scham. Und wenn ich ehrlich gewesen wäre, dann hätte ich mir eingestehen müssen, dass er mich nun wirklich alles andere als anmacht, sondern dass mich seine Ungepflegtheit beleidigt und es mir total abstellt. Ein bisschen Gefummel, er holt seinen Schwanz raus, ich brav und dumm, schlecke ihn mit Widerwillen, sehe die ganze Zeit die nicht rasierten Haare auf seinen Hoden, die mich verdammt noch mal an eine Elefantenhaut erinnern. Nach wenigen Minuten kommt er, stürzt sogleich zu seinen Kleidern und zum Telefon, sagt, er komme gleich wieder, schliesst die Tür, und ich warte. Denke, es gehe nun weiter, motiviere mich in der Zwischenzeit, will den Punktestand von 14:0 nun endlich ausgleichen und dann bravourös dem Mann mal eine reinbrennen und als Diva die Bühne verlassen. Doch zu der Abschiedsshow kommt es nicht. James kommt nicht wieder zurück. Ich ziehe mich an, suche ihn und sehe, wie er an der Rezeption mit seinem Kollegen einen Kaffee trinkt. Nach dem Motto: Ich bin gekommen, nun will ich mich wirklich nicht mehr um dich kümmern. Ich ging erhobenen Hauptes an ihm vorbei, veranlasste mit meinem Team zusammen, dass das Stammhotel gewechselt wurde, und das wars. Aber ich habe immer noch manchmal Fantasien, wie ich mich an ihm rächen könnte, denn er hat mich für seine Schüsse benutzt, und zwar strategisch mit seiner Nervositäts-Masche. So ein Arsch. Aber eben. Selber schuld. Warum lasse ich mir auch so was bieten? Siehst du, Alé, das war das Schlimmste, was ich je hatte.»

«Oje, Sandrine. Das ist ja so beschissen wie meine Geschichte mit Magnus … Aber hey, damit können wir jetzt nicht aufhören – beide im Versagerelend, alle Männer Deppen und Lügner und Schaumschläger und Nullnummern. Gibt es nicht noch eine schöne Geschichte zu erzählen, eine mit einem Sexgott, einem König der Liebhaber, einem griechischen Eros?»

«Oh ja, den gab es auch. Dieser Sexgott war 27 Jahre alt, hatte einen schmalen, athletischen Körper, ein nettes Gesicht mit einem kleinen Bärtchen und sehr liebe Augen. Ich nannte ihn Lizard, weil er mich an eine dieser Eidechsen erinnerte, die mit der Zunge blitzschnell ihr Opfer fassen. Eine Woche lang Paradies und Hölle: Paradies im Sex, Hölle auf der Beziehungsebene. Also schon Sex-Gott, aber verliebtheitstechnisch eine Katastrophe. Also nur eine halb schöne Geschichte, willst du sie trotzdem hören?», fragt Sandrine neckisch. Sie weiss ganz genau, dass ich nicht nein sagen werde.

«Ich hatte eine Woche Ferien, und am ersten Abend in der Disco stand er plötzlich hinter mir und tanzte wie … wie Plastik und Eiscreme zusammen. Er schmolz dahin, baute sich neben oder vor mir auf, beweglich wie eine Eidechse, kühl und berechnend, spielerisch, erotisch, dann züngelte er, kam näher, und, schwupps, war er wieder weg und hinter mir. Es war ein einziges tänzerisches Vorspiel, sozusagen Sex auf der Tanzfläche, und uns trennten nur wenige Millimeter Stoff. Und das alles ohne Worte. Nach einer Stunde gingen wir hinaus und fielen übereinander her. Wir schleppten uns in mein Hotelzimmer und trieben es sechs Stunden lang. Langsam, schnell, hart und weich, liebevoll und genussvoll, kämpferisch und dominant, mal beissen, dann schlecken, dann sanft liebkosen, dann ein berechnender heisser Blick und eine Minute später schallendes Gelächter über unsere Ernsthaftigkeit. Ich verlor jede Scham, fühlte mich einfach nur wohl und heiss und ganz Frau, und er gab mir das Gefühl, alles an mir sei wunderbar und einzigartig.»

«Wow, das klingt ja fantastisch, da werde ich richtig neidisch. Also Eros persönlich», meine ich aufgewühlt.

«Und er war der erste Mann, der verbal und nonverbal zu verstehen gab, was ihm gefiel. Er stöhnte laut auf, als ich seine Brustwarzen liebkoste, er schlug sich mit der Hand auf die Stirn vor Entzücken, als ich seinen Schleckstengel ganz in den Mund nahm, er knurrte mit einer steilen Falte auf seiner Stirn, als ich mit den Nägeln eine Linie auf seinem Rücken zog und auf seine Pospalte zusteuerte. Er machte ‹uhhhhhhh›, und ‹ahhhh›, und als er auf seinen Orgasmus zusteuerte, den ersten nach drei Stunden Gefummel und Gebumse, wurde er lauter und härter, und es war, wie wenn ein Orkan der Lust über mir zusammenbrechen würde. Kaum gekommen, sah er mich an, küsste mich zuerst sanft, und ich erwartete schon das übliche Schlappmachen der Männer, aber nein, er küsste weiter, und dann wurden die Küsse wilder, und weiter ging es. Wir konnten nicht voneinander lassen und hätten nach sechs Stunden wohl einfach noch weitere Kuss-und-Fummel-Stunden nachgelegt, aber es war schon vier Uhr morgens, und die Vernunft ermahnte uns, jetzt mal ein bisschen zu schlafen.

Wir trafen uns in diesen sieben Tagen sieben Mal, und wenn wir uns nicht sahen, telefonierten wir stundenlang. Und wir stritten dauernd, denn es war einfach so gut und so intensiv, dass wir wohl beide dachten, aus uns würde ein Paar werden. Unsere Körper verstanden sich derart gut. Aber dann kamen Religion und Mentalität ins Spiel, er Moslem, ich Christin, er locker in Bezug auf Abmachungen und Verbindlichkeit, ich aus dem gut organisierten Europa. Er praktizierender Moslem, ich aufgeklärte Ex-Katholikin. Ich hätte nie geglaubt, dass Glaube und Lebensart es verunmöglichen könnten, zueinander zu finden. Dabei war er ja nicht mein erster muslimischer Liebhaber! Auch er dachte, wenn er eine unsaubere Sache mache, also zum Beispiel mit mir ins Bett gehen, ohne mit mir verheiratet zu sein, dann reiche ein wenig beten, und die Sache sei wieder gut. Dann kam er einfach dauernd zu spät zu unseren Verabredungen, manchmal bis zu eine Stunde, und ich flippte regelrecht aus. Er gab mir einfach das Gefühl, nicht wichtig für ihn zu sein, dabei war er einfach ein Chaot, und für ihn galt einfach: Komm ich heute nicht, dann eben morgen.

Aber das Schlimmste war die Kondomdiskussion. Wir hatten riesigen Streit deswegen. Ich hatte am dritten Tag nämlich bemerkt, dass er das Kondom zwar jeweils anzog, widerwillig und umständlich, um mir ein richtig schlechtes Gewissen zu machen, aber dann liess er es einfach in mir liegen, zog es sozusagen während des Koitus aus wie eine Socke. Ich hatte zuerst gedacht, es wäre einfach am Schluss drin hängen geblieben, aber nein, er hatte einen Trick drauf, sich des unliebsamen Dings schon am Anfang zu entledigen. Als ich ihm die Risiken von ungeschütztem Sex erklären wollte – ich war extrem sauer auf ihn und fühlte mich alleine gelassen mit meiner Angst, Aids zu bekommen –, reagierte er aufbrausend, war beleidigt und stürmte davon. Er bete täglich fünfmal und so was passiere ihm nicht!, meinte er dazu, und ich konnte ihm nicht klarmachen, dass Allah diese Dinge nicht richten kann. Die Diskussion wurde immer schwieriger, so dass auch unser Sex immer mehr dadurch getrübt wurde. Er erwartete als Vertrauensbeweis ihm gegenüber, dass ich ihm zuliebe ohne Kondom poppte. Und ich erwartete Verständnis von ihm und Rücksicht und Respekt und Intelligenz.

Am letzten Tag konnten wir nicht mehr miteinander schlafen, die Sache hatte sich zu sehr zugespitzt. Also reiste ich nach sieben Tagen ab, ohne seinen wirklichen Namen zu kennen und ohne Telefonnummer. Ich hatte sieben Tage lang den tollsten Sex meines Lebens, die besten Orgasmen und so viel Freude an einem fremden Körper wie noch nie zuvor. Ich genoss seine ständige

Gier nach mir und sein intensives Bemühen, jede Begegnung mit mir anders zu gestalten. Und er wollte, dass ich Spass habe, dass ich komme, dass ich befriedigt würde, und er liess nicht von mir ab, bis ich mindestens einen Orgasmus hatte. Aber unsere ständigen Diskussionen und ihre hohe Emotionalität verhinderten eine Zukunftsvision mit ihm. Kaum zu Hause angekommen, hatte ich die totale Depression und merkte im Nachhinein, dass ich mich auch in ihn verliebt hatte. Aber nach ein paar durchheulten Nächten konnte ich mir einfach sagen: Behalte ihn als das Beste in Erinnerung, was dir im Bett je passiert ist.»

Mir fällt beim besten Willen nichts ein, was ich Sandrine dazu sagen könnte. Ein paar Sekunden lang bleiben wir beide wortlos an der Strippe. Dann wechseln wir das Thema und verabreden uns für den übernächsten Montag.

Immer noch sauer

Ich überwinde diesen Tiefschlag fast nicht. Diesen totalen Reinfall, dieses Schlamassel, dieses Länderspiel 6:0. Und ich suche nach Erklärungen, brauche die Gewissheit, dass nicht ich die Verliererin bin, sondern Magnus. Innerlich fluche ich unablässig über ihn.

Aber dann lese ich – wieder mal auf dem Klo – einen Artikel über die alten Philosophen, und mir gehen ein paar Lichter auf. Ich muss an mein Interview mit Heidi Witzig denken. Hat sie nicht auch etwas Ähnliches erzählt? Die Philosophie habe offiziell eigentlich mit Sokrates begonnen, und wir blickten heute zurück auf eine lange Reihe von Philosophen. Und die Frauen? Sappho sei auch eine Philosophin gewesen, vor Sokrates, doch sie werde einfach als Lyrikerin beschrieben, um der männlichen Philosophiemacht keinen Abbruch zu tun. Da den Frauen der Zugang zu Bildung und Bildungsinstitutionen verboten war – wissenshungrige und belesene Frauen schickten darum jeweils ihre Diener in die Bibliothek –, habe es wenige offizielle Philosophinnen gegeben. Auch Kant, Rousseau, Nietzsche und Fichte hätten nie Philosophie studiert, sondern einfach viel gedacht, und sie seien als Philosophen anerkannt gewesen. Natürlich haben diese Männer in ihren geschlossenen Männerrunden auch viel über die Frauen nachgedacht. Und sie sind alle einer Meinung gewesen, unabhängig davon, in welchem Zeitalter sie gelebt haben: Männer denken und sind Geist, Frauen sind Körper und besitzen keine Möglichkeit, zu denken und einen Verstand zu entwickeln. Sie werden jeweils auf ihre Gefühle, auf ihre Emotionen reduziert. Frauen sind Gefässe für den Samen, der Körper der Frau darum sündhaft.

Jetzt ist mir vieles klar, seit Jahrtausenden werden Frauen lediglich auf ihren Körper und ein paar Emotionen reduziert. Für die Männer sind sie lediglich *ein Objekt*. Ein Objekt, in das sie ihre Samen reinschütten, ein Objekt, das gemäss Einrichtung der Natur aus den Samen ein Kind entstehen lassen kann, ein Objekt, das selbst nichts denkt, nichts versteht, dumm vor sich hintrottet und das *machen* kann, was sich die Männer vorher ausgedacht haben. Und weil das einzig Spannende an einer Frau dann wohl ihr Körper ist, sozusagen wie bei einem Osterhasen: leckere Schokolade aussen rum und innen hohl, wird diese Verpackung für Frauen so wichtig. Sie ist der einzige Verbindungspunkt zum anderen Geschlecht. Diese Verpackung muss also möglichst optimal sein, damit die Frau das Auge eines Ranghöheren auf sich zieht. Denn das ist ihr Ziel, ihre Überlebenschance. Die Frau möchte und muss auch irgendwie in der Hierarchiestufe nach oben heiraten, und daran – das wird mir klar, wenn ich an einige meiner Freundinnen denke – hat sich nichts geändert in all den Jahrtausenden. Und der Mann wiederum ist daran interessiert – und das ist ja wissenschaftlich belegt –, «nach unten» zu heiraten, also eine jüngere, schlechter ausgebildete, finanziell schwächer gestellte Frau.

Was für ein Schlamassel. Vor allem für gescheite Frauen. Für Frauen, die denken, für Frauen, die *nicht* nur Objekt sein wollen, sondern selbstbestimmte Wesen, die frei entscheiden und handeln. Diese Frauen wollen als Schokoladenhase *mit* Füllung gesehen werden, und weil gerade die Füllung die besten Zutaten enthält – ich denke da an Pralinenfüllung mit kleinen Mandelsplittern, schön sämig und leicht schmelzend auf der Zunge –, ist die Verpackung doch nicht mehr so relevant. Doch da haben sich die gefüllten Schokoladenhasen getäuscht: Die meisten Männer haben dieses von Alt-

Philosophen geschaffene Bild der Frauen immer noch im Hirn. Es wird in der Literatur tausendfach zitiert und ist in den verschiedensten Lebensformen als Rollenmodell im Alltag unübersehbar. Diese Männer orientieren sich immer noch an der Verpackung! Es leben der Schönheitswahn, die Anti-Aging-Kampagne, die Kosmetikindustrie, die Modebranche, die Fitnessstudios, die Kosmetikkabinen, die Operationssäle …

Und darum kriegen die Männer den Kreuzstich im Hirn, wenn sie eine Frau antreffen, die gut aussieht *und* denken kann. Nach dem Motto: Geist kann nicht mit Geist koitieren. Und deshalb verwundert es mich nicht, dass ich manchmal meine Klugheit und Intelligenz ganz dezent in den Hintergrund stelle, nicht gleich erwähne, dass ich ein Studium gemacht habe, dass ich verdammt gut schreiben kann, dass ich mehrere Sprachen gelernt habe – gut, Latein und Griechisch interessiert ja keine Sau mehr, aber immerhin … Das erschreckt so einen Mann, der immer noch denkt, ich sei lediglich *sein Objekt*.

Erst jetzt wird mir so richtig bewusst, was für einen Treffer ich mit Philippe gelandet habe. Der Mann sieht auch meine Füllung, er weiss um meine Intelligenz, und erst die macht mich für ihn so richtig attraktiv. Wir haben also eine Partnerschaft auf Augenhöhe, sind intelligenzmässig und hierarchiemässig gleichgestellt. Und ich bin Subjekt. Halleluja. Mir wird nun auch klar, warum Sandrine sich nicht binden will und wohl auch nicht kann. Sie ist soooo schön, so umwerfend attraktiv, dass ihre Signalwirkung auf die Männer ist: Verpackung, Verpackung, Objekt, Objekt. Und somit zieht sie all die Idioten an, die darauf abfahren. Ein Mann, der eine wahre Subjekt-Frau mit viel Füllung will, wird bei Sandrine misstrauisch. Wenn die Verpackung so optimal stimmt, kann die Füllung nicht auch da sein, denn Klugheit und Schönheit sind für Männer wie zwei Planeten, die Lichtjahre voneinander entfernt sind. Dass Intelligenz gutes Aussehen nicht ausschliesst, passt einfach nicht in das überlieferte Frauenbild!

Ich erinnere mich noch gut an eine Weiterbildung, an der ich eine blitzgescheite Medienfrau traf. Sie hatte natürlich doktoriert, mehrere Bücher geschrieben und einen derartigen Fundus an Wissen in ihrem Hirn, dass jede Bibliothek der Welt hätte eifersüchtig werden können. Und: Sie sah gut aus! Etwas älter als ich, eine grosse, schlanke Frau mit ausdrucksstarken Augen, einer frechen Pagenfrisur und vollen Lippen. Doch was musste ich erfahren, als ich in der Pause einmal mit ihr Kaffee trank? Sie erwähnte gleich mehrmals, sie würde nicht so viel Wert auf ihr Äusseres legen, das sei auch nicht wichtig, schliesslich hätte sie viel an Denkkünsten zu bieten. Ihre Eltern hätten ihr schon als Kind gesagt: «Die Lisabeth ist ein Hässliches, aber dafür ein ganz Gescheites.» Und daran glaubte diese Frau bis zu diesem Tag. Sie hatte sich wohl noch nie im Spiegel betrachtet, *ohne* die Familienbrille und die Brille der alten Philosophen: eine wunderschöne, ausdrucksstarke Frau, die *trotzdem* extrem intelligent, klug und kommunikativ ist. Hey, also nicht nur die Männer müssen die Geschichte vom Mythos schön und dumm oder gescheit und hässlich umschreiben …

Jetzt endlich verstehe ich auch die Blondinenwitze. Sie untermauern diese Ideologie: Blonde Frauen, die optimale Objektverpackung für eine Frau, *müssen* dumm sein, damit der Mann sich ihnen angstfrei nähern kann. Denn Männer haben Angst vor Frauen auf gleicher Augenhöhe.

Und Magnus, die arme Sau, hat mit mir eine Frau von solchem Kaliber im Bett gehabt. Und hat mich nach alter Schule behandelt: Die Verpackung ist gut, also keine Panik, die ist dumm. Die ist jetzt mein Objekt, auch beim Sex, denn mehr will ich ja nicht von ihr. Er hat nicht damit gerechnet, dass ich ihm eigentlich in *allem* überlegen bin, dass ich mehr weiss als er, mehr verdiene als er und dass ich keine Lust habe, Objekt zu sein, sondern selbst auch etwas will. Nur bin ich dann selbst in die Objektfalle hineingerutscht, habe mich zu spät als Subjekt mit Wünschen und Vorstellungen geoutet und vor allem: Ich habe nicht wie ein Subjekt gehandelt. Ich hätte ihn wie einen falsch gesetzten Rosenstock aus dem Boden ziehen müssen, sprich: von mir abwerfen müssen, ich hätte liebevoll und bestimmt zu ihm sagen müssen: Baby, so nicht, ich bin kein Rammelfeld für schnelle Hasen, jetzt mal tief durchatmen, ein anderes Tempo. Jetzt komme ich. Ich hätte mich rittlings in meiner Lieblingsstellung auf ihn setzen, seine Hände an meine Brüsten legen und mich dann langsam, so wie ich es gerne habe, meinem Orgasmus entgegenschaukeln müssen. Aber was habe ich stattdessen gemacht? Ich bin brav im Objektbild geblieben, habe mich allen pornografischen Stereotypien gebeugt, mich von hinten mit ausgestrecktem Po, von vorne mit zurückgeworfenem Haar, von der Seite mit eingezogenem Bauch stossen lassen und habe dazu regelmässig ein paar nette Seufzer und Stöhner als Bestätigung für den galoppierenden Hengst fallen lassen.

Pfui, Alé, du bist ja nicht nur sauer auf ihn, du bist ja vor allem sauer auf dich selbst!

Mir fällt das Interview mit dem Zuhälter ein. Ja, die geile Sau ist die Inkarnation des Frauenobjekts. Und die Mutter Maria ist das religiöse Objekt, auch sie willenlos, ein Schokoladenosterhase ohne Füllung. Und mich schaudert es, wenn ich an die heimlichen Prinzessinnenwünsche der Frauen denke. All diese Prinzessinnen müssen nämlich vor allem *schön* sein! Nicht intelligent, nicht handelnd, nicht selbstbewusst. Die heiraten einfach den Prinzen, und der wird dann König und regiert.

Auch die Frauen generieren für sich selbst also eine Frauenrolle, in der sie nur Objekt sind. Sie wollen vom Prinzen gefunden werden, passiv wartend, schön drapiert in edlen Stoffen und mit apart gekräuselter Frisur, mit Kussmund und schwer atmender Brust. Sie müssen den Prinzen anlocken durch eine tolle Verpackung, nicht durch Füllung!

Da gefällt mir Josés Bild der Sexgöttin schon wesentlich besser: die Frau mit Brüsten und voller Weiblichkeit, die geschickt und mit viel Intelligenz ihr Fallnetz auslegt, wohlüberlegt ihre Verpackung einsetzt und damit Männer fischt, sie vernascht, und zwar so, wie sie es will, und wenn ihr einer gefällt, ihn noch ein Weilchen behält, ihn vielleicht neben sich duldet als Sexgott und Erzeuger von kleinen Seraphinen und Gotteskindern. Ebenbürtig, auf Augenhöhe. Oder ihn in den grossen Männerfischteich zurückwirft.

Also, Magnus, zurück in den Teich! Es lebe die Sexgöttin!

Einfach nur Göttin

Natürlich muss ich nun José sehen, nicht nur wegen des Göttinnen-Gedankens, sondern auch, weil ich einfach mal die ganze Geschichte jemandem erzählen will. Er hat sofort Zeit, und wir treffen uns in unserem Lieblingsrestaurant. Der Kellner kennt uns und führt uns direkt zu der ruhigen Nische mit dem Zweiertisch. José voran, ich hinter ihm, und zum tausendsten Mal bedaure ich, dass er schwul ist. Sein durchtrainierter Körper ist durch die Jeans und das schwarze enge Hemd gut sichtbar, ein Knackarsch, eine Augenweide – und ich muss lächeln: Aha, auch Männer können also Objekt sein!

Bei Nachos mit Guacamole erzähle ich José haargenau vom Flug nach Stockholm und meinen Erwartungen, bei Hamburger mit Extrakäse und Fried Potatoes von den ganzen Sexreinfällen, bei Ananas mit Honig, wie Magnus den Koffer packte und ging, und beim Kaffee schliesslich meine Überlegungen zur Frau als Objekt.

José ist ein guter Zuhörer, und an der Stelle, als ich im Hotelzimmer wütete, nimmt er meine Hand und schaut mich mit sehr viel Mitgefühl an. Aber jetzt ist er an der Reihe, ich will nun seine Meinung hören.

«Zuckermäuschen, es tut mir wirklich schrecklich leid, dass du so eine Erfahrung machen musstest. Ich wünschte mir natürlich, du hättest als Sexgöttin in Stockholm deine Schwingen ausbreiten können und Sex tanken, dass es für Jahre reichen würde und dass du beschwingt, beglückt, multipel orgastisch versorgt zurückgekommen wärst. So ist es leider nicht. Aber ich sehe schon, du hast extrem viel daraus gelernt.

Ich will dich nicht kränken, aber dieser Magnus ist ein typischer Mann, viel Honig ums Maul und ein harter Schwanz, aber eben auch nur so ein Schokoladenosterhase ohne Füllung! Schau, ich kenne das von mir selbst. Da triffst du diese heissen Typen, und die machen einen Affentanz um dich und versprechen dir das Blaue vom Himmel und schwören, sie hätten noch nie so einen guten Typen wie dich gehabt. Und auch bei den Schwulen zählt die Verpackung, schau uns doch nur an, du findest nirgends so viele gut aussehende, bestens gepflegte Männer wie in unseren Reihen. Und auch wir stürmen die Kosmetiksalons und die Fitnesscenter und lassen uns Botox in die Lachmuskeln schiessen und sind auf strenger Diät. Aber zurück zum Männerdate … Dann lässt du dich also mit so einem ein und schmust und turtelst und hast geilen Sex. Ich glaube, wir schwulen Männer sind oft Sexgötter, wir haben hohe Ansprüche. Die schnellen Nummern gibt es schon auch, auf dem Klo, in der Disco oder im Auto, aber eigentlich wollen wir das Rundumprogramm, mit Streicheln, Massieren, Vorspiel, Schleckorgien und eventuell Penetration, die muss aber nicht immer sein. Aber dann kommt der Mann zum Höhepunkt, wie oft ist mir das schon passiert, und im Moment, wo er abschiesst, stürzt das ganze Gebäude in sich zusammen. Nichts mehr mit Honig, nichts mehr mit Komplimenten, einer, der einen Ehrenkodex hat, wartet noch so lange, bis ich auch gekommen bin, andere müssen dann auf einmal was Dringendes erledigen, haben noch was zu tun, ist ihnen gerade eingefallen, dass … Und schwupps, ehe du dich versiehst, sind die Typen aus der Tür und über alle Berge. Also ich kann deinen Wutanfall im Hotelzimmer gut nachvollziehen.

Meine Erfahrung ist: Wer wirklich an mir interessiert ist, sozusagen auch an meiner Füllung, der stemmt sich seinem absinkenden Serotoninspiegel entgegen und bleibt bei mir liegen, kuschelt mit mir und streichelt mich noch. Alle, die mich nur als Objekt sehen, sind schon eine Minute nach ihrem Orgasmus verschwunden …»

«Also, wenn ich dich richtig verstehe, ist der Moment der Wahrheit, in dem sich herausstellt, ob du Subjekt oder Objekt bist, der Orgasmus?», frage ich nach.

«Bei mir auf alle Fälle, und irgendwie hat sich dieser Magnus ja ziemlich offenbart in seiner Mannesschwäche: abschiessen und abrollen … Aber jetzt mal was Ernstes, Baby: Magnus war nix, Christoph ist nix, und was ist eigentlich mit Philippe? Wie du mir erzählt hast, ist er doch der wahre Gott in deinem Leben. Und du hast endlich begriffen, dass du Sexgöttin sein kannst und dass du mit ihm im Prinzip eine ebenbürtige Ehe führen könntest. Hast du ihm von deinen neuen Wünschen und Sehnsüchten erzählt? Hast du wie eine Göttin das Zepter in die Hand genommen und dein Glück selbst geschmiedet, indem du mit ihm das Gespräch suchst, ihm von deiner Lava erzählst, von deinen Visionen einer neuen Beziehung mit ihm? Schau mich nicht so an! Nein, natürlich nicht, das hast du alles nicht gemacht, du hast Energie und Zeit in diese Spielzeugjungs gesteckt, und das war sicher gut so, weil du erfahren konntest, was du willst und was nicht, und du hast deine Lebenslust und Leidenschaft zurückerobert. Aber, Baby, es reicht nicht, Sexgöttin geworden zu sein, du sollst Lebensgöttin werden …»

Ich bin sprachlos, ich umarme José über den Kaffee hinweg und werfe dabei die Zuckerdose um, scheissegal. Er hat es genau getroffen. Genauso wie das Wort heissssss hat das Wort Lebensgöttin mein Innerstes erreicht. Volltreffer. 1000 Punkte. Aber diesmal habe ich den Aufprall gehört und gespürt und in vollem Bewusstsein wahrgenommen. Ja, José hat recht, nicht nur heissssss und im Sex eine selbstbestimmte Subjektgöttin, sondern frei denkendes, frei handelndes, frei bestimmendes

Subjekt im ganzen Leben. Oh, da steht mir noch viel bevor, und ich bin froh, dass ich erst 38 bin, denn für dieses Projekt brauche ich noch sehr viel Zeit …

Ich löse mich aus seiner Umarmung, küsse ihn auf die Wange und flüstere: «Danke, mein Freund, es lebe Alé, die Sexgöttin, es lebe Alé, die Lebensgöttin.»

Nachwort

Liebe Leserin, (lieber Leser),

Nein, nein, ich bin nicht übergeschnappt. Auch wenn Sie sich fragen, wie ich dazu komme, nach *Hilfe, ich bin eine emanzipierte Mutter* nun dieses Buch zu schreiben. Genau betrachtet, ist es eigentlich das natürliche Folgebuch. Im ersten ging es darum, wie es Frauen ergeht, wenn sie sich, voll eingebunden in ihre mütterlichen Pflichten, im Hamsterrad drehen und dabei versuchen, die neusten Errungenschaften der Emanzipation umzusetzen. Auch in diesem Buch geht es um Emanzipation: die Emanzipation der weiblichen Sexualität – bisher ein Tabuthema.

Keine Angst, dieses Buch ist nicht nur für Mütter. Es ist schlicht ein Buch für *alle* Frauen. Denn eines ist mir beim Schreiben sonnenklar geworden: *Alle* Frauen schwimmen im Fluss der weiblichen Sexualität. Entweder sie dümpeln gemütlich vor sich hin, oder sie ertrinken fast in Erotiksehnsüchten. Sie sind entweder auf einer Insel der Lust- und Körperlosigkeit gestrandet, oder sie legen sportlich im Crawlstil die gewünschten Strecken zurück. Wie auch immer – das Thema Sex beschäftigt sie zutiefst, aber meist unausgesprochen. Weil aber jede Frau an einem anderen Ort im Fluss paddelt, wird dieses Buch *nie* all ihren Gedanken, Wünschen und Ideen gerecht werden können. Ich masse mir auch nicht an, darin alle Nischen der Sexualität auf- und abzudecken oder die spirituellen Aspekte zu behandeln, und schon gar nicht will ich hier Tipps und Tricks für den multiplen Orgasmus verbreiten. Es ist also kein Leitfaden für fröhlichen Sex, sondern eine Geschichte, die fröhliches Nachdenken anregen soll.

Ich habe mir mit dieser flotten Geschichte allenfalls erlaubt, das Siegel der Verschwiegenheit zu brechen. Die Journalistin Alé und ihre Freunde Sandrine und José (alle drei frei erfunden!) sprechen darin die wichtigen Themen ausdrücklich an. Darüber hinaus kommen reale Personen zu Wort, wie der Ex-Zuhälter Andreas Marquart und die Historikerin Heidi Witzig, denen ich an dieser Stelle für das Interview danke. Auch die Ergebnisse aus der Spermienforschung sind keine Fiktion, sondern in der Fachliteratur nachlesbar (siehe Literaturliste).

Natürlich dürfen auch Männer dieses Buch lesen. Aber beklagen Sie sich bitte nicht bei mir, wenn Sie sich streckenweise nicht identifizieren können mit der Geschichte. Ich habe beim Schreiben nicht an Sie gedacht, sondern an Ihre Frau oder Ihre Freundin oder Ihre Tochter oder Ihre Mutter.

Ich habe eine einzige Bitte an Sie, liebe Leserin: Lassen Sie sich inspirieren, und wagen Sie während oder nach der Lektüre ein Gespräch mit einer anderen Frau oder mit Ihrem Partner! Bringen Sie – vielleicht bei Ihrer besten Freundin – einmal so ein versiegeltes Geheimnis Ihrer weiblichen Sexualität aufs Tapet: was Sie sich wünschen, was Sie überhaupt nicht toll finden, wo es klemmt und was Spass macht. Solange Sie nämlich stumm und vielleicht nur unbewusst an diesen Themen herumkauen – immer begleitet vom Gefühl «Bei mir kann etwas nicht stimmen» oder «Warum bin ich nicht so wie alle anderen?» –, sind Sie den vielen Machtmechanismen ausgeliefert und Sie fühlen sich schlechter, als es nötig ist. Wenn Sie aber darüber sprechen, werden Sie merken, dass sie nicht alleine sind auf diesem Sexplaneten!

Danksagung

Die Arbeit an diesem Buch hat zu vielen guten Gesprächen mit Männern und Frauen geführt, denen ich an dieser Stelle für ihre Offenheit und Toleranz danke!

Dieses Buch hätte nicht entstehen können, wenn mich nicht so viele liebe Menschen in irgendeiner Form dabei unterstützt hätten:

- mit Impulsen
- mit Feedback
- durch Beschäftigung mit dem Thema
- mit Diskussionen in Kursen und Vorträgen
- durch Entlastung beim Job
- durch Entlastung im «Backoffice», bei Kinderbetreuung, Haushalt und Hausumbau.

Einfach tausend Dank euch allen!

Spezielle Frauen-Danksagung

- Für Christine, die mir bei der Geburt des Manuskripts geholfen hat.
- Für Yvonne-Denise, die von der ersten Sekunde an an dieses Buch geglaubt hat.
- Für Francesca, die als Detektivin die Schreibfehler gesucht und gefunden hat.

Besondere Männer-Danksagung

- Für Alberto, der mir als wandelndes und schreibendes Sexlexikon zur Seite stand und das Bild der Sexgöttin gebar.

Vielen Dank, ich bin euch allen sehr verbunden!

Wer Lust hat, diese Thematik mit mir zu vertiefen und zu diskutieren, findet auf unserer Webseite die aktuellen Workshops zum Buch und die Daten meiner Öffentlichkeitsarbeit: *www.frauenseminar-bodensee.ch*

Das Wichtigste zuletzt:

Lieber Ehemann

Dieses Buch hat einiges bei uns bewegt! Ich bin in unerforschte Gebiete aufgebrochen und habe Fantasieinseln besucht. Und es hat dir verdammt viel Mut abverlangt, mich dorthin ziehen zu lassen und mich bei meiner Rückkehr stets freudig zu empfangen – manchmal bin ich mit leeren Händen zurückgekehrt, manchmal mit verletzten Händen, und manchmal habe ich dir auch Muscheln von den Sandstränden mitgebracht. Obwohl du vom Inhalt meiner Arbeit wusstest, hast du nie eine Zeile gelesen, wohl wissend, dass dann deine eigenen Gedanken, Meinungen und Anregungen meinen Reflexionsstrom unterbrechen würden. Du stehst hinter mir und zu mir! Dafür habe ich zu wenig Worte: Danke vielmals reicht nicht aus. Zu wissen, dass du dich Seite an Seite mit mir durch dunkle Höhlen kämpfst, beschwerliche Zeiten ohne viel Proviant durchstehst, aber dann auch wieder Hand in Hand mit mir Sommerblumenwiesen durchschreitest, erfüllt mich mit unendlicher Dankbarkeit und Zugehörigkeit zu dir.

In Liebe
Maya

Literaturhinweise

Robin Baker. *Krieg der Spermien. Weshalb wir lieben und leiden, uns verbinden, trennen und betrügen.* Limes Verlag. München 1997.

Helga Bilden. *Zur Geschichte weiblicher Jugend.* Unveröffentlichtes Manuskript. Bielefeld 1997.

Doris Christinger. *Auf den Schwingen der weiblichen Sexualität. Eine Liebesschule für Frauen.* Pendo Verlag. München und Zürich 2001.

Victor Chu. *Von der schwierigen Kunst, treu zu sein. Warum wir betrügen, was wir lieben.* Kösel Verlag. München 2008.

Kalashatra Govinda. *Tantra. Geheimnisse östlicher Liebeskunst.* Südwest Verlag. München 2002.

Daniel Glattauer. *Gut gegen Nordwind.* Paul Zsolnay Verlag. Wien 2006.

John Gray. *Mars, Venus & Eros. Männer lieben anders. Frauen auch.* Goldmann Verlag. München 1996.

Claudia Haarmann. *«Unten rum…» Die Scham ist nicht vorbei.* Innenwelt Verlag. Köln 2005.

Maxim Jakubowski (Hg.). *Sex-Blogs. Die besten erotischen Online-Tagebücher.* Ullstein Verlag. Berlin 2008.

Andreas Marquardt, mit Jürgen Lemke. *Härte. Mein Weg aus dem Teufelskreis der Gewalt.* Ullstein Verlag. Berlin 2007.

Michael Mary. *5 lügen, die Liebe betreffend.* Hoffmann und Campe Verlag. Hamburg 2001.

Lou Paget. *Der perfekte Liebhaber. Sextechniken, die sie verrückt machen.* Goldmann Verlag. München 2001.

Charlotte Roche. *Feuchtgebiete.* DuMont Verlag. Köln 2008.

Prof. Dr. med. Frank Sommer. *Warum Frauen Pornos mögen und Männer einen G-Punkt haben. 296 Wahrheiten über Sex.* Südwest Verlag. München 2007.

Ariadne von Schirach. *Der Tanz um die Lust.* Goldmann Verlag. München 2007.

Peter A. Schröter, Charles Meyer. *Die Kraft der männlichen Sexualität.* Pendo Verlag. München und Zürich 2003.

Nicci Talbot. *Orgasmus total.* Südwest Verlag. München 2008.

Eva-Maria Zurhorst. *Liebe dich selbst und es ist egal, wen du heiratest.* Goldmann Verlag. München 2004.

Zeitschrift *EMMA*, Nr. 5, Sept./Okt. 2007

Webseiten:
www.bag.admin.ch/hiv_aids
www.frauenseminar-bodensee.ch

Mirjam Britsch
Endstation Belalp
Historischer Bergkrimi

Pierre!!
Haben schrecklichen Vorfall! – Professor McGregor liegt mit Überdosis Chloral im Sterben – Sir Butterworth vermutet böse Absichten! – Engländer verlangen Untersuchung – Festivitäten abgesagt – komm bitte rasch
Amalia

Ein klassisches Whodunit, das vor exotischer Bergkulisse atmosphärisch dicht die unterschiedlichsten Temperamente, Ambitionen und Kulturen aufeinanderprallen lässt und zugleich lebhaft Einblick gewährt in die abenteuerlichen Anfänge der Alpinismusgeschichte.

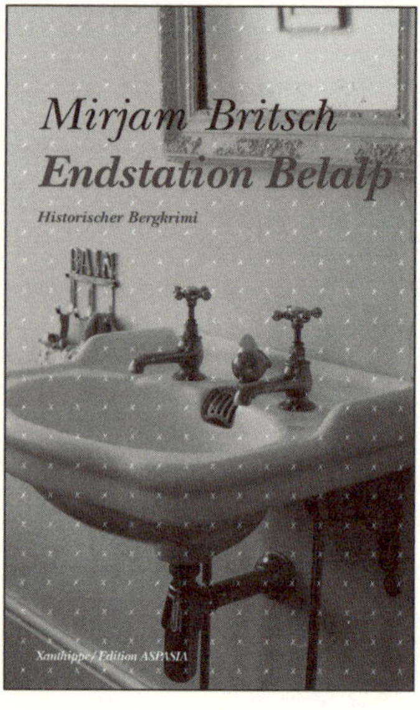

Xanthippe/ Edition Aspasia
172 Seiten
englische Broschur
CHF 34.–, Euro 19.–
ISBN 978-3-905795-08-0

Alexandra Haas
Speisekarte der Lustspiele
Anregendes für mehr Spass beim Sex

Beim Essen und beim Sex sind zwei Dinge unbekömmlich: Langeweile und feste Regeln. Jahraus jahrein, Tag für Tag, immer zur selben Zeit die immer gleichen Speisen essen – das wäre unvorstellbar. Was uns beim Essen nie in den Sinn käme, ist für viele Paare beim Sex über die Jahre «normal» geworden.
Dabei ist die Speisekarte der Lustspiele ungemein üppig. Die Autorin zeigt uns die schönsten Spielarten und versucht uns dazu zu verführen, die eine oder andere auszuprobieren. Indem sie auch harte Fakten verrät über Sexspielzeuge, Pornografie, Analverkehr, Swingerklubs etc., nimmt sie uns Unsicherheit und Angst, damit unser Liebesleben wieder lebendiger und lustvoller wird.

Xanthippe/Edition Aspasia
ca. 200 Seiten
englische Broschur
CHF 34.–, Euro 19.–
Erscheint Ende 2009
ISBN 978-3-905795-07-3